easy

PC–
Grundlagen

PC-Grundlagen

Ich kenne mich aus

OLIVER POTT

Markt+Technik

→leicht →klar →sofort

Bibliografische Information Der Deutschen Bibliothek
Die Deutsche Bibliothek verzeichnet diese Publikation in der
Deutschen Nationalbibliografie; detaillierte bibliografische Daten
sind im Internet über http://dnb.ddb.de abrufbar.

10   9   8   7   6   5   4   3   2   1

06   05   04   03

ISBN 3-8272-6571-1

© 2003 by Markt+Technik Verlag,
ein Imprint der Pearson Education Deutschland GmbH,
Martin-Kollar-Straße 10–12, D-81829 München/Germany
Alle Rechte vorbehalten
Coverkonzept: independent Medien-Design, Widenmayerstr. 16, 80538 München
Coverlayout: Sabine Krohberger
Lektorat: Veronika Gerstacker, vgerstacker@pearson.de
Herstellung: Ulrike Hempel, uhempel@pearson.de
Satz: Ulrich Borstelmann, Dortmund
Druck und Verarbeitung: Kösel, Kempten (www.KoeselBuch.de)
Printed in Germany

Inhaltsverzeichnis

Liebe Leserin, lieber Leser!

Dass sich mit der Arbeit am PC viele Vorteile verbinden, ist offenkundig. Schließlich können weltweit Millionen professioneller Anwender nicht irren, und aus den Büros sind die elektronischen Rechengehirne wohl nicht mehr wegzudenken.

Vielleicht zählen Sie zu den PC-Besitzern, die sich aus rein privatem Interesse mit Computern beschäftigen möchten und sich nun einen nagelneuen Rechner zugelegt haben. Oder Sie müssen sich beruflich mit der Technik auseinandersetzen, beispielsweise, weil Ihre Buchhaltung umgestellt wird.

Wenn Sie bislang noch keinen Kontakt mit der »Super-Schreibmaschine« hatten, die ein Computer zu sein scheint, halten Sie jedenfalls das richtige Buch in den Händen. Vielleicht arbeiten Sie jedoch bereits am PC und möchten Ihren elektronischen Kollegen nun näher kennen lernen. Auch dann eignet sich dieses Buch, das Sie strukturiert in die PC-Grundlagen einführt.

Großer Wert wurde auf praxisnahes Wissen und dessen direkte Anwendung gelegt. In überschaubaren Lernschritten erhalten Sie genau jene Informationen, die Sie für Ihre tägliche Arbeit benötigen. Wenn Sie mit diesem Buch direkt am Computer lernen möchten, können Sie das Gezeigte gewissermaßen »live« nachvollziehen.

Dass Markt+Technik mit diesem Konzept richtig liegt, zeigt der große Erfolg der ersten fünf Auflagen dieses Buches. Die nun vorliegende, sechste Auflage berücksichtigt aktuelle technische Neuentwicklungen und legt den Schwerpunkt auf die Arbeit mit dem neusten Betriebssystem, »Windows XP«. Selbstverständlich ist das Buch auch für alle Anwender geeignet, die mit Windows 95, Windows 98, Windows 98 Zweite Ausgabe, Windows Me, Windows NT 4 oder Windows 2000 arbeiten.

Wenn Sie sich nach dem Studium des Buchs an das Internet angeschlossen haben, oder mir Kritik oder Anregungen mitteilen möchten, schreiben Sie mir. Sie erreichen mich unter der E-Mail-Adresse *pott@mut.de* oder können Post an den Verlag richten, der Briefe gerne an mich weiterleitet.

Viel Spaß beim Lesen wünscht

Dr. Oliver Pott

Die Tastatur

Auf den folgenden drei Seiten sehen Sie,
wie Ihre Computertastatur aufgebaut
ist. Damit es für Sie übersichtlich ist,
werden Ihnen immer nur bestimmte
Tastenblöcke auf einmal vorgestellt.
Ein großer Teil der Computertasten
funktioniert wie bei der Schreibmaschine.
Es gibt aber noch einige zusätzliche
Tasten, die auf Besonderheiten der
Computerarbeit zugeschnitten sind.
Sehen Sie selbst ...

Schreibmaschinen-Tastenblock

Diese Tasten bedienen Sie genauso wie bei der Schreibmaschine.
Mit der Eingabetaste schicken Sie außerdem Befehle an den Computer ab.

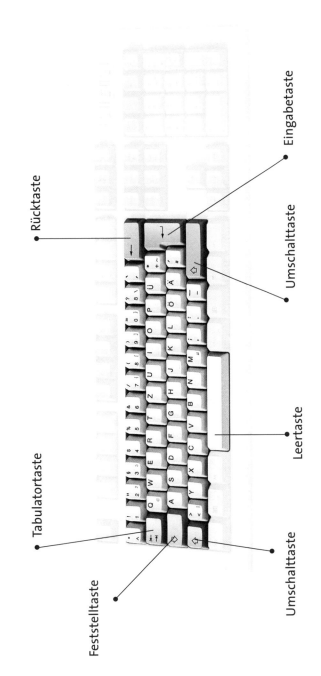

Tabulatortaste

Rücktaste

Eingabetaste

Umschalttaste

Leertaste

Umschalttaste

Feststelltaste

Sondertasten, Funktionstasten, Kontrollleuchten, Zahlenblock

Sondertasten und Funktionstasten werden für besondere Aufgaben bei der Computerbedienung eingesetzt. [Strg]-, [Alt]- und [AltGr]-Taste meist in Kombination mit anderen Tasten. Mit der [Esc]-Taste können Sie Befehle abbrechen, mit Einfügen und Entfernen u.a. Text einfügen oder löschen.

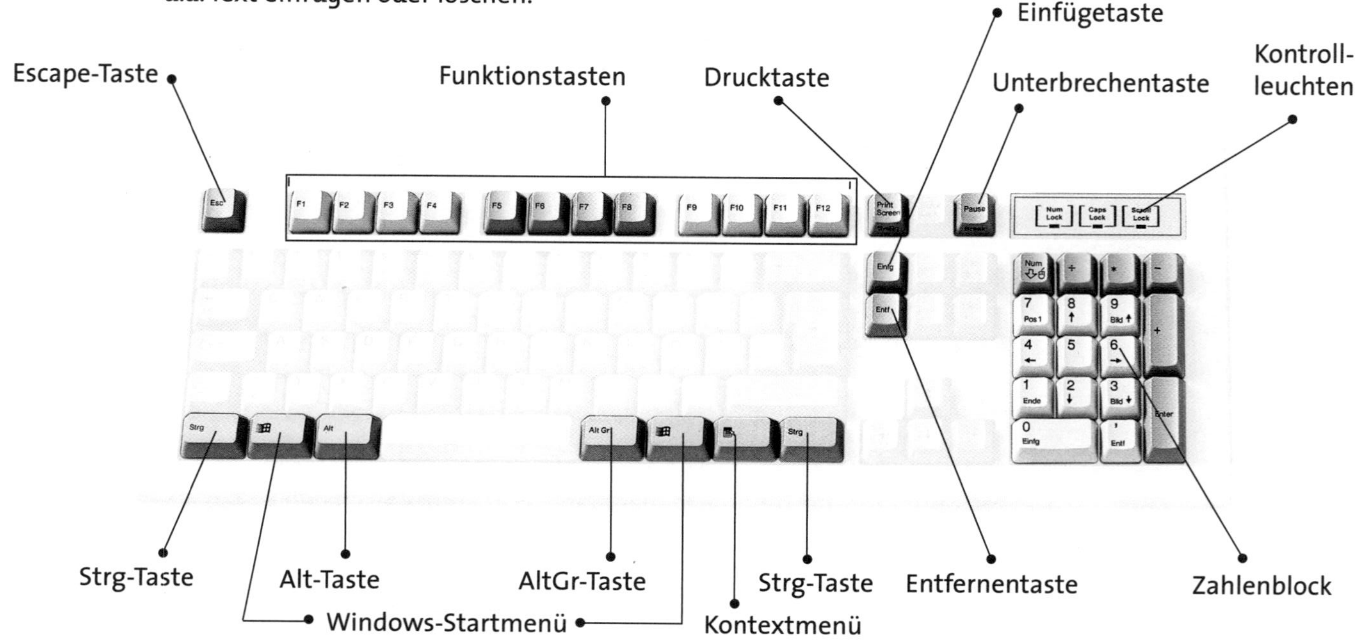

Escape-Taste

Funktionstasten

Drucktaste

Einfügetaste

Unterbrechentaste

Kontroll-leuchten

Zahlenblock

Entfernentaste

Strg-Taste

Kontextmenü

AltGr-Taste

Windows-Startmenü

Alt-Taste

Strg-Taste

Navigationstasten

Mit diesen Tasten bewegen Sie sich auf dem Bildschirm.

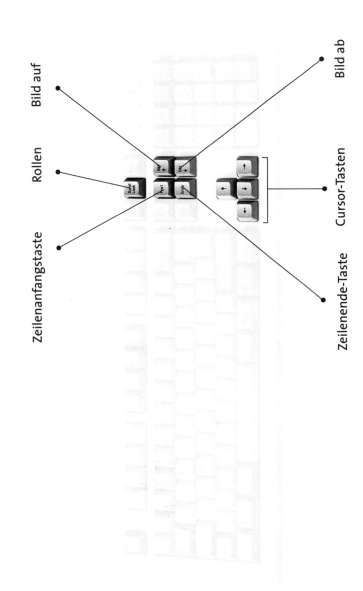

»Klicken Sie ...«

heißt: einmal kurz
auf eine Taste drücken.

Mit der
linken Maustaste
klicken ...

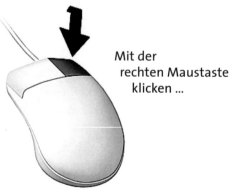

Mit der
rechten Maustaste
klicken ...

»Doppelklicken Sie ...«

heißt: die linke Taste zweimal
schnell hintereinander
ganz kurz drücken.

Doppelklicken

»Ziehen Sie ...«

heißt: auf bestimmte
Bildschirmelemente mit der
linken Maustaste klicken, die
Taste gedrückt halten,
die Maus bewegen und dabei
das Element auf eine andere
Position ziehen.

Ziehen

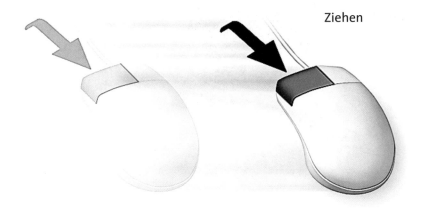

Was bringt Ihnen
dieses Kapitel?

Sie lernen, wie ein Computer Informationen verarbeitet, welche Aufgabe
moderne Com-
puter überneh-
men können
und welche
Dinge dem
Menschen
vorbehalten
bleiben.
Als erstes
helfen wir
Ihnen
jedoch
beim Anschließen.

Das lernen Sie neu:

Anschließen

Daten sind die »Wörter« einer Computer eigenen »Sprache«, mit deren Hilfe der PC kommuniziert. Wir stellen Ihnen diese Sprache in einem späteren Kapitel ausführlich vor.

Beim Auspacken sind Ihnen sicher zahllose Kabel aufgefallen, die mit Ihrem PC verbunden werden müssen. Über ein solches Kabel tauschen die einzelnen Geräte, zum Beispiel der Drucker, Daten miteinander aus.

Übrigens: Ein »Pol« ist ein Metallstift, den Sie beim genauen Betrachten eines Steckers finden. Ein »fünfpoliger Stecker« ist also ein Stecker, in dem Sie fünf Metallstifte nachzählen können.

Folgen Sie der Anleitung, in der wir Ihnen beim Anschließen assistieren:

1 Die Netzkabel ...

... versorgen Ihren PC, den Monitor und den Drucker mit Strom aus der Steckdose. Sie benötigen jeweils ein Kabel. Stecken Sie zunächst die passende Seite in die Rückseite Ihres PCs (Verwechslungen sind übrigens

OUTPUT: 200-240V 1A 50-60HZ
INPUT: 200-240V 3.5A 50-60HZ

Netz-anschluss

ausgeschlossen; nur ein Stecker passt!), Ihres Bildschirms und Ihres Druckers. Anschließend können Sie die Geräte an das Stromnetz anschließen; hierbei leistet eine Dreifach-Steckleiste gute Dienste. -----▶

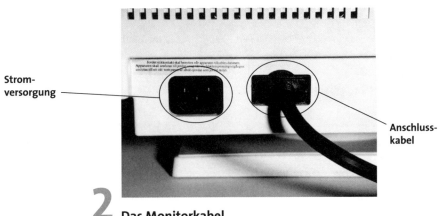

Strom-
versorgung

Anschluss-
kabel

2 Das Monitorkabel ...

... verbindet Ihren PC mit dem Bildschirm. Es ist
stets am Monitor fest angebracht und passt
ebenfalls nur in einen Platz auf der Rückseite des
Computers. Zwei Befestigungsschrauben verhindern das Abrutschen des Steckers. Ziehen Sie
diese mit einem kleinen Schraubendreher fest.

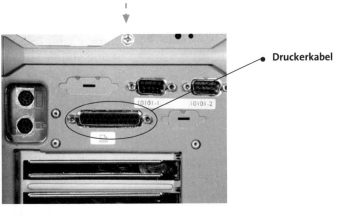

Druckerkabel

3 Das Druckerkabel ...

... schließt Ihren Drucker an den PC an. Das
breite Kabel passt ebenfalls nur in einen
Platz und ist mit zwei Metallklammern,
seltener auch mit Schrauben, gegen unbe-
absichtigtes Abrutschen gesichert. Es ist
normalerweise 2 m lang.

19

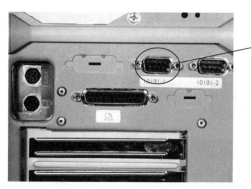

Mauskabel

Tastaturanschluss

4 Das Mauskabel ...

... endet ebenfalls auf der Rückseite Ihres PCs. Es ist etwas schmaler als das Druckerkabel. Sie können neun Pole nachzählen. Manchmal ist dieser Stecker auch klein und rund – auch dann handelt es sich um die Maus. Sie sollte rechts neben der Tastatur am besten auf einem Mauspad liegen, falls Sie Rechtshänder sind.

5 Das Tastaturkabel ...

... schließt die Tastatur an. Es ist spiralförmig gewickelt und endet an der Tastatur. Das runde andere Ende gehört in den passenden Platz auf der Rückseite Ihres PCs.

Das erste Mal ...

... den Computer einschalten ist ein spannender Augenblick. Drücken Sie die »Ein«-Taste an der Front Ihres Computers, die in einigen Fällen auch mit »Power« beschriftet ist. Eine grüne Lampe (der Fachmann sagt »Leuchtdiode«) zeigt nun an, dass Ihr PC mit Strom versorgt wird.

Ihr Bildschirm muss separat eingeschaltet werden. Der zugehörige »Ein«-Schalter ist meist auf der Vorderseite, bei einigen Modellen jedoch an der rechten Seite oder sogar Rückseite angebracht.

> **WAS IST DAS**
>
> Der Vorgang des Startens wird auch als **Hochfahren** oder **Booten** (englisch; sprich: »buuten«) bezeichnet.

Drücken Sie zu diesem Zeitpunkt noch keine Taste auf der Tastatur. Beobachten Sie stattdessen den Startvorgang des PCs. Der zunächst schwarze Bildschirm füllt sich zunehmend mit »wirren« Zeichen und unverständlichen Begriffen.

Nach einer oder zwei Minuten weicht der schwarze Bildschirm einer farbigen (und schon viel beruhigenderen!) Darstellung.

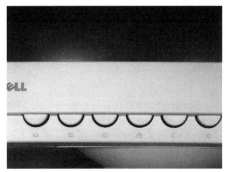

Mit den Kontrast- und Helligkeits-reglern am Monitor können Sie nun wie bei Ihrem Fernseher das Bild entsprechend Ihren persönlichen Wünschen einstellen.

Herzlichen Glückwunsch – Ihr PC ist nun startklar für Ihre ersten »Gehversuche«. In den folgenden Kapiteln begleiten wir Sie dabei!

Was können Computer – und was werden sie nie können?

Die zu Beginn gestellte Frage bleibt noch unbeantwortet: Was konnten die ersten Computer und – wichtiger – was können Computer heute?

Die ersten Anweisungen, die der erste Computer, der »Zuse 1« beispielsweise verarbeiten konnte, lauteten vielleicht »Addiere 0 und 1« oder »Subtrahiere 5 von 6«. Das ist noch nichts besonders Revolutionäres, aber immerhin konnten diese Operationen unglaublich schnell durchgeführt werden.

Die ersten **Aufgabenfelder** waren einfache arithmetische Rechnungen, wie sie jeder Erstklässler mühelos berechnet und die von einer wirklich sinnvollen Arbeit noch weit entfernt waren.

Da die Computer immer schneller und leistungsfähiger wurden, konnten den elektronischen Assistenten immer neue und anspruchsvollere Aufgaben übertragen werden. Computer konnten nun Daten erfassen und damit beispielsweise eine Kundenkartei verwalten. Sie konnten außerdem Texte bearbeiten und waren dabei weitaus flexibler als jede Schreibmaschine. Dies sind nur zwei – wenn auch typische – Anwendungsgebiete eines Computers.

Welche Aufgaben ein Computer heute übernehmen kann, zeigt folgende Übersicht.

1 Computer können rechnen und kalkulieren.
Neben einfachen Rechenarten (Addieren, Multiplizieren) beherrscht ein moderner Rechner auch komplexe Rechenarten, darunter Sinus, Wurzelziehen, Quadrieren und Zinsrechnung.

Kundenstamm

Name	Vorname	Anrede	Kunde seit
Märke	Mike	Herr	l
Rust	Richard	Herr	05.06.1989
Gerhard	Günter	Herr Dr.	07.09.1995
Peters	Angela	Frau	04.06.1996
Grignard	Gregor	Herr	01.03.1997

2 Computer können Daten strukturiert verwalten.
Sie können einen Kundenstamm ebenso wie eine Lagerbestands-Liste verwalten. Datenbanken enthalten auch Rechenoperationen, beispielsweise das Aufaddieren von Lagerbeständen.

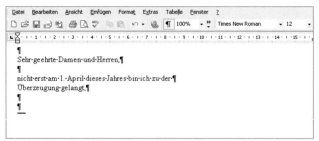

3 Computer können Texte verarbeiten.
Über eine Tastatur eingegebene Texte können auf einem Datenträger abgelegt, bei Bedarf ergänzt oder verändert und immer wieder verwendet werden.

4 Computer können mit Grafiken, Fotos und Videos arbeiten.

Fotos und Videos können in den Rechner eingelesen und dort nachbearbeitet und geschnitten werden. Grafiken wie Firmenlogos können erstellt werden.

5 Computer können Audiodaten bearbeiten.

Musik, Sprache und Geräusche können Computer ähnlich einem Kassettenrekorder aufzeichnen, im Gegensatz zu diesem jedoch verändern. So können beispielsweise Hall und Echo hinzugefügt oder bestimmte Sequenzen gelöscht werden.

6 Computer sind kommunikativ.

Über die weltweite Datenautobahn »Internet« können Computer andere Computer an anderen Orten der Erde in Sekundenschnelle kontaktieren und beispielsweise Daten austauschen.

7 Computer können messen, steuern und regeln.

Ein Rechner kann beispielsweise Wetterdaten registrieren, berechnen und als Wetterkarte ausgeben. Er kann eine Produktionsstraße in einer Fabrik steuern und über ein Leitsystem den Straßenverkehr regeln.

Ist ein Computer also so etwas wie ein »elektronisches Wunder« oder ein »Alleskönner«? Zwar können Rechner rechnen, sind aber zugegeben »dumm«. Alle Operationen durchlaufen ein festes Programmschema (**Algorithmus**) und wurden dem Computer durch einen Menschen einprogrammiert. Immer dann, wenn ein Computer eigene Entscheidungen treffen muss, die in keinem Algorithmus erfasst werden können, ist der Mensch unersetzlich.

Fazit: Sie sind Ihrem Computer weit überlegen, aber er kann Ihnen wiederkehrende **Routine- und Verwaltungsarbeiten** abnehmen.

Analog und Digital: Zwei Welten treffen aufeinander

Stellen Sie sich vor, Sie hören Musik. Der Schall gelangt getragen von Wellen an Ihr Ohr – Schallwellen transportieren also Informationen. Die gesamte Natur bedient sich **Wellen**, um Übertragungen gleich welcher Art zu realisieren. Neben Schallwellen ist auch das Sie umgebende Sonnenlicht aus Wellen zusammengesetzt, wobei jeder Farbe eine »andere Art« von Welle zukommt. Sehen und Hören also – zwei der sicherlich grundlegenden Formen unserer Kommunikation – funktionieren also per Wellen.

Auch die ersten Computer arbeiteten mit Analogsignalen. Die einzelnen Bausteine kommunizierten über Wellen. Schon nach den ersten Experimenten mit diesen Systemen hat sich herausgestellt, dass Analogsignale für die computergestützte Verarbeitung von Informationen ungeeignet sind. Statt eindeutiger Zustände konnten Wellen auch **Zwischenzustände** annehmen; so liegen zwischen »ganz laut« und »ganz leise« einer Schallwelle unendlich viele Zwischenstufen, beispielsweise »mittellaut«.

Wird eine Informati-on durch nur zwei unterschiedliche Zustände charakteri-siert, spricht man von einem **Digitalsignal**.

Ein Computer kann weitaus besser und schneller mit **diskreten Informationen** arbei-ten. Alle modernen Computer speichern Daten in Form von lediglich zwei Zuständen: »Ein« und »Aus« bzw. »Null« und »Eins«.

Zwei gänzlich unterschiedliche Welten tref-fen also aufeinander: die analoge Welt des Menschen und die digitale Welt der elektro-nischen Rechner.

Ein Analogsignal kann in ein Digital-signal übersetzt werden. Ein solcher Übersetzer heißt **Analog-Digital-Konver-ter** und ist von zentraler Bedeutung für die gesamte Computerwelt. Ein **Digital-Analog-Wandler** ist die Umkehrung.

Wenn ein kontinuierliches Analogsignal in eine digitale Information umgesetzt werden soll, wird die analoge Welle in kleine Segmente unterteilt. Für jedes einzelne Segment unter-scheidet der Computer anhand eines Grenzwerts, ob der Zu-stand »Eins« oder »Null« vor-liegt. Das Ergebnis ist ein computerlesbares Digitalformat.

Kurzzeit- und Langzeitspeicher

Wie »merkt« sich ein Computer nun die Daten? Sie wissen, dass die Voraussetzung für die Verarbeitung die Eingabe der Daten ist. Ein Computer kann beliebige Informationen dauerhaft (**permanent**) oder vorübergehend (**temporär**) ablegen und auf Wunsch bearbei-ten.

Das standardisierte Ablegen einer beliebigen Information heißt **Speichern**. Das Einlesen einer gespeicherten Informa-tion ist das Gegenteil vom Speichern und heißt **Laden.**

Auch hier ist der Speicher des Computers mit dem menschlichen Gehirn vergleich-bar. Wenn Sie einen Blick ins Telefonbuch werfen, um die Rufnummer eines Ge-schäftspartners in Erfahrung zu bringen, merken Sie sich die mehrstellige Ziffern-kombination. Sie tippen die Telefonnum-mer ein, führen Ihr Telefonat – und haben die Nummer anschließend vergessen.

Das **Kurzzeitgedächtnis** des Gehirns kann Daten speichern und für einen kurzen Zeitrahmen zur Verfügung stellen. Die hier abgelegten Daten verblassen jedoch schnell und sind danach gelöscht. Auch der Computer verfügt über einen solchen Kurzzeitspeicher.

Die Telefonnummer Ihrer besten Freunde kennen Sie, auch ohne im Telefonbuch nachzuschlagen. Selbst nach vielen Jahren haben Sie das Geburtsdatum Ihres Partners nicht vergessen, und auch die Hausnummer Ihrer Wohnung dürfte Ihnen ohne Notizblock bekannt sein. Offenkundig arbeitet das Gehirn mit einem **Langzeitgedächtnis**, das Informationen zeitlich nicht begrenzt als Reminiszenz speichern kann.

Wenn Sie die unbekannte Telefonnummer im obigen Beispiel mehrfach anrufen, setzt der Prozess ein, den Sie als »Merken« kennen. Sie merken sich die Telefonnummer, und vielleicht nach dem fünften oder sechsten Anruf kennen Sie die Nummer auswendig.

Hier wurde eine Information aus dem Kurzzeitgedächtnis in das Langzeitgedächtnis übertragen; ein Vorgang, den auch Ihr Computer beherrscht.

Sind die Informationen wirklich zeitlich unbegrenzt, wie dies die Definition fordert? Greifen Sie auf das obige Beispiel zurück. Wenn Sie längere Zeit eine bestimmte Telefonnummer nicht mehr angerufen haben, gerät diese in Vergessenheit. War es nun die 45589 oder die 45859? Je größer die Zeitspanne ist, desto weniger erinnern Sie sich an die Nummer.

Amerikanische Studien haben belegt, dass das Gehirn Informationen nie vergisst und eine einmal abgelegte Information damit lebenslang zur Verfügung steht. Was wir als »Vergessen« kennen, ist vielmehr der Verlust von **Datenpfaden**, die Mediziner als »Engramme« kennen. Aktivieren Sie durch Zufall einen solchen Datenpfad, steht eine vergessene Information plötzlich wieder zur Verfügung – dies kennen Sie unter dem Begriff »Deja vu«.

WAS IST DAS

Jede Information eines Speichers benötigt eine **Adresse**, damit der Prozessor auf sie zugreifen kann.

Zugegeben: Ihr Computer wird keine Deja-vu-Erlebnisse haben, aber auch er kennt Datenpfade zu permanent abgelegten Informationen. Um eine Information zur Bearbeitung anzufordern, benötigt der Prozessor eine Adresse, unter der die Information abgelegt wurde. Fehlt die Adresse, ist das Datum zwar noch gespeichert, aber de facto verloren, weil der Adressbezug nicht mehr bekannt ist.

WAS IST DAS

Das Transportmittel eines Computers heißt **Bussystem** oder kurz **Bus**.

Wenn der Prozessor eine Information anfordert, müssen die Daten mittels eines **Transportsystems** vom Speicher zum Prozessor gelangen. Die »Datenautobahn« in Ihrem Computer verbindet alle Bauelemente und transportiert Informationen zwischen ihnen.

Die Sprache des Computers: Das Binärformat

Warum fußt das Zahlensystem des Menschen auf der Zahl Zehn? Das **Dezimalsystem** – so heißt das Zehnersystem mit richtigem Namen – hat seinen Ursprung in der Anzahl der Finger. Unsere Urahnen addierten und subtrahierten, indem Sie ihre Finger als Rechenhilfe benutzten.

WAS IST DAS

Das **Binärsystem** ist das Zahlensystem jedes Computers und kennt nur zwei Ziffern: die Eins und die Null.

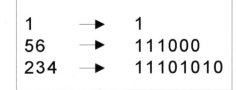

1 →	1
56 →	111000
234 →	11101010

Was bringt Ihnen dieses Kapitel?

Sie werden verstehen, was zwischen dem Einschalten Ihres PCs und dem Start der grafischen Benutzeroberfläche geschieht. Sie werden sehen, dass Ihr Computer nach jedem Einschalten einen Selbsttest durchführt und Sie auf eventuelle Fehler hinweist.

Was ein Betriebssystem ist und warum es einen »Kern« hat, verraten wir Ihnen ebenfalls. Wozu ein Treiber dient und wie dieser eingebunden wird, erläutern wir Ihnen abschließend.

Das können Sie schon:

Das lernen Sie neu:

Der Startvorgang transparent

Sie schalten Ihren Computer ein, und wenige Minuten später präsentiert sich Ihnen die gewohnte Arbeitsoberfläche: Wenn Sie mit einem modernen Rechner arbeiten, wird beispielsweise Windows XP gestartet; Anwender älterer Systeme müssen mit spartanischeren Oberflächen wie MS-DOS vorliebnehmen.

Dass der PC in den wenigen Minuten des **Startens** zahlreiche wichtige Arbeiten durchführt, entzieht sich bis auf ein paar Statusmeldungen (meist in englischer Sprache) Ihrem Blick. Dennoch werden gerade in dieser kurzen Zeitspanne **essentielle Operationen** durchgeführt, ohne die Ihr Computer nicht starten – im Computerjargon oft als »Hochfahren« bezeichnet – würde.

Welche Funktionen Ihr Computer im Einzelnen durchführt, ist mehr als nur interessant. So können Meldungen, die während des Starts ausgegeben werden, auf **Hardwaredefekte** hinweisen und damit schon vor Beginn der Arbeit helfen, eventuelle Datenverluste zu vermeiden.

Auch dem **Ausschalten** kommt eine besondere Bedeutung zu. Wird der Computer nicht ordnungsgemäß »heruntergefahren«, können daraus Datenverluste resultieren und Ihr System kann darüber hinaus Schaden nehmen.

Ein kurzer Überblick zu Beginn dieses Kapitels nennt Ihnen die Arbeiten, die Ihr Computer ausführt. Die weiteren Lernschritte dieses Kapitels zeigen Ihnen anschließend im Detail, was nach dem Einschalten geschieht.

Warum Sie den Computer nicht einfach abschalten können, sondern zuvor herunterfahren müssen, erläutern wir am Ende des Kapitels.

WAS IST DAS

Als **Hochfahren** bezeichnet man den ordnungsgemäßen Start des Computers.

WAS IST DAS

Herunterfahren heißt das ordnungsgemäße Beenden der Arbeit mit dem Computer.

1 Sie drücken den »Power«-Schalter Ihres Rechners.

> Ein im Computer eingebautes Netzteil versorgt alle Bauteile des Systems mit Strom. So rotiert die Festplatte beispielsweise mit einem wahrnehmbaren Surren.

2 Der Computer startet eine spezielle Selbsttest-Routine.

> Über die Selbsttest-Routine prüft der Computer die korrekte Funktion der wichtigsten Systeme und erkennt außerdem Fehler.

3 Der Computer liest Informationen aus einem Festwertspeicher.

> Systemeinstellungen, zum Beispiel zur Größe Ihrer Festplatte oder zur weiteren Hardwareausstattung, werden im dritten Schritt eingelesen.

4 Der Rechner lädt grundlegende Routinen.

> Einige Routinen, die für den Betrieb unerlässlich sind, werden in einen Speicher geladen.

31

5 Der Computer lädt das Betriebssystem.

> Windows Me, Windows XP, Linux oder
> ein anderes Betriebssystem werden
> auf grundlegender Ebene geladen.

6 Konfigurationsdateien werden vom Betriebssystem geladen.

> Besondere Dateien passen das
> Betriebssystem an die Hardware an.

7 Die grafische Oberfläche wird geladen.

> Zum Schluss wird beispielsweise
> die Windows-XP-Oberfläche
> aufgerufen. Fertig!

Selbsttest: Die POST-Routine

Mit dem Einschalten des Stroms beginnt eine **spezielle Routine** ihre
Arbeit. Im abgeschalteten Zustand ruht in einem Festwertspeicher ein
kleines Programm namens **POST-Routine**. Hinter dieser Abkürzung verbergen sich die Anfangsbuchstaben des englischen Begriffs für **Selbsttest
nach dem Einschalten** (»Power On Self Test«).

Dieses Programm generiert eine Sequenz verschiedener Codes, die der PC intern auswertet. Wenn
beispielsweise festgestellt wurde, dass das Diskettenlaufwerk nicht ordnungsgemäß arbeitet, meldet
die POST-Routine »Floppy Disk Drive Failure«. Wird
kein Fehler festgestellt, meldet der PC den Fehlercode
00 zurück und setzt den Startvorgang fort.

Über spezielle **Diagnose-Hardware** kann Ihr Computerhändler, sofern er über eine eigene Werkstatt verfügt, den Fehlercode auslesen und die Ursache des Fehlers auch dann bestimmen, wenn der PC die Meldung nicht mehr selbst ausgeben kann.

Zwar werden durch die POST-Routine zahlreiche Fehler erkannt; ein erfolgreich beendeter Test garantiert jedoch nicht, dass Ihr System tatsächlich völlig fehlerfrei arbeitet.

Der ROM-Speicher

Der Personalcomputer ist ein **offenes System**, was heißt, dass dessen individuell integrierten Komponenten sehr unterschiedlich ausfallen können.

Sie kennen das Prinzip sicher vom Kauf Ihres PCs: Ihr Fachhändler hat Sie bestimmt gefragt, wie viel Gigabyte die Festplatte umfassen solle, wie groß der Arbeitsspeicher dimensioniert werden solle und welche Grafikkarte ihren Dienst im zukünftigen Rechner verrichten solle.

Woher nun »weiß« Ihr Computer, **welche Festplatte** in den Rechner eingebaut wurde oder **wie viel** Megabyte Hauptspeicher vorhanden sind? Interessant ist auch die Frage, wie sich Ihr PC das **Datum und die Uhrzeit** auch dann merken kann, wenn Sie seine Stromversorgung unterbrechen.

Ein Festwertspeicher oder kurz **ROM** (englisch »Read Only Memory« für **Nur-Lese-Speicher**) enthält Informationen, die der Hersteller des PCs bei der Produktion einprogrammiert hat. Bei jedem **Einschalten** greift der PC nun auf das ROM zu und liest Informationen aus. Im ROM ist übrigens auch die POST-Routine gespeichert, die je nach Ausstattung Ihres Rechners sehr unterschiedlich ausfallen kann.

WAS IST DAS

Ein **ROM-Speicher** ist ein Speicherbaustein, der Informationen auch ohne Strom behält, in den jedoch keine Daten geschrieben werden können.

Der Begriff »ROM« weist darauf hin, dass aus diesem Speicher **nur gelesen** werden kann, Schreibzugriffe jedoch nicht möglich sind. Ein solcher ROM-Speicher benötigt **keinen Strom**, um die einmal einprogrammierten Informationen zu behalten. Selbst nach **mehreren Jahren ohne** Stromzufuhr können Daten aus dem ROM-Speicher verlustfrei ausgelesen werden.

Das klingt alles recht logisch und lässt sich gedanklich gut nachvollziehen. Was aber passiert, wenn Ihr PC um eine **weitere Festplatte** ergänzt oder **mehr Hauptspeicher** eingebaut wird? Ein kleines Speichersegment ist eng mit dem ROM verknüpft, kann jedoch bestimmte Parameter speichern.

Dieser Speicher heißt **CMOS** und enthält Daten zum Beispiel zu Ihrer Festplatte oder zur Ausstattung des Hauptspeichers. Auch weitere individuelle Konfigurationen werden im CMOS gespeichert.

Damit die Daten nach dem Ausschalten des Stroms weiterhin gespeichert bleiben, ist im PC eine kleine Pufferbatterie in Form eines Akkus untergebracht. Der Akku versorgt das CMOS mit Energie und lässt darüber hinaus auch die Uhr und das Datum weiterlaufen, wenn der PC abgeschaltet wird.

Wird Ihr Computer also gestartet, werden Informationen zunächst aus dem ROM geladen und anschließend um die Daten aus dem CMOS ergänzt.

Wenn Sie Ihren PC **vier oder fünf Monate nicht mehr eingeschaltet** haben, kann es vorkommen, dass der PC mit einer Fehlermeldung startet und das Betriebssystem nicht mehr geladen wird. Die Fehlermeldung »CMOS Setup Checksum Error« ist ein typisches Symptom für eine entladene Pufferbatterie, deren Folge eine fehlende

Information aus dem CMOS-Speicher ist. Ihr Computer »weiß« nun nicht mehr, welche Festplatte und welcher Arbeitsspeicher eingebaut sind und verweigert daher die Zusammenarbeit.

Der RAM-Speicher

Ein weiterer Speicher befindet sich in Ihrem PC: Der »RAM-Speicher« oder »Hauptspeicher«.

RAM ist die Abkürzung für »Random Access Memory«. Er behält Informationen nur, wenn Strom fließt.

Der RAM-Speicher ist gegenüber dem ROM-Speicher deutlich schneller, kann Informationen aber nur so lange speichern, wie der PC eingeschaltet ist.

Wie der Name »Hauptspeicher« vermuten lässt, kommt diesem Speichertyp eine zentrale Rolle zu. In ihm werden alle Informationen gespeichert und Eingaben temporär festgehalten. Beim Einschalten kann der ROM-Speicher geschwindigkeitssensible Teile in den schnelleren RAM übertragen.

Weil die Informationen beim Abschalten des PCs verloren gehen, sind Langzeitspeicher notwendig. Wir erläutern Ihnen in einem späteren Kapitel die wichtigen Unterschiede.

Das BIOS: Kleinhirn des Computers

Betrachten wir uns den Startvorgang eines PCs ein wenig genauer. Ein Selbsttest wurde bislang ausgeführt, Informationen aus einem Festwertspeicher geladen und auf Daten in einem Konfigurationsspeicher zurückgegriffen.

Die Grundeinstellungen sind damit vorhanden; was fehlt, ist eine Routine, die den **Zugriff** auf die **wichtigsten Bausteine** des PCs ermöglicht. Woher beispielsweise soll der PC zu diesem Zeitpunkt wissen, an welcher Stelle sich das Betriebssystem befindet?

Besonders hardwarenahe Programme sind ebenfalls im ROM-Speicher enthalten. Eine hier gespeicherte **Anweisung** könnte beispielsweise lauten: »Befehl an Festplatte: Speichere das Dokument des Anwenders im Speicherbereich Sektor 3/Spur 4«. Was ein Sektor und eine Spur genau ist, erklären wir Ihnen später; zusammenfassend jedoch kommuniziert besagte Routine direkt mit der Hardware.

Das **BIOS** kontrolliert hardwarenahe Zugriffe und wird vor dem Betriebssystem geladen.

Weil diesem Programm derart grundlegende Aufgaben zukommen, heißt es **BIOS** (Basic Input/Output System = »Grundlegendes Ein- und Ausgabesystem«). Es ist Teil der im ROM gespeicherten Programme und wird direkt vor dem Laden des Betriebssystems ausgeführt.

Bootsektor und Betriebssystem

Nach dem Laden der Informationen aus ROM und CMOS lädt Ihr PC das **Betriebssystem**.

Der Begriff des Betriebssystems geistert durch die Computermedien und hat Sie sicher bereits beim Kauf Ihres Computers begleitet. Dass Windows XP ein solches Betriebssystem ist, wissen Sie spätestens aus dem Prospekt des Händlers.

Ein Betriebssystem erteilt dem BIOS direkt Anweisungen und bildet damit gewissermaßen eine **Schnittstelle** zwischen Ihnen und der Hardware. Während das BIOS Ihres Rechners direkt mit der Hardware kommuniziert, lautet ein Befehl des Betriebssystems im Schema beispielsweise: »Anweisung an BIOS: Schreibe das Dokument des Benutzers auf die Festplatte«. Die Übersetzung in Spuren und Sektoren wird vom BIOS gehandhabt.

Aktuelle Betriebssysteme können jedoch noch viel mehr. Sie stellen ihrem Anwender beispielsweise eine grafische und per Maus bedienbare Oberfläche zur Verfügung, organisieren und prüfen Datenträger und können mehrere Programme gleichzeitig ausführen. Viele dieser Details werden wir Ihnen in späteren Kapiteln dieses Buchs vorstellen.

Folgende wichtigen Betriebssysteme sind aktuell verfügbar:

- Windows 95
- Windows 98
- Windows 98 Zweite Ausgabe
- Windows Me
- Windows XP Professional

- Windows XP Home Edition
- Windows NT 4
- Windows 2000
- Linux und Unix
- OS/2

Im Anhang finden Sie übrigens eine detaillierte Übersicht mit den wichtigsten Leistungsmerkmalen der einzelnen Betriebssysteme.

Damit alle Anweisungen, die Sie der Hardware erteilen (z.B. »Drucke mein Dokument aus«) auch ausgeführt werden, muss das Betriebssystem ständig präsent sein. Wird das Betriebssystem geladen, steht es Ihnen bis zum Herunterfahren und Ausschalten des Rechners zur Seite. Es wird gewissermaßen »**im Hintergrund**« ausgeführt, während Sie als Anwender »**im Vordergrund**« einen Brief mit Word für Windows oder eine Grafik mit Corel Draw erstellen.

WAS IST DAS

Residente Programme stehen nach dem Laden dauerhaft im Hintergrund zur Verfügung. Betriebssysteme sind stets resident.

Das Fachwort für diese dauerhafte Präsenz heißt **resident**. Das Betriebssystem ist ein residentes Programm, weil es im Hintergrund ausgeführt wird.

Woher weiß das BIOS nun, welches Betriebssystem Sie laden möchten? Schließlich könnten Sie statt Windows XP ein alternatives Betriebssystem wie Linux einsetzen.

Statt einer Angabe »Ich verwende Windows« kennt Ihr Computer nicht die **Art des Betriebssystems**. Beim Start wird auf einen **absoluten** Bereich der Festplatte (oder auch Diskette) nach dem Betriebssystem gesucht und dort gefundene Informationen als zum Betriebssystem gehörend vorausgesetzt.

WAS IST DAS

Der **Bootsektor** ist ein kleiner und festgelegter Bereich eines Datenträgers, auf dem das Betriebssystem abgelegt ist.

Dieser definierte Bereich des Datenträgers heißt **Bootsektor** und enthält stets das Betriebssystem. »Booten« stammt aus dem Amerikanischen und ist dort ein Slangausdruck für das Hochfahren eines Computers. Das BIOS lädt diesen absoluten Sektor und interpretiert die dort gespeicherten Daten als Betriebssystem.

WAS IST DAS

Computerviren sind residente Programme, die nach dem Starten Datenverluste oder andere unerwünschte Effekte zur Folge haben. Bootsektor-Viren sind eine besonders gefürchtete Spezies der Computerviren.

Besonders gefährlich sind **Computerviren**, die sich in diesem Bereich des PCs eingenistet haben. Sie werden direkt beim Hochfahren des PCs geladen und können von nun an ihr zerstörerisches Werk verrichten.

37

Natürlich findet nicht das gesamte Betriebssystem im recht kleinen Bootsektor Platz. Es wird zu diesem Zeitpunkt nur ein kleiner Teil geladen, der als **Kernel** (zu deutsch »Kern«) bezeichnet wird und die grundlegenden Funktionen eines Betriebssystems ausführt.

Konfigurationsdateien und Installation

Damit das Betriebssystem an Ihren Computer angepasst werden kann, kopieren viele Programme einzelne Dateien auf Ihre Festplatte.

Wenn Sie beispielsweise eine neue **Computer-Maus** kaufen, liegt dieser eine Diskette bei, die nach dem Anschließen der Maus »installiert« werden muss.

Diese Dateien, die während der Installation auf die Festplatte überspielt werden, enthalten Informationen über das neue Bauteil und Anweisungen für das Betriebssystem, die den Umgang mit der neuen Komponente definieren. Eine solche **Steuerdatei** heißt im Fachjargon auch **Treiber** oder Hardwaretreiber.

Während der Installation werden jedoch nicht nur Dateien kopiert, sondern es wird auch das Betriebssystem an die veränderten Bedingungen angepasst.

Sogenannte **Konfigurations- dateien** bilden die Grundlage für eine individuelle Anpassung Ihres Computers. Jede Änderung der Konfiguration wird in einer solchen Datei vermerkt, die daher sehr **dynamisch** ist.

In gewisser Weise ist auch das CMOS eine solche Konfigurationsdatei, die aber kein Teil des Betriebssystems ist, sondern schon vor diesem geladen wird.

Die Art und Struktur der verwendeten Konfigurationsdateien hängt ausschließlich vom Betriebssystem ab. Mehrere Dateien können einander ergänzen und jeweils eine bestimmte Konfiguration berücksichtigen.

WAS IST DAS

Eine **Konfigurationsdatei** enthält Informationen zur individuellen Ausstattung und persönlichen Einrichtung eines Betriebssystems.

Eine solche Konfigurationsdatei kann beispielsweise einen Eintrag der folgenden Art enthalten: »Dieser Computer ist mit einer Logitech-Pilot-Computermaus ausgestattet. Beim Einschalten muss zunächst der passende Treiber geladen werden«. Damit Sie einen Eindruck davon erhalten, wie eine solche Information in der **Computersprache** aussieht, zeigt die nächste Zeile den tatsächlichen Eintrag in der Konfigurationsdatei:

```
DEVICE=C:\CONFIG\LOGITECH.SYS
```

Übrigens haben auch **andere Programme** diese praktische Dateigattung für sich »entdeckt«. So erzeugen auch Word für Windows und Corel Draw während der Installation eine Konfigurationsdatei.

Unter **Microsoft-Betriebssystemen**, darunter beispielsweise MS-DOS, Windows 98, Windows NT, sind zwei typische Konfigurationsdateien vorhanden. Die Datei mit dem Namen **CONFIG.SYS** wird durch eine zweite Konfigurationsdatei, die **AUTOEXEC.BAT**, ergänzt.

Windows-Systeme arbeiten außerdem mit einer Windows-intern verwendeten Konfigurationsdatei namens **WIN.INI**, der besondere Aufgaben und Funktionen zukommen.

Die **Registrierungs-datenbank** ist eine besonders leistungsfähige Sonderform der Konfigurationsdatei.

Windows 95/98, Windows Me, Windows XP und Windows 2000 verwenden darüber hinaus eine **Registrierungsdatenbank**, die eine modernere Form der Konfigurationsdatei darstellt.

Die folgenden Seiten zeigen Ihnen anhand eines typischen Beispiels, wie ein mitgelieferter Hardwaretreiber installiert und die Windows-Registrierungsdatenbank entsprechend angepasst wird. Wenn Sie selbst einen Treiber installieren möchten, können Sie die folgenden Schritte als Workshop nachvollziehen.

1 Schließen Sie
sämtliche noch
geöffneten Program-
me, weil in seltenen
Fällen während der
Installation eines
Treibers ein Systemab-
sturz auftreten kann.

2 Klicken Sie auf die START-Schaltfläche und wählen
Sie den Eintrag SYSTEMSTEUERUNG. Wechseln Sie zur
klassischen Ansicht und doppelklicken Sie auf das
Symbol HARDWARE.

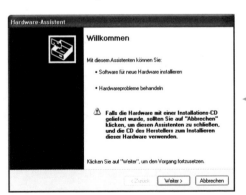

3 Der »Hardware-Assistent« begrüßt Sie. Bestätigen
Sie das Fenster mit einem Klick auf WEITER. Windows
sucht nun nach neuer Hardware, die kürzlich angeschlossen, aber noch nicht installiert worden ist.

4 Anschließend werden Sie gefragt, ob die Hardware bereits angeschlossen worden ist. Beantworten Sie diese Frage mit JA und bestätigen Sie dies mit einem Klick auf WEITER. Nun wird Ihnen in einer Liste die bereits auf dem Computer installierte Hardware angezeigt. Wählen Sie aus der Liste den Eintrag NEUE HARDWARE HINZUFÜGEN aus.

5 Wählen Sie nun aus, ob Sie die Hardware automatisch suchen lassen oder manuell auswählen möchten. Entscheiden Sie sich für die erste Option und bestätigen Sie mit WEITER.

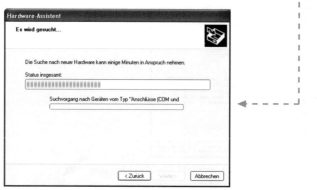

6 Während der Erkennung neuer Hardware ist ein Fortschrittsbalken zu erkennen, der den Verlauf des Installationsprozesses optisch darstellt. - - - ▶

7 Wird keine neue Hardware erkannt, können Sie auf einer weiteren Seite des Hardware-Assistenten den Hersteller und das Modell der Hardware-Komponente eintragen.

8 Nun kann die neue Hardware installiert und der Assistent fertig gestellt werden.

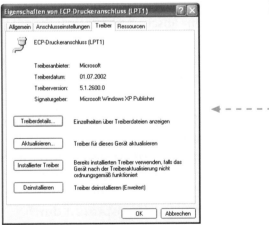

9 Nach der Installation ist das Gerät betriebsbereit und kann unter Windows verwendet werden.

Start der grafischen Oberfläche

Nach dem Laden des Kernels und aller notwendigen Treiber wird die **grafische Oberfläche** des Betriebssystems geladen. Ein typisches Beispiel ist Windows 98, das durchaus auch ohne grafische Oberfläche arbeiten kann, nach dem Einschalten des PCs jedoch standardmäßig die gewohnte Arbeitsoberfläche lädt.

Während die Konfigurationsdateien AUTOEXEC.BAT und CONFIG.SYS bereits zuvor geladen wurden, wird erst zu diesem Zeitpunkt die **Registrierungsdatenbank** ausgewertet. Anhand der Einträge wird beispielsweise der Treiber geladen, der für die Bildschirmausgabe verantwortlich zeichnet und Ihr Druckertreiber aktiviert.

Herunterfahren des Betriebssystems: Die Arbeit beenden

Ein **grober Fehler**, der gerade Anfängern unterläuft und unglücklicherweise zu **schweren Systemfehlern** führen kann, ist das Abschalten des Computers, ohne das Betriebssystem zuvor ordnungsgemäß herunterzufahren.

Warum ist es derart wichtig, das System nicht einfach abzuschalten? Frühere **DOS-Versionen** waren da weitaus unempfindlicher und verfügten über keine Funktionen, die auf ein Abschalten »allergisch« reagiert hätten. Das gesamte Betriebssystem DOS belegte nur einen Bruchteil des Platzes im Arbeitsspeicher, den beispielsweise Windows 98 benötigt. Windows XP beansprucht entsprechend mehr Speicherplatz als Windows 98.

Beim Start werden wichtige Systemfunktionen des Betriebssystems in den Arbeitsspeicher geladen. Als »**intelligentes**« Betriebssystem ist dessen Arbeit für Sie als Anwender nicht länger transparent. Während Sie im Vordergrund beispielsweise mit Word für Windows einen Text eintippen, führt Windows XP möglicherweise gerade im Hintergrund und damit von Ihnen unbemerkt einen **Wartungsprozess** durch.

Es wäre **fatal**, wenn Sie Ihren Word-Text abspeichern und Ihren PC anschließend abschalten würden. Der Wartungsprozess im Hintergrund wäre unmittelbar unterbrochen worden und ein **Datenverlust** die mögliche Folge.

Besonders gefährlich und vom Anwender gefürchtet sind Stromausfälle, die während des Speicherns eines Dokuments oder sonstiger Schreibzugriffe passieren. Eine möglicherweise nur zur Hälfte abgespeicherte Datei ist für den Computer **wertlos** und übrigens selbst nicht mehr zur Hälfte lesbar. Obwohl die Datei damit unbrauchbar geworden ist, belegt sie dennoch Speicherplatz auf der Festplatte.

In einem solchen Fall sollten Sie vor allem die Datenträger Ihres Computers einer **Routineprüfung** unterziehen. **Defekte Dateien** werden durch eine solche Prüfung erkannt und gelöscht, sodass der zuvor als belegt gekennzeichnete Festplattenspeicher wieder zur Verfügung steht.

Windows 98, Windows Me und Windows NT beispielsweise liefern ein Diagnoseprogramm namens **SCANDISK** mit, das kleinere Festplattenfehler zu beheben imstande ist. Windows-95-Anwender müssen SCANDISK noch manuell starten; ab Windows 98 wird ein fehlender Systemabschluss hingegen automatisch erkannt und die lokalen Festplatten beim nächsten Start selbstständig geprüft.

Auch Windows XP umfasst keine SCANDISK-Funktion mehr. Durch ein fortschrittliches Dateisystem ist keine manuelle Prüfung mehr erforderlich.

Die folgenden Schritte zeigen Ihnen, wie eine **Festplattenprüfung** abläuft. Als Beispiel haben wir Windows Me verwendet, aber für **alle moderneren Betriebssysteme**, darunter Windows 98, Windows XP, Windows 2000, der Apple Macintosh und OS/2 sind entsprechende Systemtools erhältlich.

Auch diese Sequenz können Sie als Workshop verwenden, wenn Sie mit Windows Me arbeiten und Ihre Festplatte einer Überprüfung unterziehen möchten.

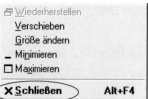

1 Beenden Sie vor Beginn
der Arbeit alle noch geöffneten Programme, weil während
der Prüfung Fehler auftreten
können, die einen Systemab-
sturz zur Folge haben.

2 Klicken Sie auf die START-Schaltfläche
und wählen Sie den Eintrag PROGRAMME. Im
sich öffnenden Menü wählen Sie zunächst
ZUBEHÖR und anschließend SYSTEMPROGRAMME.
Das Festplatten-Checkprogramm lässt sich
nun mit einem Klick auf SCANDISK aufrufen.

3 Im Feld ZU PRÜFENDE(S) LAUFWERK(E) wählen
Sie den Eintrag <FESTPLATTENBEZEICHNUNG> (C:)
und bestätigen das Dialogfeld mit einem
Klick auf STARTEN.

4 Ein Fortschrittsbalken informiert Sie über den Verlauf der Festplatten-Prüfung.

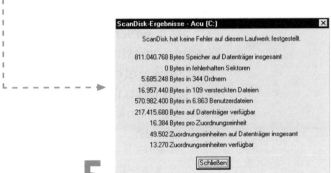

5 Ein Fehlerreport zeigt Ihnen eventuell festgestellte Fehler und einige zusätzliche Daten zu Ihrer Festplatte an.

3

Vom Mensch zum Computer

Was bringt Ihnen dieses Kapitel?

Wir zeigen Ihnen in diesem Kapitel, wie Sie mit Ihrem PC kommunizieren können. Sie erfahren, welche Besonderheiten die Computertastatur von einer Schreibmaschine unterscheidet.

Wir schildern Ihnen außerdem den Aufbau und die Funktion einer Computermaus und zeigen Ihnen in einem Workshop den Umgang mit der Maus. Außerdem erfahren Sie, was eine »Schnittstelle« ist, wie beispielsweise Ihr Drucker angeschlossen wird und welche Bedeutung die Anschlüsse auf der Rückseite Ihres PCs haben.

Das können Sie schon:

Das lernen Sie neu:

Kommunikation mit dem PC

Ein bislang nicht erfüllter Traum der Computerspezialisten ist die **sprachgestützte Kommunikation mit Rechnersystemen**.

Zwar existieren bereits Diktiersysteme, die **komplette Texte** erfassen können. Das von IBM entwickelte »VoiceType« beispielsweise ist beachtlich weit entwickelt und gestattet es dem Anwender unter Berücksichtung einiger Besonderheiten, ganze Texte zu diktieren. Die Erkennung fließend gesprochener Sätze überfordert derzeit jedoch auch moderne Computersysteme.

Konventionell können Sie auf **unterschiedliche Arten** mit Ihrem PC kommunizieren. Sie wissen bereits, dass diese Geräte unter dem Sammelbegriff **Eingabegeräte** zusammengefasst werden. Auf den folgenden Seiten werden Sie die wichtigsten Eingabegeräte kennen und bedienen lernen.

Schnittstellen: Das Tor nach außen

Verfolgen Sie bitte das Kabel, das Ihre Computermaus mit dem Gehäuse Ihres Rechners verbindet. In den meisten Fällen endet das Verbindungskabel an der **Rückseite des Gehäuses** an einer Steckverbindung.

Ziehen Sie nun den Stecker ab, nachdem Sie die Sicherungsschrauben mit der Hand gelöst haben. Wenn Sie sich die Mühe machen und die Pins (Kontakte) der Mausbuchse nachzählen, werden Sie feststellen, dass genau neun Kontakte vorhanden sind. Jeder dieser Kontakte führt eine **bestimmte Information** entweder vom oder zum Computer. Welches Signal über welchen Kontakt übertragen wird, muss natürlich genau festgelegt sein, damit sich beispielsweise Ihre Maus mit Ihrem PC verständigen kann.

Eine solche **Stecker-Buchse-Kombination** heißt »Schnittstelle«. An einer Schnittstelle können die verschiedensten Geräte angeschlossen und Ihr PC damit erweitert werden. Eine Einheit, die offenbar an einer solchen Schnittstelle angeschlossen wird, ist die Maus.

Eine **Schnittstelle** verbindet externe Geräte über eine genormte Steckverbindung mit dem Computer.

Auch wenn eine unüberschaubare Zahl verschiedener Schnittstellen verbreitet ist, genügen Ihrem PC **fünf**. Weil jede Schnittstelle mit einer anderen Buchse ausgestattet ist und eine unterschiedliche Anzahl an Kontakten führt, sind **Verwechslungen ausgeschlossen**. Sie können probehalber versuchen, ob die Maus in eine weitere Buchse Ihres PCs eingeführt werden kann.

Jeder PC ist serienmäßig mit folgenden Schnittstellen ausgerüstet:

1 Die Seriellschnittstellen

An diesen Schnittstellen wird beispielsweise ein Modem betrieben. Die meisten Computer sind mit zwei Seriellschnittstellen ausgestattet: eine mit 9 Polen, die andere mit 25 Polen.

2 Die USB-Schnittstelle

Diese, heute mit Abstand wichtigste Schnittstelle, ist universell einsetzbar. An ihr wird die Maus ebenso angeschlossen wie ein Drucker oder Scanner.

3 Die Parallelschnittstelle

Die Parallelschnittstelle verbindet oft ältere Drucker mit dem PC. Die meisten heute erhältlichen Drucker werden über die USB-Schnittstelle am Computer angeschlossen.

4 Die 15-polige Game-Schnittstelle

Wenn Sie an Ihren Computer einen Steuerhebel zur Steuerung von Spielen (Games) anschließen möchten, findet die Game-Schnittstelle Verwendung.

Was unterscheidet nun die einzelnen Schnittstellentypen voneinander? Die **beiden Seriellschnittstellen** sind zueinander kompatibel, können also für die gleichen Aufgaben eingesetzt werden. So kann eine neunpolige Maus auch an die 25-polige Seriellschnittstelle angeschlossen werden, wenn ein entsprechender Adapter verwendet wird.

Jede Schnittstelle lässt sich in eine der beiden Gattungen »parallel« und »seriell« eingliedern.

Informationen, die über eine **serielle Schnittstelle** übertragen werden, gelangen nur schrittweise an den Empfänger. Bildlich können Sie sich eine **einspurige Landstraße** vorstellen, deren darauf verkehrende Fahrzeuge die Daten sind. Die Fahrzeuge (Daten) bewegen sich nacheinander (seriell). Eine Seriellschnittstelle ist daher nicht besonders schnell, aber robust und störunanfällig. Für die Übermittlung **geringer Datenmengen**, wie sie zum Beispiel die Maus liefert, eignet sie sich sehr gut.

$\longleftarrow$ 01001010

Via **paralleler Schnittstelle** werden **größere Datenmengen** übertragen. Die parallele Schnittstelle Ihres PCs beispielsweise erweitert die einzige Spur der Seriellschnittstelle um sieben weitere. Insgesamt können damit **acht Informationen gleichzeitig** übermittelt werden, was die hohe Übertragungsgeschwindigkeit erklärt. Ihr Drucker beispielsweise empfängt zeitgleich viele Daten, damit Sie auf Ihren Ausdruck nicht lange warten müssen. Viele zeitkritische Aktionen werden daher über die Parallelschnittstelle realisiert.

$\longleftarrow$ 01001010
$\longleftarrow$ 01001010
$\longleftarrow$ 01001010
$\longleftarrow$ 01001010

Neben dem Drucker werden mittlerweile auch viele andere Geräte über die Parallelschnittstelle betrieben, zum Beispiel **externe Datenträger** oder **Netzwerkkarten** für tragbare Computer.

Vielleicht wundert es Sie, dass der Stecker der Parallelschnittstelle über bis zu 25 Pole verfügt, aber nur acht Daten gleichzeitig übertragen werden. Da für die Übertragung einer Informationseinheit nur eine Leitung benötigt wird, erscheinen 17 Pole überflüssig.

Wozu dienen diese Kontakte also? Tatsächlich sind beispielsweise die Kontaktstifte mit den Nummern 14 bis 25 miteinander kurzgeschlossen und bilden die Masse. Einige Kontakte sind unbelegt und bilden eine »**Reserve**« für eigene Projekte.

WAS IST DAS

Statussignale werden neben Daten ebenfalls über die Schnittstelle versendet und übermitteln Informationen über den Betriebszustand des angeschlossenen Geräts.

HINWEIS

Ein serielles Datenkabel sollte nicht länger als sechs bis acht Meter sein, ein paralleles Kabel nicht länger als fünf Meter.

WAS IST DAS

USB steht für **Universeller Serieller Bus** und ist ein neues Schnittstellensystem, das das Kabel- und Normenchaos nach dem Willen der Hersteller beseitigt. Insbesondere Windows 98 unterstützt erstmalig das USB-System.

Die restlichen Pins führen **Statusmeldungen**, die beispielsweise ein Drucker an den PC zurückliefert. So »weiß« der PC, dass der Drucker betriebsbereit (»online«) ist oder ihm das Papier ausgegangen ist. Diese **Statussignale sind sehr wichtig** und werden gleichzeitig mit den eigentlichen Daten übermittelt.

Die **Länge eines Verbindungskabels** ist für die korrekte Übertragung von Daten von großer Bedeutung. So kann es vorkommen, dass Ihr Drucker statt den gewünschten Geschäftsbrief nur Datenmüll druckt. Eine typische Fehlerursache ist ein **zu langes Kabel,** das die geführten Signale gewissermaßen »verschluckt«. Um solche Störungen zu vermeiden, sollten Kabel so kurz wie möglich sein.

Ein **Ende des Schnittstellen-Chaos** ist mit Windows 98 besiegelte Sache: Verschiedene Hersteller, darunter der PC-Gigant »Siemens Nixdorf«, haben ein revolutionäres System namens **USB** (universeller serieller Bus) entworfen. PCs, die mit diesem System ausgestattet sind, belasten den Anwender nicht länger mit technischen Details wie unterschiedlichen Steckern, Anschlüssen oder Kabellängen.

Stattdessen stellt das PC-Gehäuse, die Tastatur und der Monitor mehrere Buchsen bereit, an die Sie **beliebige Geräte** anschließen können. Sie können wahlweise die Computermaus an die Tastatur oder alternativ an den Monitor andocken, ohne dass sich daraus ein Unterschied ergibt. Praktisch ist auch, dass die seriellen Daten viel schneller übertragen werden können als bei bisherigen Systemen.

Firewire – genormt nach IEEE 1394 – ist ursprünglich schon in anderen Computersystemen verwendet worden, und hat erst im Jahr 2000 allmählich den Einzug in die PC-Welt gefunden.

Ein brandneues Schnittstellensystem ist **Firewire**; insbesondere für Anwendungen, bei denen große Datenmengen übertragen werden müssen, ist **Firewire** besonders geeignet. So lassen sich Camcorder-Spielfilme in kurzer Zeit auf den PC überspielen und dort beispielsweise nachbearbeiten

Gleichzeitig beseitigt USB das **Treiberproblem**. Neu an das USB-System angeschlossene Geräte melden sich selbsttätig am PC an und installieren die erforderlichen Treiber automatisch.

Weitere Anschlüsse

Als Sie die parallelen und seriellen Anschlussbuchsen auf der Rückseite gesucht und hoffentlich gefunden haben, sind Ihnen sicher **zahlreiche weitere Anschlussbuchsen** aufgefallen – eine gute Gelegenheit, Ihnen diese kurz vorzustellen.

Der Stromstecker

Wir haben Ihnen bereits im einführenden Kapitel erläutert, dass Ihr PC mit einem normalen **Kaltgerätekabel** an das Stromnetz anschlossen wird, das im Netzteil endet.

Das Netzteil schleift eine Netzspannungsbuchse durch, an die der Monitor angeschlossen werden kann. Dies ist sinnvoll und zugleich praktisch, weil beim Einschalten des Rechners auch der Monitor mit Strom versorgt wird und daher nicht separat eingeschaltet werden muss.

Der Monitorstecker

Eine 15-polige Buchse ist fest mit einem Stecker verschraubt, der ein meist **auffällig dickes Kabel** führt. Dies ist das Verbindungskabel zu Ihrem Bildschirm, der vom Computer schließlich Informationen über den darzustellenden Bildinhalt erhalten muss. Weil die transportierten Informationen besonders empfindlich auf äußere Störeinflüsse reagieren und dies die Bildqualität beeinträchtigen würde, ist das Kabel mehrfach **abgeschirmt**.

Audiobuchsen

Sofern Ihr PC audiofähig ist, werden Sie auf der Rückseite des Rechnergehäuses einige weitere Stecker entdeckt haben. Kleine, runde Steckbuchsen geben **Audiosignale** an eine angeschlossene **Stereoanlage** oder Musikboxen weiter. Außerdem können Tonquellen wie ein Kassettenrekorder oder ein Mikrofon angeschlossen werden.

Audiobuchsen sind meist stereofähig und daher entsprechend der in der Audiotechnik verwendeten Kennzeichnung schwarz (linker Kanal) und rot (rechter Kanal) markiert.

SCSI-Externanschluss

Einige PCs sind mit einem 40-poligen, breiten SCSI-Externanschluss ausgestattet. Was »SCSI« im Detail ist, verraten wir Ihnen in einem späteren Kapitel. An diesem Anschluss werden spezielle externe Geräte betrieben, zum Beispiel ein **Scanner** zum **optischen Einlesen** von Grafiken, Fotos und Texten.

Die Netzwerkbuchse

Falls Sie Ihren PC in einem Netzwerk betreiben, finden Sie außerdem einen Netzwerkanschluss. Da die PC-Branche sehr viele unterschiedliche Netzwerk-Anschlussarten kennt, existiert keine allgemein verbreitete Netzwerkbuchse.

Die Online-Anschlussbuchse

Sofern Sie beim Kauf einen ISDN-Adapter oder ein internes Modem erworben haben, finden Sie eine weitere Anschlussbuchse. Sie verbindet Ihren Rechner mit der Telefondose bzw. mit Ihrem ISDN-Anschluss (NTBA).

Die Tastatur: Eingabeinstrument Nummer Eins

Das Eingabeinstrument schlechthin ist die **Tastatur**. Sie können vermutlich rein intuitiv mit ihr umgehen, weil Sie die Tastenanordnung von der **Schreibmaschine** her kennen.

Die PC-Tastatur hebt sich durch **zahlreiche neue Tasten** von einer Standard-Schreibmaschinentastatur ab. Insgesamt verfügt sie über 102 Tasten, darunter zahlreiche Sondertasten, die für die **Steuerung von speziellen Funktionen** notwendig sind und zum Teil von Ihnen individuell belegt werden können.

Eine solche Tastatur wird als MF-II-Tastatur bezeichnet. Diese Norm wird von allen Herstellern verwendet und garantiert, dass Sie sich auch auf dem PC Ihres Kollegen sofort zurechtfinden.

Leider ist die Computerwelt – das haben Sie schon in den vorangegangenen Kapiteln gelernt – alles andere als homogen. Es grenzt an ein Wunder, dass nicht jeder Hersteller eine eigene Tastatur baut und dem MF-II-Standard folgt.

Außerhalb der PC-Welt herrscht jedoch **Tasten-Chaos**. Wenn Sie Gelegenheit finden, die Tastatur eines Macintosh-Computers zu betrachten, werden Sie **erhebliche Abweichungen** von der PC-Architektur feststellen. Zwar weisen beide Computerarten auch das Buchstaben-Tastenfeld auf, aber alle weiteren Tasten sind sowohl unterschiedlich angeordnet als auch anders belegt und entsprechend beschriftet.

Werfen Sie einen Blick auf die Tastatur Ihres PCs. Das Buchstabenfeld beginnt mit den Tasten **Q-W-E-R-T-Z** und dementsprechend heißt eine solche Tastatur auch **QWERTZ-Tastatur**.

Amerikanische Tastaturen hingegen weichen von der deutschen Standard-Belegung ab. An der Stelle des »Z« ist hier ein »Y« vorhanden, entsprechend heißen amerikanische Tastaturen QWERTY-Tastaturen. Sowohl die amerikanische als auch die deutsche Tastatur folgen beide dem MF-II-Standard.

Codepages verhindern Code-Chaos

Woher nun weiß der Rechner, ob Sie eine amerikanische oder **deutsche Tastatur** angeschlossen haben? Die Antwort: Er weiß es gar nicht! Wenn Sie eine amerikanische Tastatur an Ihren PC anschließen, erzeugt ein Druck auf die »Y«-Taste auf dem Bildschirm ein »Z«.

Das ist aus verständlichen Gründen unerwünscht. Eine spezielle, im Betriebssystem integrierte Tabelle mit der Bezeichnung »Codepage« enthält die **länderspezifischen Informationen**. So stehen dem deutschen Anwender die **Umlaute** und das ß zur Verfügung und der Franzose kann akzentuierte Vokale verwenden.

WAS IST DAS

Eine **Codepage** enthält länderspezifische Informationen. Sie wird beim Start des Betriebssystems geladen und verbleibt während der Arbeit im Hintergrund.

HINWEIS

Sie dürfen also nicht »Y« drücken, sondern die »Z«-Taste, damit der PC Ihre Bestätigung erkennt.

Beim Start des Betriebssystems wird nun die passende Codepage geladen, sodass Ihnen die richtige Tastaturbelegung zur Verfügung steht.

Durch Codepages wird ein PC also überaus flexibel. Allerdings fußt auf diesem Umstand ein Kuriosum: Wenn Sie im BIOS Eingaben tätigen und diese mit »Yes« für englisch »ja« bestätigen, ist zu diesem Zeitpunkt (erinnern Sie sich, dass das BIOS noch vor dem Betriebssystem und damit vor dem Laden der Codepages aktiviert ist) noch kein deutscher Tastaturtreiber eingebunden.

Anschluss an den PC

Betrachten Sie sich zunächst das Kabel, das die Tastatur mit dem PC verbindet. Fünf Pole sind vorhanden und über eine Kerbung kann der runde Stecker nicht verkehrt herum in die Buchse eingeführt werden. Ein **kleiner weißer Pfeil** auf einer Seite des Steckers weist bei einigen Markenmodellen auf die Stecker-Oberseite hin.

HINWEIS Falls das Kabel zu kurz sein sollte, können Sie für rund zehn Mark im Fachhandel ein spiralförmiges Verlängerungskabel erwerben.

HINWEIS Wenn Sie eine Standard-Tastatur an einem Computer mit PS/2-Anschluss betreiben möchten, müssen Sie einen entsprechenden Adapter erwerben.

Einige Computermarken werden mit deutlich kleineren Steckern geliefert, die nicht mit dem Standard-Format zusammenarbeiten. Diese Stecker heißen »PS/2-Tastaturstecker«, weil der Hersteller IBM diese Steckerart zuerst in seiner Modellreihe »PS/2« verwendete. Vor allem tragbare Computer (**Notebooks**) sind aus Platzgründen mit PS/2-Tastatursteckern ausgerüstet.

Die Tastatur einrichten

Auf der Unterseite der Tastatur befinden sich zwei **ausklappbare Füße**, mit deren Hilfe Sie die Tastatur schräg stellen können und damit ein ergonomisch günstigeres Arbeiten möglich wird.

Orientierung auf der Tastatur

Das Haupt-Eingabefeld entspricht der Schreibmaschinentastatur. Sie geben über den Buchstabenteil der Tastatur Ihre Texte und einfachere Ziffernkombinationen ein.

Oberhalb des Eingabeteils entdecken Sie zwölf Tasten, die von F1 aufsteigend bis F12 nummeriert sind. Dies sind Funktionstasten, die in drei Viererblöcke gegliedert sind.

Links oben ist die Escape-Taste vorhanden und rechts neben den Funktionstasten finden Sie drei weitere Tasten: Druck, Rollen und Pause.

Der rechte Teil der Tastatur enthält den numerischen Eingabeblock, der der »Addiermaschinen-Anordnung« entspricht. Jede Taste ist zweifach belegt und weist neben der Ziffer oder einem Operanden auch eine weitere Funktion auf.

Zwischen Buchstaben- und Ziffernblock finden Sie vier Pfeiltasten, darüber sind sechs weitere Tasten angeordnet.

Der Eingabeblock

Um Texte einzugeben, verwenden Sie den alphanumerischen Eingabeblock. Schnellschreiber werden es zu schätzen wissen, dass die Tasten »F« und »J« **tastbar markiert** sind: bei einigen Tastaturmodellen sind die Tasten geringfügig schmaler, bei anderen Ausführungen mit einer Erhebung versehen. Vor allem beim »blinden« Schreiben im Zehnfingersystem erleichtert dies die Orientierung.

 Wie auch bei der Schreibmaschine können Großbuchstaben erzeugt werden, indem die ⇧-Taste gedrückt gehalten und der entsprechende Buchstabe gewählt wird. In der englischsprachigen Anwenderdokumentation finden Sie für die Umschalt-Taste auch den Begriff »Shift-Taste«.

 Wenn Sie längere Passagen in Großbuchstaben verfassen müssen, beispielsweise Überschriften, können Sie die ⇩-Taste verwenden. Eine **grüne Leuchtdiode** im rechten Teil der Tastatur zeigt eine aktive Feststelltaste an. Um zum normalen Modus zurückzukehren, drücken Sie die Feststelltaste erneut.

 Auf den Tasten als dritte Zeichen aufgedruckte Symbole können gewählt werden, indem Sie die AltGr-Taste gedrückt halten und die zugehörige Taste drücken. So lässt sich beispielsweise der umgekehrte Schrägstrich \ (englisch »Backslash«) über die Tastenkombination AltGr+ß abbilden. Ebenso ist das Mikro-Zeichen (griechisches µ) über AltGr+M verfügbar.

Die Enter-Taste

Dem »Wagenrücklauf« der Schreibmaschine entspricht die Return- oder Enter-Taste des Computers. Sie befindet sich an der rechten Seite des Eingabeblocks und ist schon deshalb auffällig, weil sie die größte Taste überhaupt ist. »Enter« bedeutet übersetzt »Eingabe«, und entsprechend finden Sie in deutschsprachiger Literatur die Bezeichnung »Eingabe-taste«.

In der Literatur und Programmdokumentation finden Sie sowohl den Begriff »Enter« als auch »Return«. Beide Bezeichnungen meinen die gleiche Taste; in diesem Buch verwenden wir den deut-schen Begriff »Eingabetaste«.

Allgemein setzen Sie mit der Enter-Taste einen Befehl ab und übergeben ihn an das Betriebssys-tem. Wenn Sie Ihrem Computer beispielsweise mitteilen, Sie möchten Ihre Festplatte löschen, wird er dies erst dann ausführen, wenn Sie dies mit der Enter-Taste bestätigen.

Die Enter-Taste kann weitere Funktionen auslösen, so zum Beispiel in Textverarbeitungen: Ähnlich einem Wagenrücklauf fügt ein Druck auf ⏎ einen Absatz in Ihr Textdokument ein.

Der nummerische Zahlenblock

Wenn Sie größere Zahlenkolonnen eingeben möchten, können Sie dazu den nummerischen Zahlenblock verwenden.

Es ist unverständlich, warum sich einige Anwender die Vorteile des Tastenblocks kaum zunutze machen. Tatsächlich ist eine häufige Fehlerursache darin begründet, dass dem nummerischen Zahlenblock gleich zwei Funktionen zukommen.

Neben der **Eingabe von Ziffern** dienen die aufge-druckten Tasten auch zum **Navigieren auf dem Bildschirm**. Die Eingabemarkierung eines elektronischen Rechenblatts beispielsweise lässt sich bequem und ohne größere Handbewegungen an die gewünschte Position verschieben.

Den aktuellen Status der (Num)-Taste erkennen Sie an einer grünen Leuchtdiode, die mit »Num« beschriftet ist.

Zwischen der Zifferneingabe und dem Navigieren via Pfeilsymbolik kann durch das Drücken der (Num)-Taste umgeschaltet werden. Wenn also statt der gewünschten Bewegung des Pfeils eine Ziffer auf dem Bildschirm erscheint (oder umgekehrt), drücken Sie die (Num)-Taste.

Positionstasten

Die sechs Positionstasten, die links neben dem nummerischen Eingabefeld angeordnet sind, dienen der **schnellen Positionierung** der Eingabemarkierung, die im Computerjargon übrigens als Cursor bezeichnet wird.

Cursor ist die englische Bezeichnung für die Eingabemarkierung.

Die Belegung der Positionstasten ist vom **jeweiligen Programm abhängig**. Wir stellen Ihnen die typischen Verwendungen der Positionstasten vor.

Die (Pos 1)-Taste bringt Sie in Textverarbeitungs-Software an den Beginn der Zeile zurück. Viele Tabellenkalkulationen verwenden die (Pos 1)-Taste, um zum Beginn der Tabelle oder der Zeile zurückzugelangen.

Entsprechend bringt Sie die (Ende)-Taste an das Ende der aktuellen Zeile. Sie ist gewissermaßen das »Gegenteil« zur (Pos 1)-Taste.

Die (Bild↑)- und (Bild↓)-Tasten bewegen Ihre Eingabemarkierung um eine Bildschirmseite nach oben bzw. nach unten. Sie können sich damit beispielsweise durch den Text bewegen und diesen auf etwaige Formatierungsfehler durchstöbern.

Die (Einfg)- und (Entf)-Taste gehören streng genommen nicht zu den Positionstasten, sind aber mit diesen in einem Tastaturblock vereint. In den meisten Textverarbeitungen und übrigens auch in Eingabefeldern des Betriebssystems schaltet die (Einfg)-Taste in den Überschreiben-Modus um. In einer anschließenden Übung werden wir Ihnen zeigen, welche Bedeutung diesem Modus zukommt.

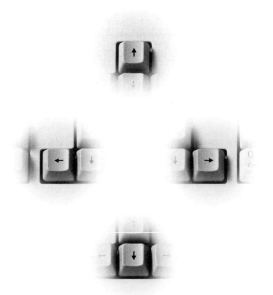

Die vier Pfeiltasten, die sich direkt unterhalb der Positionstasten befinden, dienen der Bewegung des Cursors. Sie sind in ihrer Funktion den Pfeiltasten des nummerischen Ziffernblocks äquivalent.

Die Funktionstasten

Gleich **zwölf Tasten** umfasst das Funktionstastenfeld, das oberhalb der Ziffernreihe des Eingabeblocks angeordnet ist. PC-Einsteiger, die Ihre Texte zuvor auf der Schreibmaschine verfasst haben, verwechseln die beiden obersten Tastaturreihen gerne miteinander.

Funktionstasten erfüllen eine bestimmte Funktion, das lässt bereits ihr Name vermuten. Aber tut das nicht jede Taste?

Konkret kann den Funktionstasten eine bestimmte Funktion zugewiesen werden. Funktionstasten sind also benutzerdefinierbar. Ein typisches Beispiel:

Wenn Sie häufig Tabellen in Ihre mit einer Textverarbeitung erfassten Texte einfügen müssen, können Sie sich diese Arbeit mit einer Funktionstaste vereinfachen. So können Sie sich zum Beispiel unter Microsoft Word eine Standard-Tabelle anlegen und mit der Taste F12 verknüpfen. Word fügt nun eine Tabelle fix und fertig formatiert ein, wenn Sie F12 drücken.

Auch standardmäßig sind einige Funktionstasten belegt. Je nach Betriebssystem werden **unterschiedliche Operationen** ausgelöst. Wenn Sie unter Windows 98 arbeiten, wird die **Hilfe-Funktion** aktiviert, die Ihnen Fragen zum Programm beantwortet.

Wir machen Sie mit der Bedienung der Funktionstasten in einem folgenden **Lernschritt** vertraut.

Die Escape-Taste

Die äußerste linke Taste Ihrer Tastatur ist von großer Bedeutung. Die mit »Esc« beschriftete Escape-Taste bricht eine aktuelle Operation oder Abfrage vor dem Ausführen ab. »Escape« heißt übersetzt »**entkommen**«.

Ein Beispiel: Wenn Sie Ihr Computer fragt, ob Sie alle Daten Ihrer Festplatte wirklich löschen möchten, bricht die (Esc)-Taste die Operation ab. Auch wenn Sie **irrtümlich** die Druckfunktion aktiviert haben, das aktuelle Dokument aber nicht auf Papier bannen möchten, unterbricht (Esc) den Druck.

Die Steuerungstasten

In der Ebene des auffälligen Freitasten-Barrens finden Sie die Tasten (Strg), (Alt) und (AltGr). Die (Strg)-Taste ist zweimal vorhanden, einmal auf jeder Seite der Freitaste.

Die Taste (AltGr) haben wir Ihnen bereits vorgestellt, aber welche Aufgaben erfüllen die anderen drei Tasten?

»Strg« ist die Abkürzung für »**Steuerung**«. Die oft gehörte Langweise »String« ist **schlichtweg falsch** und ergibt darüber hinaus keinen Sinn. Die englische Tastatur ist mit der Abkürzung »Ctrl« (für Control) bedruckt, was übersetzt »Steuerung« bedeutet.

Die beiden Steuerungstasten sind äquivalent und sind nur zur bequemeren Bedienbarkeit doppelt vorhanden.

Die (Alt)-Taste (»Alt« ist die Abkürzung für »Alternativ«) erfüllt eine ähnliche Aufgabe wie die (Strg)-Tasten, ist jedoch von diesen unabhängig. Dennoch wird die (Alt)-Taste in den Oberbegriff »Steuerungstasten« eingeordnet.

Wenn Sie die (Strg)- oder (Alt)-Taste drücken, geschieht – zunächst nichts. Beide Tasten lösen nur in Kombination mit einer alphanummerischen Taste eine Funktion aus. Die Schreibweise (Strg) +(P) bedeutet beispielsweise, dass Sie zunächst die (Strg)-Taste gedrückt halten und dann die Taste (P) drücken müssen.

Durch die Verwendung von Tastenkombinationen können Sie viele Standardfunktionen schneller ausführen. Wenn Sie beispielsweise einen Begriff im Fließtext Ihrer Textverarbeitung *kursiv* schreiben möchten, können Sie dies mit einer Tastenkombination (z.B. (Strg)+(K)) erreichen.

Windows-Tasten

Bereits mit der Einführung von Windows 95 hat Microsoft eine speziell auf dieses **Betriebssystem abgestimmte Tastatur** vorgestellt, die selbstverständlich auch mit dem neuen Windows XP zusammenarbeitet. Zwar ließ sich Windows 95 auch mit einer MF-II-Tastatur bedienen, aber Microsoft versprach dem Anwender einen gesteigerten Bedienungskomfort bei der Verwendung der Spezialtastatur.

 Mit der Start-Taste können Sie – unabhängig von anderen geöffneten Programmen – das Start-Menü aktivieren. Die Start-Taste entspricht damit einem Mausklick auf die Start-Schaltfläche.

 Die zweite Windows-Taste entspricht einem Druck auf die rechte Maustaste. Sie können damit ein spezielles Menü aufrufen, das die aktuell am häufigsten verwendeten Programmfunktionen enthält. Wir stellen Ihnen später in diesem Kapitel die Funktion der rechten Maustaste vor.

Welchen Zweck erfüllen die beiden Windows-Sondertasten überhaupt, wenn beide Tasten auch durch einen Mausklick ersetzt werden können? Verbirgt sich dahinter etwa nur ein Marketing-Gag Microsofts, die den neuen Tastaturtyp verkaufen möchten?

Wenn Sie selbst längere Zeit mit Ihrem PC arbeiten und häufig auf die Start-Leiste und das Menü der rechten Maustaste zurückgreifen, werden Sie die zusätzlichen Tasten schnell schätzen lernen. Bei der Erfassung und **Formatierung längerer Textpassagen** erweist es sich als Effizienz mindernd, häufig die rechte Hand von der Tastatur abzusetzen und zur Maus zu greifen.

Sondertasten

Drei weitere Sondertasten befinden sich oberhalb der Positionstasten. Sie werden diese Tasten während Ihrer Arbeit nur **selten** benötigen. Sie sind eher ein Relikt aus DOS-Zeiten und haben unter modernen Betriebssystemen wie Windows XP ihre Bedeutung verloren.

 Die (Druck)-Taste fertigt im DOS-Fenster und im DOS-Modus einen Ausdruck des aktuellen Bildschirms (eine so genannte Hardcopy) an.

 Mit der (Rollen)-Taste verankern Sie den Bildschirm derart, dass die Cursortasten nicht mehr den Cursor, sondern den Text in die gewünschte Richtung bewegen. Eine aktive (Rollen)-Taste wird durch eine grüne Leuchtdiode angezeigt.

 Die (Pause)-Taste unterbricht die Ausführung des aktuellen Programms im DOS-Modus; ein weiterer Druck setzt die Ausführung fort. Sie hat keinen Einfluss auf den Status von Windows 95-Programmen. Mit der Tastenkombination (Strg)+(Pause) können einige Programme im DOS-Modus unterbrochen werden.

Die Maus ergänzt die Tastatur

Die optimale Ergänzung zur Tastatur ist die **Computermaus**. Sie ist eigentlich eher ein **Zeige-Instrument** als ein Eingabegerät. Mit der Maus können Sie **beliebige Positionen** des Bildschirms anfahren und dort Funktionen mittels der Maustasten auslösen.

Betrachten wir uns zunächst den Aufbau einer Maus und deren Funktion.

Eine Computermaus besteht aus einem **Kunststoffgehäuse**, in dem eine **frei bewegliche Kugel** rotieren kann, wenn die Maus auf einem festen Untergrund bewegt wird. Damit die Maus gleichmäßig bewegt werden kann, sollte sie auf einer speziellen Unterlage, dem Mauspad, bewegt werden.

Die Rotationsbewegung der Kugel wird über Schalter oder durch optische Verfahren in ein Signal umgesetzt und zusammen mit den Signalen meist zweier Tasten über ein Kabel an die serielle Schnittstelle des Computers übermittelt.

Der Status der seriellen Schnittstelle wird über ein spezielles Programm – den **Maustreiber** – abgefragt und an das Betriebssystem übermittelt. Das Betriebssystem projiziert einen Mauszeiger auf den Bildschirm, dessen Position damit den Bewegungen der Maus entspricht.

Der Druck auf eine der Maustasten aktiviert die gewünschte Funktion, ruft z.B. ein **Menü** auf. Die meisten Mäuse besitzen **zwei Tasten,** einige auch **drei Tasten**, wobei die mittlere Taste nur in Spezialanwendungen aktiv ist.

Worin nun unterscheidet sich die linke von der rechten Maustaste?

Mit der linken Maustaste aktivieren Sie eine Funktion oder erteilen Ihrem Computer einen Befehl. Die linke Taste wird überwiegend benutzt; sofern Sie in einem Handbuch oder einer anderen Dokumentation auf den Hinweis »Klicken Sie ...« stoßen, bezieht sich dies stets auf die linke Maustaste.

Ein **einfacher Klick** selektiert dabei ein Symbol und bereitet es damit für eine folgende Aktion vor, zum Beispiel das Umbenennen der Datei oder deren Löschen.

Ein **Doppelklick** mit der linken Taste startet die Datei, die sich hinter einem Symbol verbirgt. Der Abstand zwischen den beiden einzelnen Klicks beträgt nur wenige Millisekunden und muss von den meisten Anwendern zunächst geübt werden. Mit dem doppelten Klick soll eine Unterscheidung zwischen der Selektion und dem Ausführen einer Datei gewährleistet werden.

Oft werden Sie darauf hingewiesen, ein Symbol oder eine Textstelle an eine bestimmte Stelle zu »**ziehen**«. Bewegen Sie hierzu die Maus auf das zu ziehende Symbol, betätigen Sie die linke Taste und halten Sie die linke Maustaste gedrückt. Wenn Sie nun die Maus bewegen, »**klebt**« das Symbol an dem Mauszeiger, sodass Sie es über den Bildschirm an eine neue Position bewegen können. Ist diese erreicht, lassen Sie die linke Taste los und legen das Symbol damit ab.

PC-Kaufmann

PC-Kaufmann

Eine Datei kann auf diese Art gelöscht werden. Das Symbol der Datei muss dazu nur auf den **Papierkorb** gezogen werden. Die Datei wird nach dem Loslassen in den Papierkorb überführt und damit gelöscht. Wir üben das Ziehen in einem späteren Kapitel ein.

Die Funktion der **rechten Maustaste** beschränkt sich auf wenige ausgewählte Operationen. In Windows-Umgebungen wird ein kontextsensitives Menü eingeblendet, in dem sich Befehle befinden, die auf Ihre speziellen Bedürfnisse abgestimmt sind.

Ihre Maus hat eine dritte Taste? Die Microsoft-Spezifikation sieht nur zwei Tasten vor; die mittlere Taste ist gewissermaßen **überflüssiger Ballast** und findet in Windows-Umgebungen **keine Anwendung**.

Lediglich unter Spezial-Software, zum Beispiel zum Computer-unterstützten Erstellen von Grafiken und Zeichnungen, wird die mittlere Maustaste verwendet. Besondere Programme des Herstellers LogiTech verwenden die mittlere Maustaste, um einen Doppelklick mit der linken Maustaste zu simulieren.

Die Maus »hakt«

Nach längerem Betrieb kommt es manchmal vor, dass die Maus zu »haken« scheint. Statt Ihrer Bewegung auf dem Mauspad zu folgen, bleibt der Mauszeiger auf dem Bildschirm unbewegt.

Durch die mechanische Beanspruchung der empfindlichen Abtast-schalter sind Staub und andere mikroskopische Verunreinigungen in das Gehäuse eingedrungen.

Die Kugel und die Abtastmechanik muss in diesem Fall **gereinigt** werden. Dies ist in ein paar Minuten selbst erledigt. Drehen Sie die Maus auf die Rückseite und entfernen Sie den Haltering, der die Kugel im Gehäuse fixiert. Entnehmen Sie die Kugel und baden Sie sie in einer **milden Seifenlösung**. Die Abtasträdchen im Gehäuseinneren sind deutlich zu erkennen. Reinigen Sie sie mit einem **Wattestäbchen**, das Sie mit etwas medizinischem **Alkohol** befeuchtet haben. Nach dem **Trocknen** können Sie die ebenfalls trockene Kugel wieder einsetzen.

Umgang mit Tastatur und Maus

Wir führen Sie auf den folgenden Seiten in Form eines Workshops durch die Bedienung der Maus und zeigen Ihnen die wichtigsten Tastenkombinationen in der Praxis.

Sie können die Beispiele an Ihrem PC direkt nachvollziehen, wenn Sie mit den Betriebssystemen Windows 98, Windows Me, Windows XP oder Windows 2000 arbeiten. Auch unter anderen Oberflächen arbeiten die vorgestellten Funktionen nach dem gleichen Prinzip, so z.B. unter OS/2 und der Unix-Oberfläche X11.

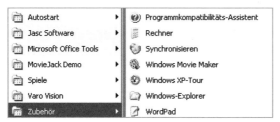

1 Klicken Sie mit der linken Maustaste auf die START-Schaltfläche und bewegen Sie den Mauszeiger im sich öffnenden Menü auf den obersten Eintrag ALLE PROGRAMME. Mit einer kleinen Verzögerung öffnet sich rechts neben dem Startmenü ein weiteres Menü. Suchen Sie den Eintrag ZUBEHÖR und bewegen Sie den Mauszeiger darauf. Klicken Sie mit der linken Maustaste einmal auf das Symbol WORDPAD.

2 Auf der zunächst noch weißen Seite erkennen Sie den blinkenden Cursor. Geben Sie nun den Satz ein: »Willkommen in der dritten Dimension der Computer-Welt von Windows.«

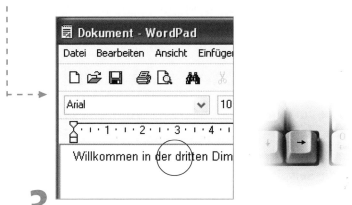

3 Mit Hilfe der Cursor-Tasten können Sie sich nun im geschriebenen Text bewegen. Drücken Sie die linke Pfeiltaste mehrfach und bewegen Sie den Cursor nun über die Pfeiltasten des nummerischen Ziffernblocks vor das Wort »dritten«.

4 Ihre Aufgabe ist es nun, die ersten vier Buchstaben des Worts »dritten« zu löschen. Drücken Sie dazu die (Entf)-Taste mehrfach, bis »ten« übrig bleibt.

5 Ergänzen Sie das Wortfragment »ten« nun, indem Sie eine »3« davor setzen. Verwenden Sie dazu den nummerischen Ziffernblock und berücksichtigen Sie, dass Sie zunächst in den Eingabemodus ([Num]-Taste) umschalten.

6 Markieren Sie nun die beiden letzten Wörter »von Windows« mit der Maus. Klicken Sie dazu mit der linken Maustaste *vor* das »v«, halten Sie die linke Maustaste gedrückt und bewegen Sie die Maus langsam nach rechts. Je weiter Sie nach rechts rücken, desto mehr Buchstaben werden schwarz unterlegt. Sind Sie am Ende angelangt, drücken Sie die [Entf]-Taste, um den markierten Teil zu löschen.

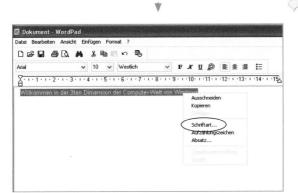

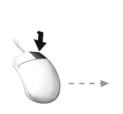

7 Es ist an der Zeit, die Formatierung der Schrift zu ändern. Markieren Sie, wie im vorherigen Schritt beschrieben, den restlichen Satz. Bewegen Sie den Mauszeiger auf einen beliebigen Teil der Markierung und drücken Sie die rechte Maustaste. Das kontextsensitive Menü bietet Ihnen die Möglichkeit, die Schriftart zu ändern. Versuchen Sie Ihr Glück und ändern Sie die Schrift von »Times« nach »Arial«.

71

8 Ihre Aufgabe ist es nun, das Wort »Computer-Welt« fett hervorzuheben. Markieren Sie den entsprechenden Teil zunächst und drücken Sie mit der linken Maustaste auf die im oberen Teil vorhandene Schaltfläche »F«.

»Computer-Welt« erscheint unter der schwarzen Markierung deutlich fett abgehoben. Klicken Sie erneut auf »F«, um die Fettschrift aufzuheben.

9 Schneller geht's mit einer Tastenkombination. Markieren Sie das Wort »Computer-Welt« erneut, sofern Sie die Markierung im vorherigen Schritt bereits aufgehoben haben. Halten Sie nun die linke [Strg]-Taste und gleichzeitig die linke [↑]-Taste gedrückt. Drücken Sie nun die Taste [F]. Die markierte Textpassage wird nun ebenfalls fett dargestellt.

10 Zum Schluss üben wir das Ziehen mit der Maus. Markieren Sie zunächst das Wort »Welt«. Klicken Sie nun einmal mit der linken Maustaste auf das markierte Wort und halten Sie die Maustaste gedrückt. Bewegen Sie die Maus nun langsam nach links. Eine kleine, am Mauszeiger angeheftete Box zeigt an, dass ein Objekt (in diesem Fall Ihr Wort) am Mauszeiger »klebt«. Wenn Sie den Mauszeiger vor »Willkommen« bewegt haben, lassen Sie die linke Maustaste los.

Herzlichen Glückwunsch! Sie haben Ihren Workshop bestanden. Wenn Sie bei einem oder mehreren Schritten **Probleme** hatten, sollten Sie diesen Workshop wiederholen oder sich anhand eigener Texte mit den Funktionen der Maus und der Tastatur vertraut machen. Ein unkomplizierter Umgang mit den Grundfunktionen ist **unbedingte Voraussetzung** für ein erfolgreiches Arbeiten mit dem PC.

Der Joystick

Beim Joystick wird die aktuelle Position eines beweglich befestigten **Hebels** registriert. Der Joystick wird an den **Gameport** des Computers angeschlossen und direkt von den einen Joystick unterstützenden **Spielen** abgefragt. Die Installation eines Treiberprogramms entfällt damit.

Joysticks sind Flugzeug-Steuerknüppeln nachempfunden und gestatten eine realitätsnahe Steuerung von Simulationen ebenso wie die Bewegung von Spielfiguren.

Bei **digitalen Joysticks** wird jede Position nur als aktiv oder nicht aktiv gemeldet. Damit sind zwar Bewegungen in alle Himmelsrichtungen möglich, nicht jedoch **Zwischenstufen**. Digitaljoysticks sind jedoch besonders preiswert, da für die Abfrage des Steuerknüppels einfach Schalter genügen.

Bei **analogen Joysticks** wird die Position des Hebels hingegen über veränderbare Widerstände bestimmt. Vor allem für realistische Simulationen ist ein Analogjoystick daher empfehlenswert, jedoch auch **teurer** als digitale Modelle.

Kleine Erfolgskontrolle

Schwerpunkt: Eingabegeräte und Schnittstellen

Fünf Erfolgskontrollen begleiten Sie durch dieses Buch. Anhand der Fragen können Sie Ihren individuellen Lernfortschritt feststellen und eigene Wissenslücken entdecken.

Wenn Sie genug Zeit für das Studium dieses Buches aufbringen können, sollten Sie die Fragen schriftlich beantworten und mit den Lösungen im Anhang des Buchs vergleichen.

1. Welcher Norm folgt eine PC-Tastatur?

   MF II

2. Was ist eine Codepage und warum ist deren Verwendung sinnvoll?

   deutsche → engl. Tastatur Konfiguration

3. Welche Bedeutungen haben die folgenden Tasten?

   a) [Strg]　　*Steuerung*

   b) [Alt]　　*Alternativtaste*

   c) [Esc]　　*Abbruch*

   d) [Einfg]　　*Einfügen*

   e) [Pos 1]　　*Zeilenanfang*

   f) [Ende]　　*Zeilenende*

   g) [Druck]　　*Bildschirmfeld in Zwischenablage*

   h) Funktionstasten　　*F1-F12 benutzerdefinierbar*

4. Beim Experimentieren im BIOS des PCs fragt Sie das Setup-Programm, ob Sie die Änderungen speichern möchten. Obwohl Sie die Abfrage mit »Y« bestätigen, werden die Änderungen nicht übernommen.

Liegt hier ein Fehler vor? Was können Sie tun?

Tastatur im BIOS nicht konfiguriert

5. Was unterscheidet einen Joystick von einer Maus? Wie sind diese wichtigen Eingabeinstrumente aufgebaut?

6. Was ist ein Maustreiber und warum muss dieser installiert sein, bevor die Maus benutzt werden kann?

Der Treiber integriert die Maus ins Computersystem

7. An welche Schnittstelle wird die Maus normalerweise angeschlossen?

Serielle Schnittstelle

8. Welche vier Schnittstellen sind bei einem PC standardmäßig integriert?

Serielle / Parallele / USB / Firewire

9. Worin unterscheidet sich die serielle von der parallelen Kommunikation?
Welche Vorteile hat die parallele gegenüber der seriellen Schnittstelle?

Daten nacheinander transportiert → langsamer

10. Wozu dient die Game-Schnittstelle?

Anschluss Game-Pad / Joystick

75

4

Digitale Dokumente

Was bringt Ihnen dieses Kapitel?

Dieses Kapitel zeigt Ihnen, wie Ihr PC Daten verwaltet und digital speichert. Wir erklären Ihnen, wie Disketten- und Festplattenlaufwerke arbeiten und worin der Unterschied zwischen magnetischen und optischen Speichermedien besteht.

Sie können anschließend mit Ordnern, Laufwerken und Dokumenten umgehen und sich ein eigenes Ordnungsschema für die Datenspeicherung schaffen.

Sie werden ein eigenes Textdokument verfassen, speichern, in Ordnern sortieren, umbenennen und löschen. Damit kennen Sie die Grundoperationen Ihres Computers und wissen damit umzugehen.

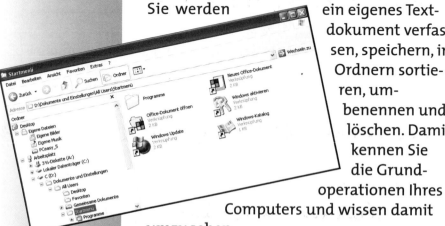

Das können Sie schon:

Das lernen Sie neu:

Magnetische Datenträger speichern Informationen

Das Prinzip, über das Ihr PC Daten speichert, ist nicht derart revolutionär, wie es zunächst aussehen mag. Wenn Sie jemals eine normale **Audiokassette** bespielt haben, wissen Sie bereits, wie Ihr PC Informationen speichert: Magnetische Partikel werden in einem Magnetfeld ausgerichtet und damit »intelligent«. Ein Datenträger enthält eine sehr große Anzahl solcher **magnetisierbarer Partikel** und kann entsprechend Informationen speichern.

Ein Magnet soll also Daten speichern können? Erinnern Sie sich an das einführende Kapitel dieses Buchs zurück, in dem wir Ihnen den Unterschied zwischen Analogsignalen und Digitalsignalen erläutert haben.

Hier liegt der wesentliche Unterschied zwischen der Audiokassette und einem **Computer-Datenträger**. Während Kassetten Töne in Form analoger Signale aufzeichnen, speichern Datenträger die Informationen als binäre Signale.

Ein magnetisierter Partikel entspricht dabei dem Zustand »1«, ein unmagnetisiertes Teilchen der »0«. Die Partikel sind als feste Schicht auf einer **Trägerscheibe** oder einem **Trägerband** aufgebracht und mit einer Schutzschicht versehen.

Permanent- und Temporärspeicher

Weil die magnetisch hinterlegte Information auch dann bestehen bleibt, wenn die Stromzufuhr unterbrochen wird, spricht man von einem »**Permanentspeicher**«. Wenn Sie Ihren PC abschalten, bleiben die auf den magnetischen Datenträgern gespeicherten Informationen erhalten. Möchten Sie zu einem späteren Zeitpunkt auf die Daten zurückgreifen, können die Informationen von dem Datenträger geladen werden.

Erinnern Sie sich an die Vorgänge, die beim **Starten des PCs** ablaufen. Die **Speicherbausteine** des PCs mussten Daten aus einem Festwertspeicher, dem **ROM**, lesen. Wird die Stromzufuhr zu einem solchen Speicherbaustein unterbrochen, sind die darin enthaltenen Informationen augenblicklich **gelöscht**. Zu Grunde liegen elektrische Speicherprinzipien, die nicht permanent sind.

WAS IST DAS

Temporärspeicher tragen digitale Informationen nur solange, wie sie mit Strom versorgt werden.

Die Bezeichnung »Permanentspeicher« ist jedoch in gewisser Weise trügerisch. Die Mini-Magneten sind **sehr empfindlich** gegenüber magnetischen Fremdeinflüssen. Wenn Sie mit einem Magneten über ein zuvor unmagnetisiertes Partikel fahren, wird die Information »0« in eine »1« überführt – mit der Folge, dass die gespeicherte Information nunmehr **unkorrekt** ist.

ACHTUNG

Magnetische Datenträger jeder Art reagieren empfindlich auf magnetische und elektrische Felder. Halten Sie Festplatten, Disketten und andere Datenträger von ihnen fern!

Schreib-/Lesekopf

Ein hochentwickelter und miniaturisierter **Elektromagnet** fährt über die Datenträger-Scheibe. Beim Schreiben von Informationen liegt am Magneten immer dann eine Spannung an, wenn der Zustand »1« geschrieben werden soll; hingegen ist der Magnet abgeschaltet, wenn einem Partikel der Zustand »0« zugewiesen werden soll.

Das **Lesen** der gespeicherten Information verläuft umgekehrt. Fährt der Elektromagnet über eine magnetisierte Stelle, wird eine Spannung erzeugt und damit als »1« interpretiert. Ansonsten bleibt der Kopf spannungslos; dieser Zustand wird folgerichtig als »0« erkannt.

WAS IST DAS

Der **Schreib-/Lesekopf** speichert und lädt Informationen, die magnetisch auf einem Datenträger vorliegen.

Der Magnet ist auf einem **Arm** befestigt und kann damit über die Datenträger-Scheibe bewegt werden. Der Mini-Magnet heißt **Schreib-/Lesekopf**, weil mit ihm die Daten sowohl gespeichert als auch geladen werden können.

Bänder und Platten

Die ersten dieser magnetischen Datenträger ähnelten sehr der Audiokassette. Tatsächlich konnten in den ersten dieser Speichereinheiten normale Audiokassetten verwendet werden. Weiterentwicklungen arbeiteten mit **eigenen Formaten** und verwendeten körperlich und **kapazitiv größere** Bänder. Die Laufwerke, in denen die Magnetbänder beschrieben werden können, heißen **Streamer**.

Auch heute noch trifft man diese Magnetbänder vereinzelt an, die vor allem für die Erstellung von Sicherungskopien verwendet werden. Magnetbänder sind in der Praxis jedoch mit einigen **Nachteilen** behaftet, die dazu geführt haben, dass mittlerweile andere Arten der Datenspeicherung bevorzugt werden.

In der **professionellen Datentechnik** werden Magnetbänder hingegen auch heute noch eingesetzt. Ein Hochleistungs-Magnetband kann heute eine Kapazität von **48 Gigabyte** umfassen und damit etwa 2 Millionen (!) randvoll beschriebene DIN A4-Seiten Text speichern.

Stellen Sie sich ein Magnetband bildlich vor. Auf dem Band ist eine Sequenz von magnetisierten und unmagnetisierten Partikeln aufgetragen. Falls auf eine Information am Ende des Bandes zugegriffen werden soll, muss das Magnetband **umgespult** werden – ein **zeitaufwendiger Vorgang**. Die so genannte **Zugriffszeit** ist gegenüber anderen Datenträgern sehr hoch.

Ein weiterer Nachteil besteht in der Notwendigkeit, eine **Spezialsoftware** zu verwenden. Wenn Sie beispielsweise einen mit Ihrem Computer erstellten Brief auf einem Magnetband speichern möchten, kann dies nur indirekt über einen Treiber erfolgen.

Die bessere Alternative sind Festplatten, deren Aufbau wir Ihnen bereits im Prinzip vorgestellt haben: Die Magnetpartikel sind nicht länger auf einem Band, sondern stattdessen auf einer rotierenden Platte aufgebracht.

Festplatten sind Konstruktionen aus Schreib-/Leseköpfen und magnetisch beschichteten Scheiben, die Daten speichern können.

Der Schreib-/Lesekopf ist an einem Arm befestigt, der sich zweidimensional über die Datenträger-Scheibe bewegt. Durch eine **schnelle Rotation** der Scheibe können bestimmte Zonen der Magnetscheibe wahlfrei angefahren werden.

Zeitaufwendiges Spulen entfällt also, sodass die **Zugriffszeit einer Festplatte** wesentlich geringer ist als bei Magnetbändern. Ein weiterer Vorteil findet sich in der Konstruktion der Festplatte begründet. Der Schreib-/Lesekopf setzt nicht – wie etwa bei Magnetbändern – auf die Oberfläche der Magnetschicht auf, sondern schwebt **berührungsfrei** über dieser.

Durch die schnelle Rotation entsteht zwischen der Oberfläche der Magnetscheibe und dem Schreib-/Lesekopf ein **Luftkissen**, das den Schreib-/Lesekopf trägt. Festplatten sind daher **verschleißarm** und weisen eine **deutlich höhere Lebenszeit** als Magnetbänder auf.

Das Luftkissen ist extrem schmal, viel dünner beispielsweise als ein Staubkorn oder der Durchmesser eines menschlichen Haares. Dringt die geringste Verunreinigung in die Umkapselung der Magnetscheibe ein,

Beim gefürchteten **Headcrash** dringen Verunreinigungen in das Festplattengehäuse ein und zerstören Daten.

schleift der Schreib-/Lesekopf mitunter auf der Oberfläche des Datenträgers und **zerstört dabei sämtliche Daten.** Dieser sehr seltene, aber umso gefürchtetere Fall heißt **Headcrash** und zerstört einen Großteil der Daten einer Festplatte.

Moderne Festplatten sind körperlich etwa mit der **Handfläche eines Menschen** vergleichbar. Heutzutage sind Festplatten mit einer Kapazität von bis zu 20 Gbyte Standard. Immer häufiger finden Sie aber auch Systeme, in denen Festplatten mit einer Kapazität bis 100 Gbyte integriert sind. Um eine Vorstellung von der Bedeutung dieser Größen zu bekommen: 10 Gbyte Daten entsprechen rund 420.000 Seiten DIN A4-Text!

Der folgende Workshop zeigt Ihnen, wie Sie einige Informationen über die Festplatten Ihres Systems in Erfahrung bringen können. Wenn Sie mit Windows XP arbeiten, können Sie die Schritt-für-Schritt-Anleitung direkt nachvollziehen.

1 Starten Sie Ihren Computer und warten Sie, bis Windows XP gestartet ist.

2 Klicken Sie im Start-Menü auf den Eintrag Arbeitsplatz.

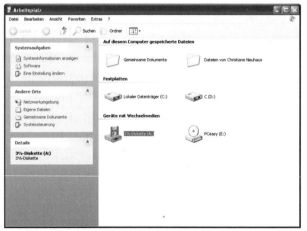

3 Im sich öffnenden Fenster sind sämtliche lokalen Datenträger aufgeführt und durch ein Symbol repräsentiert.

4 Das Laufwerk C: ist stets Ihre erste lokale Festplatte. Festplatten sind mit speziellen Symbolen gekennzeichnet. Wenn Ihr Computer über mehr als eine Festplatte verfügt, werden diese ebenfalls aufgelistet.

5 Bewegen Sie den Mauszeiger auf das Symbol der Festplatte und drücken Sie die rechte Maustaste. Im sich öffnenden Kontextmenü wählen Sie den untersten Eintrag EIGENSCHAFTEN.

6 Das Fenster enthält wichtige Daten Ihrer Festplatte. Eine Tortengrafik veranschaulicht den aktuell belegten Platz dieser Festplatte. Sie können so auf einen Blick erkennen, ob noch ausreichend Kapazität zur Verfügung steht.

Disketten

Disketten ähneln sehr den Festplatten. Wenn Sie eine Diskette entbehren können, sollten Sie sie öffnen und sich deren Inneres genauer betrachten. Die grauschwarz glänzende Oberfläche enthält das magnetische Material und ist **biegsam**. Diese Flexibilität brachte der Diskette den amerikanischen Slangausdruck »**Floppy Disk**« ein.

Der Schreib-/Lesekopf, mit dem die Informationen von der Diskette gelesen und auf diese geschrieben werden können, befindet sich im **Diskettenlaufwerk**.

Disketten sind **mechanisch wesentlich robuster** als Festplatten, vermögen jedoch auch nur einen **Bruchteil der Datenmenge** zu speichern. Der Schreib-/Lesekopf setzt beim Lesen und Schreiben direkt auf der Magnetoberfläche auf. Dies **verringert die Lebensdauer** einer Diskette erheblich und erzeugt außerdem **störenden Abrieb**, der sich als grauer Staub im Laufwerksgehäuse niederschlägt. Spezielle **Reinigungsdisketten** entfernen den Abrieb, wenn beim Lesen von Disketten häufig Fehler auftreten.

Disketten waren lange Zeit in zwei **Größen** erhältlich: Das ältere und mittlerweile betagte 5¼"-Format speicherte bis zu 1,2 Mbyte Daten, während das mechanisch stabilere 3½"-Format 1,44 Mbyte speichert. Vereinzelt sind auch Disketten erhältlich, die 2,88 Mbyte speichern können.

Wenn Sie die Speicherkapazität einer Diskette mit der von Festplatten vergleichen, werden Sie den **deutlichsten Nachteil** der Disketten erkennen. Sie können nur Hunderstel oder gar Tausendstel der Datenmengen einer Festplatte aufnehmen und sind außerdem vergleichsweise langsam.

Durch die geringen Abmessungen werden Disketten heute vor allem für den Versand von Daten verwendet, in geringerem Umfang auch für die Erstellung von **Sicherungskopien** wichtiger Daten. Originalsoftware, die Sie beim Händler erstehen, wird außerdem auf **Diskettensätzen** geliefert. Disketten werden heute zunehmend durch zeitgemäße Datenträger wie die CD-ROM, die wir Ihnen später vorstellen, verdrängt.

Formatierung

Fabrikfrische Disketten und Festplatten bestehen aus Scheiben, die mit einer magnetischen Oberfläche beschichtet sind.

Damit geordnet auf die später gespeicherten Informationen zugegriffen werden kann, muss die Oberfläche mit einer **Struktur** versehen werden. Die magnetischen Partikel werden damit in **exakt adressierbare Segmente** zusammengefasst.

Bei der **Formatierung** wird einer magnetisierbaren Oberfläche eine normierte Struktur aufgeprägt. Sie ist Voraussetzung für das Speichern und Lesen von Informationen.

Eine solche Struktur können Sie sich wie eine **aufgeschnittene Torte** vorstellen. Die einzelnen Stücke sind kleine Einheiten, deren Oberflächen von Magnetpartikeln gebildet werden. Diese Struktur wird durch eine **Formatierung** aufgebracht.

Bei der Formatierung einer Diskette oder einer Festplatte gehen eventuell darauf befindliche **Daten verloren**. Während früher Disketten vor der Benutzung stets vom Anwender formatiert werden mussten, finden sich heute in den Regalen ausschließlich **fabrikseitig formatierte Disketten**.

In dem folgenden Workshop können Sie das Formatieren einer Diskette nachvollziehen. Wir verwenden im Beispiel Windows XP.

Sie benötigen für den Workshop eine 3½"-Diskette, die entweder fabrikfrisch ist oder dessen Inhalt Sie nicht mehr benötigen. Beim Formatieren eines Datenträgers werden alle darauf befindlichen Daten unwiederbringlich gelöscht!

1 Starten Sie Ihren Computer und warten Sie, bis Windows XP geladen ist. Legen Sie eine 3½"-Diskette in Ihr Diskettenlaufwerk ein. Die Metalllasche muss in Richtung des Computers, mit der beschrifteten Seite nach oben, eingeschoben werden. Ein leichter mechanischer Widerstand muss dabei überwunden werden. - - - - ▶

Arbeitsplatz

2 Klicken Sie
auf den Eintrag
ARBEITSPLATZ, den Sie
im Start-Menü
finden.

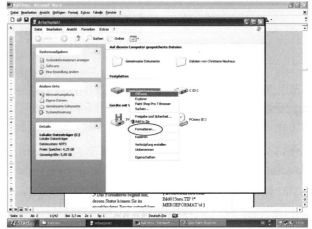

3 Das Symbol 3½-DISKETTE (A:) repräsentiert Ihr Diskettenlaufwerk. Bewegen Sie den Mauszeiger auf das Symbol und
drücken Sie die rechte Maustaste. Wählen Sie im Kontextmenü die Funktion FORMATIEREN.

4 Belassen Sie die Einträge im
folgenden Fenster auf den Standard-
vorgaben und klicken Sie auf STARTEN.

5 Das Formatieren beginnt nun; dessen Status können Sie im eingeblendeten Fenster mitverfolgen.

6 Anschließend werden Sie über den Abschluss der Formatierung informiert.

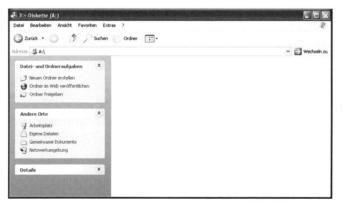

7 Klicken Sie nach dem Formatieren doppelt auf das Symbol 3¹/₂-DISKETTE (A:). Ein weiteres Fenster wird eingeblendet, das den Inhalt Ihrer Diskette zeigt. Weil die Diskette frisch formatiert wurde, bleibt das Fenster leer.

Vielleicht ist Ihnen während der Formatierung ein Kontrollkästchen aufgefallen, das die Beschriftung **Schnellformatierung** trägt. Wenn Sie eine fabrikseitig vorformatierte Diskette erneut formatieren möchten, beispielsweise, um die darauf enthaltenen Daten zu löschen, können Sie diese Funktion aktivieren.

Optische Konkurrenz: CD-ROM & DVD

Ähnlich wie die Tonkassette durch die CD verdrängt wurde, sind die früher oft verwendeten Disketten heute fast ausgestorben. Die aktuellen Medien CD-ROM und DVD fassen viel mehr Informationen und bieten darüber hinaus zahlreiche weitere Vorteile.

Moderne Datenspeicher machen sich die **Eigenschaften des Lichts** zunutze, an ebenen Flächen **reflektiert** zu werden. Sie kennen die Entwicklung des Audiobereichs, dessen Neuerungen entsprechenden Innovationen im Computerbereich stets vorauszugehen scheinen.

Ähnlich wie die Tonkassette durch die Compact Disc (CD) verdrängt wird, sterben herkömmliche Disketten in absehbarer Zukunft wohl aus. Die »Zauberscheibe« **CD-ROM** (Kurzform von »Compact Disc Read Only Memory«) hat die digitale Speichertechnik tatsächlich revolutioniert.

Die wichtigsten Vorteile der CD-ROM nennen wir Ihnen im Folgenden und schildern Ihnen anschließend, wie Daten auf dem Silberling abgelegt werden.

Datensicherheit

Hier zeigt sich ein großer Vorteil gegenüber den magnetischen Medien. Während Festplatten und Disketten sehr empfindlich auf magnetische Einflüsse reagieren und damit entsprechend umsichtig gehandhabt werden müssen, sind CD-ROMs und DVDs diesbezüglich **robuster**. Zwar können **Kratzer** auf der Oberfläche des Silberlings zu **Datenverlusten** führen, dennoch gestaltet sich der Umgang und vor allem die Aufbewahrung unkomplizierter.

Kapazität

Während früher vor allem Werbeprogramme, elektronische Kataloge und Treibersoftware auf Disketten geliefert wurden, findet man entsprechende Daten mittlerweile fast ausschließlich auf der normalerweise 700 Mbyte fassenden CD-ROM oder auf der DVD. Der Trend zur **multimedialen Präsentation** unterstützt dabei das optische Medium, da die Grafik-, Video- und Audiodaten nicht länger auf einer Diskette Platz finden.

Preis

Der sehr günstige **Preis** der CD-Rohlinge bedeutet, dass heute fast alle Daten auf CDs übermittelt werden. Der Nachteil: eine Standard-CD kann nur einmal beschrieben werden – aber die einmal beschriebenen Daten dafür beliebig häufig gelesen werden. Festplatten sind jedoch ein Vielfaches schneller, so dass größere Daten (z.B. bei der Videobearbeitung) auf ihnen besser aufgehoben sind.

WAS IST DAS

Normale CD-ROM-Laufwerke können CD-ROMs lediglich lesen. Für das Beschreiben mit Daten ist ein **CD-ROM-Brenner** notwendig.

CD-Brenner werden heute mit jedem PC standardmäßig ausgeliefert. Diese CD-Brenner können CDs lesen und brennen und meist gleichzeitig auch DVDs lesen. DVD-Brenner sind heute schon erhältlich, allerdings für den Heimanwender noch zu teuer.

Beachten Sie beim Umgang mit CD-ROMs unbedingt die folgenden Hinweise.

1. Setzen Sie CD-ROMs keinesfalls direkter Sonneneinstrahlung aus. Die Plastikscheibe kann sich dadurch verziehen und unbrauchbar werden.

2. Berühren Sie die Oberfläche keinesfalls mit den Fingern. Fett und Schweiß hinterlassen Spuren, die zu Lesestörungen führen.

3. Lagern Sie die Silberlinge in der mitgelieferten Plastikhülle. Staub bleibt der Oberfläche dann fern.

4. Beschriften Sie die Oberseite der CD-ROM nur mit einem weichen Bleistift oder einem weichen Filzschreiber.

So speichern und lesen optische Medien

Weil magnetisierbare Partikel fehlen, kann ein optisch arbeitendes Medium nicht mit Spannungen, die durch ein Magnetfeld erzeugt wurden, arbeiten.

Die Aufgabe der Magnetpartikel übernehmen bei optischen Datenträger »**Miniatur-Spiegel**«. Trifft ein gebündelter Lichtstrahl auf einen solchen Spiegel, wird er reflektiert. Eine solche Reflexion kann mit einer **Lichtschranken** ähnlichen Konstruktion aufgefangen und als »1« interpretiert werden. Im Gegensatz dazu existieren kleine **Vertiefungen** auf der Oberfläche der silbernen CD-ROM, die den Namen »**Pits**« tragen. Trifft ein Lichtstrahl auf ein solches Pit, wird er »verschluckt« und das Fehlen des Signals als »0« interpretiert. Jetzt erkennen Sie, warum bereits ein **Fingerabdruck Datenchaos** verursacht: Trifft der Laserstrahl auf eine verschmutzte Stelle, wird er möglicherweise nicht mehr reflektiert und daher falsch als »0« interpretiert.

Um möglichst viele Informationen auf einer bestimmten Fläche unterzubringen, muss der Lichtstrahl einen möglichst kleinen Durchmesser aufweisen, man sagt auch, er muss »**fokussiert**« werden. In der Praxis bedient man sich eines Laserstrahls, der die CD-ROM-Oberfläche abtastet. Der Laserstrahl arbeitet mit einer sehr **geringen Intensität** und beschädigt dabei die Oberfläche nicht. Da das Abtastverfahren berührungsfrei erfolgt, sind die CD-Laufwerke **mechanisch störunanfällig**.

Beim Beschreiben der CD-ROM mit Daten müssen die Vertiefungen nun eingeprägt werden. Weil dies eine höhere Energie des Laserstrahls erfordert, muss dazu der bereits vorgestellte CD-ROM-Brenner verwendet werden, der die Pits in die Oberfläche einbrennt.

Übrigens müssen CD-ROMs **nicht formatiert** werden. Die völlig andere Art der Datenspeicherung bedarf nicht länger des Aufbringens einer genormten Struktur, wie sie bei magnetischen Medien erforderlich ist.

CD-Brenner

Mit Hilfe eines CD-Brenners können Sie Ihre eigenen CD-ROMs erstellen. Mit Hilfe eines starken Laserstrahls wird dabei auf einer »leeren« CD-ROM (dem so genannten »Rohling«) ein Datenmuster aufgebrannt, das anschließend mit jedem CD-Laufwerk gelesen werden kann. CD-Brenner eignen sich zur Weitergabe von Daten, zum Archivieren von z.B. Fotosammlungen und zur Datensicherung.

Praktisch: Sie können nicht nur Daten-CDs brennen, sondern sich auch hochwertige Musik-CDs anlegen.

CD-RW

Die CD-ReWritable (oder kurz CD-RW) ist mehrfach beschreibbar. Sie kann rund 1.000 Mal gelöscht und wieder beschrieben werden, was z.B. bei Datensicherungen die Kosten reduziert.

Eine CD-RW ist im Vergleich zum Standard-Rohling ungefähr doppelt so teuer; zum Abspielen und Brennen ist ein spezieller CD-RW-Brenner nötig.

DVD – der »Newcomer« optischer Medien

Mit der »Digital Versatile Disc« oder kurz »DVD« ist ein neues Zeitalter optischer Medien eingeläutet. Auf den ersten Blick unterscheidet sich eine DVD von einer CD-ROM kaum. Ein DVD-Datenträger transportiert aber bis zu 17 Gbyte Daten.

Insbesondere aus kapazitiven Gründen ist die CD-ROM in ihrer Anwendung oft begrenzt. Mit in der Regel 650 Mbyte stellt ein einzelner Datenträger kaum mehr genügend Speicherkapazität bereit; insbesondere speicherhungrige Multimedia-Applikationen werden bereits auf mehreren CD-ROMs ausgeliefert.

Die DVD entstammt der Videoszene, die in der digitalen Speicherung von Daten ebenfalls ihre Zukunft sieht. So sollte die DVD ursprünglich die Videokassette ersetzen.

Abhängig vom Aufbau der DVD, die entweder single- oder double-sided (einseitige oder beidseitige Aufnahme) sein kann, liegt die Speicherkapazität zwischen 4,7 und 17 Gbyte. Gegenüber den nur 650 Mbyte einer CD-ROM ist die DVD also deutlich überlegen. Erreicht werden diese hohen Speicherkapazitäten durch eine wesentlich dichtere Komprimierung der Daten auf den DVDs als auf den CDs. Auch mit dem Versions-Chaos räumt die DVD auf: Etwa acht wichtige Normen kennt CD-RW, DVD benötigt nur drei. Kompatibilität ist also ein weiterer Pluspunkt für die DVD.

DVDs werden aufgrund ihrer hohen Speicherkapazität für die Speicherung von Anwendungen, die eine große Datenmenge umfassen, verwendet. Wie bereits angedeutet sind DVDs vor allem auch für Spielfilme geeignet. Beispielsweise können ungefähr 130 Minuten Filmmaterial, das mit dem MPEG-2-Verfahren komprimiert worden ist, auf eine DVD mit 4,7 Gbyte aufgenommen werden. Ca. 8 Stunden Filmmaterial können dementsprechend auf einer 17 Gbyte-DVD gespeichert werden.

Neben der exzellenten Bild- und Tonqualität bei DVDs können verschiedene Funktionen verwirklicht werden. Dazu gehören unter anderem verschiedene Sprachen, Wahl des Blickwinkels, Interaktivität, Spielzeitanzeige, Untertitel und Titelnummern. DVDs liefern brillante und flimmerfreie Bilder. Sind einige der Filmsequenzen allerdings besonders datenintensiv bzw. schnell ablaufend, kann es möglicherweise zu geringen Qualitätsverlusten kommen. Ein Pentium II mit 400 MHz sollte mindestens vorhanden sein, damit die Filme auf DVDs ruckelfrei betrachtet werden können.

DVD-Recorder sind bereits auf dem Markt erhältlich, sodass Sie selber Filme auf DVD speichern können. Diese DVD-Recorder sind allerdings noch sehr teuer. Für die Speicherung von Massendaten sind DVD-RAM-Laufwerke erhältlich, die weitaus weniger als DVD-Recorder kosten. DVD-ROM-Geräte sind wie ein CD-Laufwerk anzuschließen.

Beschreibbare DVDs im Überblick

Bei DVD-ROM und DVD-Video finden Sie einheitliche Standards vor – ganz anders verhält es sich bei beschreibbaren DVDs. Zum Teil sind die Systeme nicht miteinander kompatibel und es ist schwer, den Überblick zu behalten. Im Folgenden stellen wir Ihnen die wichtigsten beschreibbaren DVDs vor.

DVD-R

Bei der DVD-R handelt es sich um eine Disk, die einmal beschrieben werden kann und die eine Speicherkapazität von 4,7 Gbyte hat. Die DVD-R kann von DVD-Video-Playern oder von DVD-ROM-Laufwerken ausgelesen werden. Die PC-Laufwerke, mit denen DVDs beschrieben werden können, sind zur Zeit noch sehr teuer. Damit ist deren Einsatzgebiet noch sehr beschränkt.

DVD-RW

Anders als die DVD-R kann die DVD-RW wieder beschrieben werden. Deren Speicherkapazität hängt davon ab, ob die DVD-RW einseitig (4,7 Gbyte) oder zweiseitig (9,4 Gbyte) beschreibbar ist. Die DVD-RW kann in allen DVD-ROM-Laufwerken abgespielt werden. Ist der Inhalt der DVD-RW gemäß der DVD-Video-Norm aufgenommen worden, kann die DVD-RW auch im DVD-Player abgespielt werden.

DVD+RW

Dieses wieder beschreibbare Format basiert auf der CD-RW und ist erst seit kurzem auf dem Markt erhältlich. Die Speicherkapazität beträgt 4,7 Gbyte und die DVD+RW soll vor allem im PC-Bereich eingesetzt werden. Ist der Inhalt der DVD+RW gemäß der DVD-Video-Norm aufgenommen worden, ist diese in DVD-Playern abspielbar. Zudem können Sie diese in aktuellen DVD-Laufwerken abspielen; allerdings ist es möglich, dass dafür einige geringe Modifikationen vorgenommen werden müssen.

DVD-RAM

Die DVD-RAM zählt ebenfalls zu den wieder beschreibbaren Medien. Sie kann sowohl für die Videoaufzeichnung als auch als PC-Anwendung verwendet werden. Die Speicherkapazitäten variieren von 2,6 bis 9,4 Gbyte. Es ist möglich, die DVD-RAM in DVD-RAM-Laufwerken aber auch in einigen DVD-ROM-Laufwerken abzuspielen.

Es wächst zusammen, was zusammen gehört

Entscheiden Sie sich für ein DVD-Laufwerk, ist ein CD-ROM-Laufwerk nicht mehr erforderlich. Denn ein DVD-Laufwerk eignet sich ebenfalls zum Lesen von CD-ROMs. Da sich die Geschwindigkeit abhängig von DVD und CD-ROM unterscheidet, werden diese getrennt angegeben.

Es existieren außerdem Laufwerke, die sowohl DVDs als auch CD-RWs nicht nur lesen, sondern darüber hinaus auch schreiben können.

Kleinere Reparaturen selbst durchführen

Keine Angst – wir werden Sie nicht auffordern, einen Schraubendreher in die Hand zu nehmen und die Festplatte oder andere Hardware auseinander zu schrauben.

Die Behebung **kleinerer Probleme** Ihrer Disketten oder der Festplatte können Sie jedoch selbst übernehmen. Windows 98, Windows Me und Windows 2000 verfügen serienmäßig ebenso wie die meisten anderen Betriebssysteme über **Hilfsprogramme**, die Datenträger automatisch auf Fehler überprüfen und kleinere Defekte sofort beheben.

Beim häufigen Schreiben und Lesen von Daten kommt es vor, dass ein Anwendungsprogramm ein Dokument nicht ordnungsgemäß schließt. Ein solcher Vorgang hinterlässt seine Spuren auf der Festplatte und erzeugt »**Müll-Dateien**«. Diese Fehler werden als **logische Defekte** bezeichnet, weil nicht die Mechanik oder Elektronik der Festplatte selbst Schaden genommen hat, sondern nur die Dateistruktur.

Ein **Reparaturprogramm** erkennt diese fehlerhaften Strukturen und korrigiert sie. Sie sollten in regelmäßigen Abständen die Wartungsprogramme verwenden, um unbeabsichtigtem Chaos auf Ihrer Festplatte vorzubeugen. Weil schon der Volksmund weiß, dass »**Vorsicht besser als Nachsicht**« ist, sollten Sie in Abständen von zwei bis vier Wochen die Software ausführen.

Der folgende Workshop zeigt Ihnen anhand von Windows Me, wie Sie kleinere Reparaturen mit dem Programm **SCANDISK** automatisch ausführen können. Für **alle moderneren Betriebssysteme**, darunter Windows 98, Windows XP, Windows 2000, der Apple Macintosh und OS/2 sind entsprechende Systemtools erhältlich.

1 Starten Sie Ihren Computer und warten Sie, bis Windows Me geladen wurde.

Arbeitsplatz

2 Klicken Sie doppelt auf das ARBEITSPLATZ-Symbol.

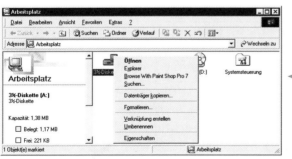

3 Bewegen Sie den Mauszeiger auf das Symbol des Datenträgers, den Sie überprüfen möchten, und drücken Sie die rechte Maustaste. Wählen Sie im Kontextmenü den Eintrag EIGENSCHAFTEN.

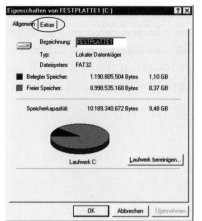

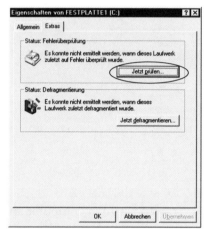

4 Das Fenster, welches sich Ihnen präsentiert, haben wir Ihnen bereits vorgestellt. Klicken Sie auf das Register Extras.

5 Im oberen Teil des Fensters sehen Sie die Überschrift STATUS: FEHLERÜBER-PRÜFUNG. Bestätigen Sie diese Funktion durch einen Klick auf die Schaltfläche JETZT PRÜFEN.

6 Bestätigen Sie das anschließende Dialogfeld, ohne Veränderungen in den Einstellungen vorzunehmen.

7 Die Überprüfung der Festplatte oder der Diskette wird nun durchgeführt. Eine Statusanzeige ermöglicht während der Prüfung eine Kontrolle über bereits geprüfte Bereiche.

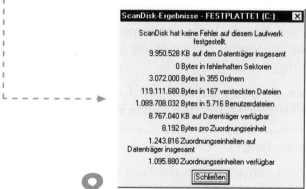

8 Nach der Prüfung erhalten Sie eine Aufstellung aller festgestellten Fehler und einen Hinweis darauf, ob diese behoben werden konnten.

Aufräumen mit der Defragmentierung

Von Zeit zu Zeit müssen sicherlich auch Sie Ihren Schreibtisch aufräumen oder Ihre Aktenordner durchforsten. Sortieren Sie Ihre Dokumente nicht in gewissen Abständen, bestimmt **Chaos** den Alltag: Ihre Rechnungen »verschwinden« unter einem Stapel von Reklamepost, und wer soll da noch durchblicken?

Ähnlich verhält es sich mit Ihrem Computer. Sie erstellen Textdokumente mit Ihrem Textverarbeitungsprogramm und speichern diese auf der Festplatte ab. Wenn Sie einige Zeit später erneut auf den digitalen Brief zugreifen möchten, beginnt das **Suchspiel**, das sich schnell zu einer zeit- und nervenraubenden Angelegenheit entwickelt.

Ihr Computer nimmt Ihnen einen großen Teil der routinemäßigen Aufräumarbeiten ab. Dateiteile (»Fragmente«) werden dabei **ordentlich aneinandergereiht** und somit **sortiert**. Ihr PC kann anschließend deutlich **schneller** auf die Daten zugreifen, weil er sich Suchoperationen sparen kann: Statt nach Teilen einer Datei zu fahnden und die einzelnen Teile aufzuklauben, kann er die sortierten Fragmente als Ganzes aufnehmen.

Dieses Prinzip lässt sich auch auf Ihr Büro übertragen. Wenn Sie alle Dokumente eines Projekts in verschiedenen Ordnern lagern und darum gebeten werden, alle einzelnen Papiere herauszusuchen, ist dies zeitaufwendig. Haben Sie jedoch alle zusammengehörenden Papiere in **einer Aktenkladde** abgeheftet, stehen Ihnen die Informationen viel schneller zur Verfügung.

Das Sortieren der Daten auf Ihrer Festplatte geht sehr viel schneller vonstatten. Kleinere Festplatten sind in **rund 10 Minuten aufgeräumt**, größere benötigen dagegen etwa 30 Minuten – abhängig natürlich vom Zustand der Festplatte.

Wenn Sie den Eindruck haben, der Zugriff auf Informationen dauere deutlich **länger als einige Zeit zuvor**, ist es höchste Zeit, Ihre Festplatte aufräumen zu lassen. Um die Ordnung zu wahren und dem Datenchaos vorzubeugen, sollten Sie Ihre Festplatte etwa **einmal pro Monat** sortieren lassen, bei häufiger Benutzung auch öfter.

Der folgende Workshop zeigt Ihnen anhand von Windows XP, wie Sie Ihre Festplatte mit dem Systemprogramm **Defragmentierung** aufräumen. Dieses Programm wurde während der Installation des Betriebssystems auf Ihrem PC installiert und steht Ihnen damit serienmäßig zur Verfügung.

1 Klicken Sie im ARBEITSPLATZ mit der rechten Maustaste auf das Symbol der Festplatte, die Sie aufräumen möchten. Im Kontextmenü wählen Sie die Funktion EIGENSCHAFTEN aus.

2 Das sich öffnende Fenster ist Ihnen mittlerweile wohl bekannt. Aktivieren Sie die Registerkarte EXTRAS.

3 Wählen Sie die Defragmentierungsroutine, indem Sie auf JETZT DEFRAGMENTIEREN im Feld DEFRAGMENTIERUNG klicken.

Die Datenstruktur:
Schubladen im Computer

Die nächsten Seiten dieses Kapitels zeigen Ihnen, wie die Informationen Ihrer Datenträger organisiert sind.

Unser Rechenbeispiel im Abschnitt über Festplatten hat aufgezeigt, dass auf einer 10-Gbyte-Festplatte rund **420.000 DIN-A4**-Seiten gespeichert werden können. Wenn Ihr Heim- oder Büro-PC mit vielleicht 2 Gbyte ausgerüstet ist, lassen sich immerhin noch 84.000 Seiten Text ablegen. Sie können sich vorstellen, dass eine solche unglaublich große Datenmenge eine **effiziente** und gut **durchdachte Strukturierung** erfordert.

Lassen Sie uns das **Ordnungssystem** Ihres Arbeitsraums analysieren, bevor wir Ihnen das Ablagesystem Ihres PCs schildern. Angenehmerweise haben sich die Entwickler der PC-Datenträger an der **Praxis orientiert,** sodass Ihnen die Logik schnell vertraut werden wird.

Werfen Sie zunächst einen Blick auf die folgende Tabelle, die Ihnen einen ersten Eindruck über die Zusammenhänge vermittelt.

Ihr Büro	Ihr Computer
Sie arbeiten an einem **Schreibtisch**, der gewissermaßen die »Zentrale« Ihres Schaffens bildet.	Der **Desktop** Ihres PCs entspricht dem Schreibtisch; ihm kommen ebenfalls zentrale Funktionen zu.
In Ihrem Büro befinden sich einzelne **Schränke**, die Aktenordner enthalten.	Die **Datenträger** (eine Festplatte beispielsweise) enthalten ebenfalls Ordner.
In den Schränken lagern **Aktenordner,** die – thematisch zusammengefasst – einzelne Papiere enthalten.	Auch die Datenträger enthalten **Ordner**, die in digitaler Form Dokumente aufnehmen können.
Einzelne **Dokumente** bilden die kleinste Einheit des Büros.	**Elektronische Dokumente** sind ebenfalls die kleinsten speicherbaren Einheiten.

Ihr Büro	Ihr Computer
In den **Papierkorb** geworfene Akten werden nicht mehr benötigt.	Der **Windows-Papierkorb** erfüllt den gleichen Zweck: In ihm abgelegte Dateien werden gelöscht.

Die nächsten Seiten zeigen Ihnen an Beispielen, wie Sie die einzelnen Strukturen nutzen und bedienen können.

Der Desktop: virtueller Schreibtisch

Dass die sichtbare Oberfläche direkt nach dem Start von Windows XP dem »Desktop« entspricht, ist den wenigsten Anwendern klar.

WAS IST DAS

Der **Desktop** ist die zentrale Oberfläche Ihres PCs und entspricht einer Schreibtischplatte.

Das Windows-Konzept beschreibt den Desktop als **zentrale Koordinationsstelle** Ihrer Aktivitäten. Tatsächlich bedeutet »Desktop« aus dem Englischen übersetzt »Schreibtisch«, die Verwandtschaft zwischen dem Windows-Desktop und Ihrem Schreibtisch ist unverkennbar.

Die einzelnen Symbole, die sich Ihnen nach dem Start präsentieren, können Sie sich als **Gegenstände** (Objekte) vorstellen, die Sie auf Ihrem Schreibtisch abgelegt haben. Ein solches Objekt kann sowohl ein Anwendungsprogramm wie »Word für Windows«, aber auch ein beliebiges Dokument sein.

Sie können **beliebige Daten** auf dem Desktop **ablegen**. Wenn Sie beispielsweise besonders häufig auf Daten des Diskettenlaufwerks zugreifen, lässt sich das Laufwerk auf dem Desktop ablegen.

Der folgende Workshop zeigt Ihnen, wie Sie ein Symbol auf den Desktop verschieben.

1 Schalten Sie Ihren Computer ein und warten Sie, bis Windows Me, Windows XP oder Windows 2000 geladen ist.

2 Klicken Sie im Start-Menü auf den Eintrag Arbeits-platz. Ein Fenster öffnet sich, das die Symbole Ihrer Laufwerke enthält.

3½-Diskette (A:)

3 Klicken Sie mit der linken Maus-taste auf das Symbol 3$\frac{1}{2}$-Diskette (A:) und halten Sie die linke Taste gedrückt. Das Disketten-Symbol »klebt« nun an dem Mauszeiger und kann bewegt werden.

4 Ziehen Sie das Symbol auf einen beliebigen freien Platz des sichtbaren Desktops und lassen Sie die linke Taste los. Das neue Symbol wird auf dem Desktop abgelegt und heißt Verknüpfung mit 3¹/₂-Diskette (A).

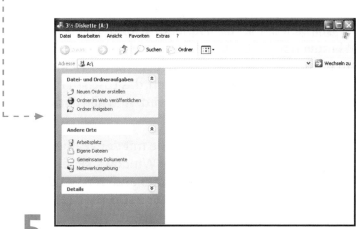

5 Prüfen Sie abschließend, ob das Symbol korrekt arbeitet. Legen Sie dazu eine beliebige (evtl. Daten enthaltende) Diskette in das Laufwerk A: und klicken Sie doppelt auf das neu erzeugte Symbol. Der Inhalt der Diskette wird dargestellt.

Auf diese Weise können Sie beliebige Objekte auf dem virtuellen Schreibtisch platzieren. Wenn Sie das Verschieben erneut üben möchten, können Sie Ihre Systemfestplatte oder das CD-ROM-Laufwerk auf den Desktop ziehen.

Eine **Verknüpfung** ist ein Verweis auf das Ursprungs-Symbol.

Wenn Sie also auf das Symbol »Verknüpfung mit...« klicken, entspricht dies einem Klick auf das Disketten-Symbol im Fenster »Arbeitsplatz«. Dies ändert sich übrigens auch dann nicht, wenn Sie das verknüpfte Symbol umbenennen.

Der Papierkorb

Sicher ist Ihnen bereits der **Papierkorb** aufgefallen. In ihm können Sie nicht länger benötigte Objekt ablegen, die damit **gelöscht** sind. Ähnlich einem normalen Papierkorb können Sie, falls Sie eine Datei versehentlich in den Papierkorb »geworfen« haben, das Löschen rückgängig machen. Erst, wenn der Papierkorb geleert wird, sind alle darin befindlichen Dateien **endgültig gelöscht**.

Der folgende Workshop zeigt, wie Sie mit dem Papierkorb umgehen können. Als Beispiel verwenden wir Windows XP ; eine entsprechende Funktion finden Sie jedoch auch unter anderen Windows-Betriebssystemen, wie Windows Me und Windows 2000, OS/2 und grafischen Unix-Oberflächen.

Die Verknüpfung, die wir im vorherigen Workshop erstellt haben, soll im folgenden Beispiel in den Papierkorb verschoben werden.

1 Klicken Sie mit der linken Maustaste auf das soeben erstellte Symbol VERKNÜPFUNG MIT 3¹/₂-DISKETTE (A) und halten Sie die Taste gedrückt.

2 Bewegen Sie die Maus bei gedrückt gehaltener linker Taste auf das Papierkorb-Symbol. Das verknüpfte Symbol haftet am Mauszeiger. Lassen Sie die Maustaste anschließend los.

3 Die Verknüpfung ist vom Desktop verschwunden. Im Papierkorb-Symbol erkennen Sie jetzt eine Menge geknülltes Papier: Ein optischer Hinweis darauf, dass sich eine oder mehrere Dateien in ihm befinden.

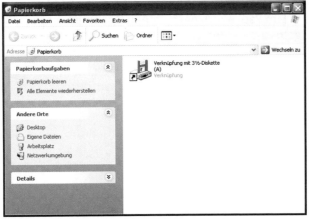

4 Klicken Sie nun doppelt auf das Papierkorb-Symbol; der oberste Eintrag lautet VERKNÜPFUNG MIT ... Öffnen Sie das Menü DATEI und wählen Sie dort den Eintrag WIEDERHERSTELLEN. Dieser Eintrag ist jedoch nur aktiv, wenn Sie zuvor eine Datei markiert haben. Die gelöschte Datei wird wiederhergestellt und das zugehörige Symbol auf dem Desktop platziert.

5 Werfen Sie die Verknüpfung
erneut in den Papierkorb und klicken
Sie mit der rechten Taste auf den
Papierkorb. Im sich öffnenden Kontextmenü wählen Sie nun Papierkorb leeren.

6 Eine Warnmeldung weist Sie darauf hin, dass
die im Papierkorb enthaltenen Dokumente endgültig
gelöscht werden. Bestätigen Sie die Meldung.

7 Das Papierkorb-Symbol wurde leicht
geändert: Ein leerer Papierkorb zeigt, dass
sich keine Daten mehr darin befinden.

HINWEIS Daten werden übrigens nicht nur im Papierkorb gelagert, wenn Sie deren Symbol auf das Papierkorb-Symbol ziehen. Auch wenn Sie die Löschfunktion von Anwendersoftware wählen, werden die Dateien zunächst in den Papierkorb geworfen.

Auf eine Gefahr möchten wir Sie an dieser Stelle hinweisen. Eine Gefahr, die wir an einem realitätsnahen Beispiel aus der täglichen Praxis schildern möchten.

Ein Angestellter eines Ingenieurbüros arbeitet mit **sensiblen** und **geheimen** Dokumenten, die die Konstruktionspläne eines naturwissenschaftlichen Messapparates beinhalten. Er arbeitet tagsüber an seinem PC, speichert die geheimen Dokumente auf einer Diskette, die er in den Firmentresor schließt. Die Originaldokumente löscht er von der Festplatte des PCs über die Papierkorb-Funktion.

Sie vermuten vielleicht, dass ein **Werkspion** diese Gelegenheit nutzt, die Daten aus dem Papierkorb zu **rekonstruieren** und der **Konkurrenz** zukommen zu lassen.

Falls Sie also mit sensiblen Informationen arbeiten, leeren Sie den Papierkorb regelmäßig!

Dateimanager

WAS IST DAS

Ein **Dateimanager** verwaltet die Daten eines Computers zentral und befindet sich im Lieferumfang aller grafischen Betriebssysteme.

Software zum **Verwalten der Datenstruktur** eines Computers gibt es wie den sprichwörtlichen Sand am Meer. Jeder Hersteller eines grafischen Betriebssystems rüstet sein Produkt mit einem solchen **Dateimanager** aus.

Der Dateimanager von Windows 3 hieß tatsächlich »Dateimanager«. Er ist in Windows Me, Windows XP und Windows 2000 dem wesentlich leistungsstärkeren und komfortableren »Explorer« gewichen.

HINWEIS

Der Explorer ist ein eigenständiges Programm, das Datenmanipulationen zulässt. Er ist völlig unabhängig vom Windows-Me/XP-Desktop und darf nicht mit diesem verwechselt werden.

Wir werden Ihnen im folgenden Workshop den Umgang mit dem Explorer kurz vorstellen, gewissermaßen stellvertretend für zahlreiche andere Dateimanager. Den fortführenden Umgang mit Dateien und Ordnern zeigen wir Ihnen in späteren Workshops. Sofern Sie mit Windows Me, Windows XP oder Windows 2000 arbeiten, können Sie die Beispiele direkt nachvollziehen.

1 Klicken Sie mit der rechten Maustaste auf die START-Schaltfläche in der linken unteren Ecke des Windows-Bildschirms. Wählen Sie im Kontextmenü den Eintrag EXPLORER.

2 Klicken Sie im linken Teil des Explorer-Fensters (ORDNER) auf den obersten Eintrag DESKTOP. Falls der Eintrag nicht sichtbar ist, können Sie die Bildlaufleiste am rechten Fensterrand verwenden.

3 Sie erkennen verschie-
dene hierarchische Ebenen.
Die oberste Ebene bildet der
DESKTOP; das zugehörige
Symbol zeigt einen Schreib-
tisch.

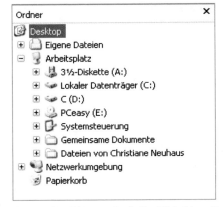

4 Die zweite Ebene sind die Objekte, die
derzeit auf dem Desktop abgelegt sind. Sie
erkennen darunter den ARBEITSPLATZ sowie im
unteren Teil den PAPIERKORB.

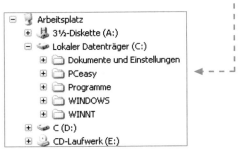

5 Weitere Ebenen lassen sich einblenden, indem Sie auf das
»+«-Symbol des jeweiligen Zweiges klicken. Untergeordnete
Ebenen sind nun sichtbar; der jeweilige Inhalt wird im rechten
Teil des Explorer-Fensters angezeigt. Klicken Sie testhalber auf
ARBEITSPLATZ. Die untergeordneten Ebenen sind die Laufwerke.

```
Ordner
☐ 💻 Arbeitsplatz
   ⊞ 💾 3½-Diskette (A:)
   ☐ 💿 Lokaler Datenträger (C:)
      ⊞ 📁 Dokumente und Einstellungen
      ⊞ 📁 PCeasy
      ⊞ 📁 Programme
      ⊞ 📁 WINDOWS
```

6 Sie können die Ebenen jederzeit schließen, indem Sie auf das »-«-Symbol klicken. Verlassen Sie die Arbeitsplatz-Ebene, indem Sie auf das Minus-Zeichen davor klicken. Die eingeblendeten Laufwerks-Symbole verschwinden.

Laufwerksbezeichnungen

Fast selbstverständlich haben Sie es bislang hingenommen, dass die Laufwerke offenbar mit einem Buchstaben versehen sind und mit einem **Doppelpunkt** enden.

Erinnern Sie sich, als wir gemeinsam die Verknüpfung mit dem Diskettenlaufwerk im vorherigen Workshop erstellt haben? Die Bezeichnung, die Sie im »Arbeitsplatz« nachschlagen können, lautete »3½-Diskette (**A:**)«; ebenso ist der Festplatte die Kennung **C:** zugewiesen.

Auch das CD-ROM-Laufwerk und alle weiteren Datenträger, die Sie im »Arbeitsplatz« finden, sind mit einem **Buchstaben** versehen. Dieser so genannte »**Laufwerksbuchstabe**« identifiziert einen beliebigen Datenträger in Ihrem System eindeutig. Dem Buchstaben folgt stets ein **Doppelpunkt**.

WAS IST DAS

Jedes Laufwerk Ihres Computers erhält einen **Laufwerksbuchstaben**, über den Daten gelesen und geschrieben werden können. Ein Buchstabe darf in einem Computersystem daher nur einmal verwendet werden.

Wenn Sie beispielsweise mit der Maus eine Datei von der Diskette auf die Festplatte kopieren und diese dazu auf das Festplatten-Symbol ziehen, könnte die entsprechende Computeranweisung in der »Maschinensprache« lauten: »Kopiere die Datei X vom Laufwerk A: nach Laufwerk C:«

Diese Konvention ist **sehr weit verbreitet** und gilt nicht nur unter Windows XP. Sie entstammt der frühen Computer-Geschichte, in der Laufwerke ebenfalls mit einem Laufwerksbuchstaben angesprochen wurden.

HINWEIS Einige Computersysteme bilden eine Ausnahme und arbeiten mit einer vollkommen anderen Syntax. Dies sind jedoch Spezialsysteme, mit denen Sie sich im Normalfall nicht befassen werden.

Die Buchstaben A: und B: sind für **Diskettenlaufwerke** reserviert, sodass Sie **maximal zwei Diskettenlaufwerke** in einem Computer betreiben können. Vermutlich ist Ihr PC mit nur einem Laufwerk ausgerüstet, sodass die Kennung B: nicht verwendet wird.

Die weiteren Buchstaben können variabel vergeben werden. C: bezeichnet dabei meist Ihre **lokale Festplatte**, wenn Sie zwei oder mehrere Festplatten betreiben oder Ihre einzige Festplatte unterteilt ist, werden die Bezeichnungen D:, E: usw. verwendet.

Ihr **CD-ROM-Laufwerk** erhält meist die nächste freie Kennung, nachdem die Bezeichnungen für die Disketten- und Festplattenlaufwerke vergeben wurden.

Sofern Ihr Computer an einem Rechnerverbund teilnimmt, können weitere Buchstaben vergeben werden, sodass Sie **maximal 26 Laufwerke** (entsprechend der Buchstaben des Alphabets) in Ihrem Computer ansprechen können.

Ordner archivieren Dateien

Ein Ordner, wenngleich auch ein besonderer, ist der **Arbeitsplatz**. In diesem Ordner verbergen sich die Datenträger Ihres Computers sowie dessen Drucker.

Damit wissen Sie bereits, wie Sie einen Ordner »bedienen« müssen. Ein **Doppelklick** auf das Ordnersymbol **öffnet** den Ordner. Er wird geschlossen, wenn Sie das **Fenster schließen**.

Ordner werden vor allem in älterer Literatur häufig als »Verzeichnisse« bezeichnet. DOS-Versionen verwenden ebenfalls »Verzeichnisse«. Seit Microsoft mit seinem Windows 95 die Computerwelt revolutioniert hat, ist auch der Begriff »Ordner« geprägt, der sich ebenfalls in Windows XP wieder findet.

Sie können auf Ihrer Festplatte beliebig viele Ordner einrichten. Der große Vorteil und die Grundlage für eine sinnvolle Struktur besteht nun in der Möglichkeit, **Unter-Ordner** in **mehreren Hierarchien** einzurichten.

Sie können damit **sehr flexibel** Ordner einrichten. Zwei typische Ordnerstrukturen möchten wir Ihnen im Folgenden vorstellen, sodass Sie auf dieser Basis ein Ihren individuellen Bedürfnissen entsprechendes Ordnersystem einrichten können.

1. Beispiel

Die beiden Hauptordner des ersten Beispiels heißen »**Firmendaten**« und »**Private Daten**«, was deren jeweiligen Inhalt treffend umschreibt.

Betrachten wir uns die weiteren Ordner, die im Hauptordner »Firmendaten« eingerichtet sind. Die Ordner der ersten Ebene tragen die Bezeichnungen »**Rechnungseingänge**«, »**Rechnungsausgänge**«, »**Offene Posten**« und »**Sonstige Korrespondenz**«.

Innerhalb der Ordner sind weitere Ordner eingerichtet, die damit die dritte Ebene bilden. Im Ordner »**Rechnungseingänge**« beispielsweise sind die vier Unterordner »**Rechnungen I-02**« bis »**Rechnungen IV-02**« eingerichtet.

In diesen Ordnern können später Dokumente eingeordnet werden, die bei Bedarf schnell wiedergefunden werden können. Ein Sachbearbeiter beispielsweise, der eine ausgehende Rechnung des zweiten Quartals sucht, greift intuitiv auf den Ordner »**Firmendaten/Rechnungsausgänge/Rechnungen II-02**« zu.

2. Beispiel

Im zweiten Beispiel sind Kundendaten nicht nach der Korrespondenz-Kategorie sortiert, sondern nach deren Namen. Der Hauptordner beispielsweise trägt den Namen »**Kundendaten**«, die Ordner der zweiten Hierarchie-Ebene heißen »**Müller**«, »**Meier**« und »**Schmidt**«. In der dritten Ebene schließlich sind die Ordner entsprechend der Kategorien vorhanden, beispielsweise »**Rechnungen**«, »**Angebote**« und »**Sonstiger Schriftverkehr**«.

Bezeichnungen der Ordner

Die Namen der Ordner können unter Windows XP (theoretisch) **bis zu 215 Zeichen** umfassen. Umlaute und einige Sonderzeichen wie den Bindestrich können Sie verwenden; bestimmte Zeichen wie das Fragezeichen oder der Doppelpunkt sind vom Betriebssystem reserviert und können von Ihnen daher nicht zur Benennung von Ordnern benutzt werden.

Der optimale Name umfasst **etwa 15 Zeichen** und charakterisiert den Ordner möglichst treffend. Statt »Rechnungen 3« sollten Sie Ihren Ordner »Rechnung Mai-Juli« nennen.

Der folgende Workshop zeigt Ihnen, wie Sie Ordner bis zur dritten Ebene erstellen, umbenennen und löschen. Wenn Sie mit Windows Me, Windows XP oder Windows 2000 arbeiten, können Sie die Schritte direkt nachvollziehen.

1 Klicken Sie mit der rechten Maustaste auf die START-Schaltfläche und wählen Sie im Kontextmenü den Eintrag EXPLORER aus.

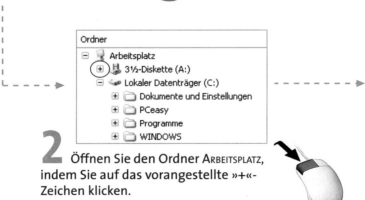

2 Öffnen Sie den Ordner ARBEITSPLATZ, indem Sie auf das vorangestellte »+«-Zeichen klicken.

3 Wählen Sie Ihre lokale Festplatte durch einen einfachen Klick auf den Eintrag der Festplatte C: aus. Der Eintrag wird nun blau unterlegt und alle bereits vorhandenen Ordner werden im rechten Bildschirmteil dargestellt.

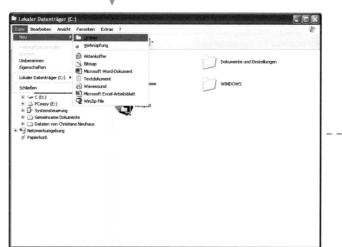

4 Als Erstes werden wir einen neuen Haupt-Ordner anlegen und diesen mit der Bezeichnung FIRMENDATEN versehen. Klicken Sie auf DATEI in der Menüleiste und wählen Sie dort NEU.

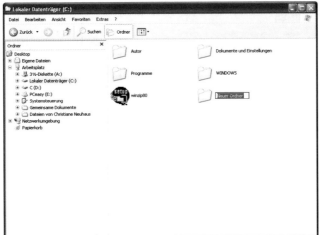

5 Klicken Sie auf den obersten Eintrag ORDNER, um einen
neuen Ordner zu erstellen. Auf der rechten Seite des
Bildschirms erscheint augenblicklich ein neues Ordner-
Symbol, das den Namen NEUER ORDNER trägt. Bestätigen Sie
den Namen durch Drücken der Eingabetaste.

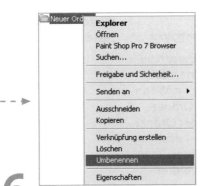

6 Als Nächstes soll der neue Ordner
umbenannt werden. Klicken Sie mit der
rechten Maustaste auf den neu erzeugten
Ordner und wählen Sie UMBENENNEN. Geben
Sie als neuen Ordnernamen FIRMENDATEN ein
und bestätigen Sie dies mit OK.

115

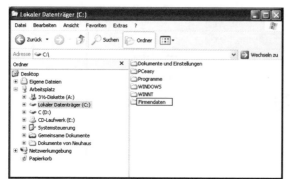

7 Der Ordner FIRMENDATEN taucht nun außerdem auf der linken Seite des Explorer-Bildschirms auf.

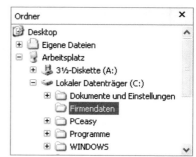

8 Um weitere Unterordner anzulegen, müssen Sie zunächst den hierarchisch höheren Ordner auswählen. Klicken Sie also mit der linken Maustaste auf den Ordner »Firmendaten«.

9 Wählen Sie erneut DATEI/NEU/ORDNER und legen Sie einen Ordner namens RECHNUNGSEINGÄNGE an. Wenn Sie anschließend auf den Ordner FIRMENDATEN klicken, muss der Ordner RECHNUNGSEINGÄNGE als Inhalt des Hauptordners auf der rechten Fensterseite dargestellt werden.

10 Legen Sie zur Übung einen dritten Unterordner an, der unterhalb des Ordners RECHNUNGSEINGÄNGE eingefügt werden soll und den Namen MÜLLER trägt.

11 Zum Schluss soll die
Ebene RECHNUNGSEINGÄNGE und
der darin befindliche Unter-
ordner MÜLLER gelöscht werden.
Klicken Sie mit der rechten
Maustaste auf den Ordner
RECHNUNGSEINGÄNGE und wählen
Sie im Kontextmenü den
Eintrag LÖSCHEN.

12 Bestätigen Sie die Warnmeldung, die Sie darauf hinweist,
dass der gewählte Ordner samt
Inhalt gelöscht wird.

Sie kennen nun die **Grundoperationen**, die zum Erstellen und zum
Manipulieren von Ordnern notwendig sind. Auf dieser Basis sollten Sie
nun eine eigene Struktur anlegen, in die Sie Ihre Daten später eingliedern können.

HINWEIS

Sie können Ordner schneller umbenennen, indem Sie
auf den Ordner zweimal klicken, die Abstände zwischen
beiden Klicks jedoch größer lassen als bei einem
Doppelklick. Der Ordner wird anschließend wie ge-
wohnt blau unterlegt und kann umbenannt werden.

Dateien sind Dokumente

Während ein Ordner **körperlos** ist, also lediglich ein nützliches Instrument zur Organisation darstellt, enthalten Dateien die abgelegten Informationen.

Eine **Datei** kann dabei ein **ausführbares Programm** enthalten, beispielsweise »Word für Windows«. Auch Windows XP legt die Betriebs-system-internen Informationen als Dateien ab. Dateien bilden damit eine **zentrale Grundlage** der gesamten Informationsverarbeitung.

Für Sie sind Dateien im Speziellen jedoch elektronische Dokumente, die beispielsweise von einer Textverarbeitung oder einem Grafikprogramm erzeugt und anschließend auf den Datenträger gebannt wurden.

Dateien sind damit die **kleinsten** für Sie **fassbaren Einheiten**.

Dateinamen

Frühe DOS- und Windows-Versionen konnten Dateien eine maximal acht Zeichen lange Bezeichnung zuweisen. Acht Zeichen reichten in der Praxis jedoch nicht aus, wie die Anwender schnell feststellten. Unix, OS/2, der Apple Macintosh und diverse andere Betriebssysteme konnten zu dieser Zeit bereits mit wesentlich längeren Dateinamen arbeiten.

Das Problem der Acht-Zeichen-Beschränkung bestand in der oft **fehlen-den Charakterisierung** des Dateiinhalts. Stellen Sie sich vor, Sie schrei-ben Herrn Müller mehrere Briefe. Folgende Möglichkeiten bestanden, die Datei zu benennen:

MUELLER1

BRIEFMUE

BRFMUELL

BRMUELL1

Sie erkennen, dass diese Wortkombinationen nicht besonders sinnvoll sind und Sie spätestens dann vor Probleme stellen, wenn Sie nach einiger Zeit erneut auf die Datei zugreifen möchten. **Welchen Inhalt** hatte »MUELLER1«? Wie nennen Sie den zweiten Brief an Herrn Müller? »BRIEFMUE« ist bereits vergeben. Außerdem wurde nicht zwischen Groß- und Kleinschreibung unterschieden, und Umlaute und das »ß« bereiteten einigen Systemen Probleme.

Seit Windows 95 ist endlich auch die Windows-Welt in dieser Hinsicht erwachsen geworden. Dateinamen können **bis zu 215 Zeichen** umfassen, Platz genug also für längere und charakteristische Dateibezeichnungen. Der Brief an Herrn Müller könnte beispielsweise heißen:

»Brief an Herrn Müller, in dem er zur Konferenz am 25.11.2001 eingeladen wird«

Das erweiterte Dateinamen-System unterscheidet auch **Groß- und Kleinschreibung**. Einige Sonderzeichen, darunter das **Komma** oder der **Bindestrich** sind ebenfalls zulässig.

Interessanterweise hat Microsoft diese Neuerung, die tatsächlich erheblichen Komfort mit sich bringt, als »die Innovation in der Computerwelt« dargestellt. Apple und die Hersteller anderer Betriebssysteme boten ihren Anwendern schon lange vorher die Möglichkeit, lange Dateinamen zu verwenden.

ACHTUNG

Wenn Sie unter Windows 95/98/Me/XP Software einsetzen, die für frühere Windows-Versionen entwickelt wurde, können Dateien und Ordner nicht nach der neuen 215-Zeichen-Konvention benannt werden. In diesem Fall können Dateinamen maximal acht Zeichen umfassen.

Dateiendungen

Schon in der grauen Computer-Urzeit bestand die Möglichkeit, den acht Zeichen umfassenden Dateinamen um genau **drei ergänzende Zeichen** zu erweitern. Dieses Ur-System ist daher unter dem Slangnamen **8+3-System** verbreitet.

Diese so genannte **Dateierweiterung, Dateiendung** oder **Dateiappendix** kennzeichnet dabei den **Dateityp**. Die drei Zeichen werden dabei konventionsgemäß vom Dateinamen durch einen Punkt getrennt. Der Brief an Herrn Müller könnte daher beispielsweise lauten:

MUELLER1.TXT

MUELLER1.DOC

MUELLER1.XYZ

Sie vermuten richtig, dass die Endung **TXT** auf einen **Text** hinweist, der in der Datei abgelegt ist. An dieser Endung erkennt eine Anwendungssoftware, ob die Datei eingelesen werden kann. So werden Sie eine Textdatei mit einer Textverarbeitung bearbeiten können, kaum jedoch mit einem Grafikprogramm.

Die folgende Übersicht nennt Ihnen einige typische Dateiendungen und deren Bedeutung. Im Anhang haben wir eine umfassende Übersicht der wichtigsten und am meisten verbreiteten Dateiendungen abgedruckt.

Dateiendung	Typ
TXT	Textdatei
DOC	Spezielle Word-Textdatei
GIF	Grafikdatei
XLS	Microsoft-Excel-Tabelle
DBF	Datenbank
HTML	Internetdatei

Der folgende Workshop zeigt, wie Sie eine erste eigene Datei auf Ihre Festplatte schreiben können. Als Beispiel verfassen wir im Workshop zunächst einen Test-Text, der anschließend unter einem passenden Namen in einen neuen Ordner geschrieben wird.

1 Legen Sie mit Hilfe des Explorers einen Hauptordner mit der Bezeichnung TEXTE auf Ihrer Festplatte C: an. In diesem Ordner soll später der Test-Text abgelegt werden.

2 Klicken Sie auf die START-Schaltfläche und wählen Sie
ALLE PROGRAMME. Klicken Sie auf ZUBEHÖR und wählen Sie dort
den Eintrag WORDPAD aus.

3 Geben Sie nun einige Zeilen eines beliebigen Textes ein.

4 Wählen Sie im Menü DATEI die Option SPEICHERN UNTER.
Das zugehörige Dialogfeld wird geöffnet und verlangt
zunächst die Eingabe eines Dateinamens im Feld DATEI-
NAME. Klicken Sie mit der Maus auf den Vorschlag DOKUMENT
und geben Sie als Namen MEIN ERSTER TEST-TEXT ein.

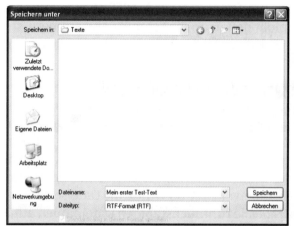

5 Klicken Sie nun auf den ARBEITSPLATZ und wählen Ihre lokale Festplatte C: aus. Dort finden Sie den im ersten Schritt angelegten Ordner TEXTE. Öffnen Sie diesen, indem Sie doppelt darauf klicken.

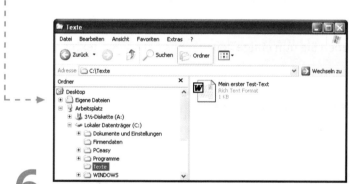

6 Sie können nun die Datei auf die Festplatte in den Ordner TEXTE schreiben, indem Sie auf die Schaltfläche SPEICHERN klicken. Die Datei sollte nun als Inhalt des Ordners TEXTE im rechten Bildschirmteil dargestellt werden.

Wilde Karten

Das Dateinamen-System kennt **Variablen** (so genannte **Wildcards**), die Sie für Dateiselektionen verwenden können.

Das hört sich kompliziert an, wird jedoch in der **Praxis sehr häufig** verwendet. Ein Beispiel zeigt Ihnen, was eine **Dateiselektion** ist und warum sie so wichtig ist.

Wenn Sie beispielsweise eine Datei namens **MAYER** abgespeichert haben, sich aber nicht mehr genau an die Schreibweise erinnern, steht Ihnen möglicherweise einiges an Sucharbeit bevor. Schließlich gibt es **MAYER** auch als **MEIER**, **MEYER** und **MAIER**.

Sie können durch eine Wildcard einige Zeichen ersetzen. Wenn Sie Ihrem Suchprogramm beispielsweise mitteilen, es soll Ihnen alle Dateien mit dem Namen »M??ER« auflisten, erhalten Sie eine Liste, die alle vier möglichen Schreibweisen berücksichtigt. Sie ahnen sicherlich, dass das Fragezeichen einen beliebigen Buchstaben ersetzt. So würde die Dateiselektion »M????« alle fünfbuchstabigen Dateinamen auflisten, die mit einem »M« beginnen.

Das Dateisystem kennt noch eine weitere Variable, den »*«. Der Stern ersetzt eine beliebig lange Zeichenkette. Die Selektion »M*« beispielsweise würde alle beliebig langen Dateinamen auswerfen, die mit einem »M« beginnen.

Nach Dateien suchen

Die meisten Betriebssysteme bieten Ihnen die Möglichkeit, nach **Dateien** auf den Datenträgern **suchen** zu lassen. Dies ist wichtig, wenn Sie einige Zeit mit Ihrem Computer gearbeitet haben und sich vage erinnern, eine bestimmte Datei zwar gespeichert zu haben, Ihnen jedoch der Ordner nicht mehr einfällt.

Das Nachschauen in den diversen Ordnern ist sicher **nicht sehr komfortabel** und darüber hinaus **zeitaufwändig**. Lassen Sie stattdessen Ihren PC für Sie suchen!

Frühe Betriebssysteme verlangten vom Anwender oft die Bedienung einer kryptischen Oberfläche; moderne Systeme hingegen erfordern lediglich die **Eingabe eines Suchbegriffs**.

Der folgende Workshop zeigt Ihnen – stellvertretend für viele andere Systeme – die in Windows Me, Windows XP und Windows 2000 integrierte Suchfunktion. Als Beispiel verwenden wir die im vorherigen Workshop erzeugte Datei »Mein erster Test-Text«, die durch die Suchfunktion aufgespürt werden soll.

1 Klicken Sie auf die START-Schaltfläche und wählen Sie SUCHEN. Klicken Sie im sich daraufhin öffnenden Fenster auf DATEIEN UND ORDNERN.

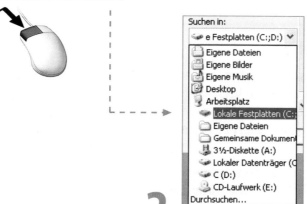

2 Das Suchfenster gestattet Ihnen die Suche nach bestimmten Dateien auf den unterschiedlichen Datenträgern Ihres Systems. So können Sie neben Ihrer Festplatte auch Disketten oder Ihr CD-ROM-Laufwerk durchsuchen lassen. - - - - - ▶

3 Geben Sie im Feld GESAMTER ODER TEIL DES DATEINAMENS den Suchbegriff ERSTER ein, ein Fragment also des Dateinamens MEIN ERSTER TEST-TEXT.

4 Klicken Sie auf SUCHEN, um mit der Suche zu beginnen.

5 Bereits wenige Sekunden später meldet der Computer eine Fundstelle und zeigt sie Ihnen im rechten Teil des Suchfensters an. Der Ordner, in dem die Datei gespeichert ist, wird ebenfalls angeführt.

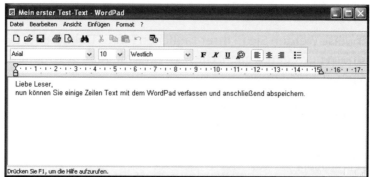

6 Sie können nun den Inhalt der Datei sofort in Einsicht nehmen, indem Sie direkt im Suchfenster doppelt auf die Fundstelle klicken. Die zugehörige Applikation, in unserem Beispiel also WordPad, wird aufgerufen und das Dokument geladen.

7 Zur Übung können Sie den Ordner TEXTE suchen lassen, indem Sie einen passenden Suchbegriff verwenden.

Verschieben von Dateien

Möglicherweise werden Sie in Ihrer täglichen Praxis Dokumente zwischen Ordnern bewegen wollen. Dieses »**Verschieben**« geschieht unter Windows per »Drag&Drop«.

WAS IST DAS

Drag&Drop bedeutet übersetzt etwa »Ziehen und ablegen« und bezeichnet ein komfortables mausgesteuertes Verfahren, um Objekte zu verschieben.

Ein typisches Beispiel für das Verschieben von Dateien ist ein **Ablagesystem**. Rechnungen beispielsweise des Vorjahres können via Drag&Drop in einen Ablageordner verschoben werden, sodass Ihr Ordnersystem für das nächste Jahr bereitsteht.

Der folgende Workshop zeigt, wie Sie das im Ordner »Texte« befindliche Beispiel-Dokument aus dem vorherigen Workshop zunächst auf den Desktop und anschließend in einen anderen Ordner verschieben.

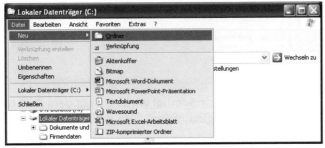

1 Legen Sie einen neuen Haupt-Ordner auf Ihrer Festplatte C: an und geben Sie ihm den Namen ABLAGE 2001.

2 Öffnen Sie den Explorer und lassen Sie sich den Inhalt des Ordners TEXTE anzeigen. Er enthält das Dokument MEIN ERSTER TEST-TEXT.

| Hierher kopieren |
| **Hierher verschieben** |
| Verknüpfungen hier erstellen |
| Abbrechen |

3 Klicken Sie mit der rechten Maustaste auf das Dateisymbol und halten Sie die Taste gedrückt. Ziehen Sie das Symbol, das nun am Mauszeiger haftet, an eine beliebige freie Stelle des Desktops. Wenn Sie nun die Maustaste loslassen, öffnet sich ein Kontextmenü. Wählen Sie HIERHER VERSCHIEBEN aus.

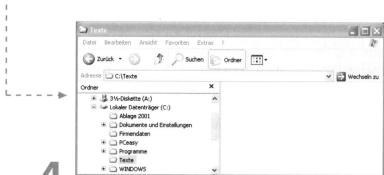

4 Das verschobene Symbol wird nun auf dem Desktop abgelegt und im Originalordner TEXTE gelöscht.

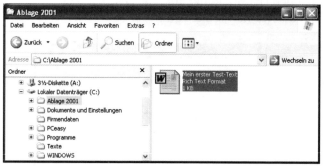

5 Klicken Sie nun im Explorer den neu angelegten Ordner ABLAGE 2001 an. Ziehen Sie in der gleichen Art das Dateisymbol in den Ordner. Das Symbol verschwindet vom Desktop und wird stattdessen im Ordner abgelegt.

Sie können Dateien auch direkt verschieben, ohne den Umweg über den Desktop wählen zu müssen. Dazu lässt sich ein zweites Explorer-Fenster öffnen und parallel zum ersten anordnen. Dateien oder ganze Ordner können nun zwischen den Fenstern verschoben werden.

Verknüpfen oder Kopieren?

Ein letzter wichtiger Hinweis, den wir Ihnen zum Ende dieses Kapitels mit auf den Dateisystem-Dschungel geben möchten, bezieht sich auf den **Unterschied** zwischen der **Kopie** und einer **Verknüpfung**.

Der vorhergehende Workshop ließ Ihnen die Möglichkeit, das am Mauszeiger haftende Objekt nicht nur zu verschieben, sondern außerdem eine Kopie oder alternativ eine Verknüpfung zu erstellen. Wir haben Ihnen zuvor in diesem Kapitel erläutert, was eine Verknüpfung ist.

Während eine Verknüpfung lediglich ein **Verweis** auf eine Datei darstellt, wird immer dann, wenn Sie »Kopie erstellen« wählen, eine zweite, **vom Original unabhängige Kopie** an der neuen Stelle erzeugt.

Wenn Sie die Originaldatei verändern, wird auch die Verknüpfung entsprechend **angepasst. Fatale Konsequenzen** ergeben sich mitunter, wenn Sie von einem Dokument mehrere Kopien angefertigt haben und mit diesen arbeiten. Sie können in diesem Fall nur noch mit Aufwand feststellen, welche Kopie die gültige oder aktuelle ist.

Im Allgemeinen sollten Sie daher **stets eine Verknüpfung** erstellen und nur in **Ausnahmefällen** – beispielsweise als Sicherungskopie auf einem externen Datenträger – eine Kopie anfertigen.

Was bringt Ihnen dieses Kapitel?

Zunächst werden wir Ihnen vorstellen, welche Aufgaben einen Computer überfordern und an welchen Stellen ihm der Mensch überlegen ist.

Wir erläutern Ihnen, was ein Prozessor ist und welche Prozessor-Generationen von Bedeutung sind. Außerdem zeigen wir die Zusammenhänge zwischen der Taktfrequenz und der Geschwindigkeit auf und schildern Ihnen die Funktion des Bussystems als Datentransport-»Autobahn«.

Abschließend führen wir Sie in die Sprache des PCs, die Bits und Bytes, ein.

Das können Sie schon:

Das lernen Sie neu:

Nicht wirklich intelligent, aber unglaublich schnell

Können Sie einige Millionen Zahlen in der Sekunde zusammenzählen? Sicher nicht, aber dafür gibt es schließlich den Computer. Das »elektronische Rechenhirn« scheint ein wahres Multitalent zu sein. Es zieht blitzschnell die Quadratwurzel aus beliebigen Zahlen, logarithmiert, berechnet den Sinus und Tangens aus Winkeln und addiert, subtrahiert, teilt und multipliziert in Bruchteilen einer Sekunde.

Aber ist uns der Rechner wirklich derart überlegen, wie es auf den ersten Blick scheint? Wir haben Ihnen bereits erläutert, dass der Computer beispielsweise größte Probleme hat, so etwas »Einfaches« wie Sprache zu entschlüsseln.

Auch bei vielen anderen Dingen versagt er: Kein Computer kann mit hoher Genauigkeit Handschriften entziffern. Während Sie mühelos einen handgeschriebenen Brief auch dann lesen können, wenn der Absender eine »unleserliche« Handschrift hat, streckt ein PC schnell all seine teuren elektronischen Viere von sich.

Vielleicht kennen Sie den folgenden Satz; wenn nicht, versuchen Sie bitte, dessen Sinn zu erfassen:

Wenn Fliegen hinter Fliegen fliegen, fliegen Fliegen Fliegen hinterher.

Fünfmal das Wort »Fliegen«, entweder als Substantiv oder als Verb, aneinander gereiht. Möglicherweise haben Sie den Satz drei- oder viermal lesen müssen, bevor Sie ihn wirklich verstanden haben. Einen Computer hingegen stellt so etwas vor schier unlösbare Probleme. Deutsche Grammatikprüfungen beispielsweise sind zwar erhältlich, aber sehr fehlerträchtig.

Auch die Übersetzung kompletter Texte aus dem Englischen ins Deutsche überfordert PCs hoffnungslos. Wirklich gute Software, z.B. der Langenscheidt-Übersetzer »T1« verblüfft zwar durch brauchbare Ergebnisse, erfordert dennoch zumindest einen (menschlichen) Korrekturleser.

Lassen Sie uns das Problem auf den Punkt bringen: Dem Computer fehlt der messerscharfe Verstand, der den Menschen schließlich von dessen elektronischen Helfern abhebt. So genannte konstruktive Arbeiten erfüllt der Mensch herausragend und ungeschlagen vom Computer.

Aufgaben hingegen, die gemäß einer Anleitung abgearbeitet werden können, können schneller vom Rechner bearbeitet werden. Diese »rezeptiven Arbeiten« sind es, für die der Einsatz von Computern sinnvoll ist. Ein solches festgelegtes Ablaufschema durchzuführender Operationen und Berechnungen wird als »Algorithmus« oder »Rechnerroutine« bezeichnet.

Ein **Algorithmus** oder eine **Rechnerroutine** ist eine Liste definierter Befehle und Rechnerschritte, die von einem Rechner abgearbeitet wird

WAS IST DAS

Die Bestrebungen der Computer-Ingenieure zielen darauf, Rechner mit einer gewissen Eigenintelligenz auszustatten. Die daraus hervorgegangene Disziplin »Künstliche Intelligenz« leistet im Ansatz Erstaunliches, ist jedoch mit der neuronalen Intelligenz des Menschen nicht wirklich vergleichbar.

Immer wieder werden menschliche Schachweltmeister durch Hochleistungsrechner geschlagen. Selbst Schach-Großmeister wie Kasparow wurden in der Vergangenheit in weniger als 10 Minuten Schachmatt gesetzt.

Diese Augenblicke erscheinen dem Außenstehenden als Triumph der Technik über den Menschen. Aber letztlich hat auch »Deep Blue« nur einen Algorithmus abgearbeitet. Er hat in unvorstellbarer Geschwindigkeit alle möglichen Folgezüge des Schachweltmeisters berechnet und den daraus resultierenden optimalen Zug ausgeführt.

Ist es nicht vielmehr erstaunlich, dass ein unvorstellbar leistungsfähiger Multi-Millionen-Dollar-Rechner erforderlich ist, um einem Menschen die Stirn zu bieten?

In diesem Kapitel werden wir Ihnen schildern, wie ein Rechner letztlich arbeitet und Sie ein wenig in die Welt der »Bits und Bytes«, die wir Ihnen bislang – sofern möglich – vorenthalten haben, entführen.

Der Prozessor

Gewissermaßen einem aufs Rechnen getrimmten Gehirn gleicht der Prozessor, der die Kerneinheit jedes Computers bildet. Solche Prozessoren finden Sie in zahlreichen Geräten, auch solchen, in denen Sie niemals die Existenz eines solchen Rechenchips geahnt hätten.

Rund 80% der Prozessoren versehen ihren Dienst in computerfremden Geräten, beispielsweise Waschmaschinen, Rasenmähern, elektrischen Zahnbürsten, Fernsehern, Stereoanlagen, Zapfsäulen usw.

Aus dem Englischen »to compute« = »berechnen« leitet sich schließlich der Begriff »Computer« ab. Ein Prozessor kann tatsächlich nichts weiter, als unglaublich schnell Berechnungen jeder Art auszuführen. Der englische und auch im Deutschen oft verwendete Begriff für den Prozessor lautet »CPU«.

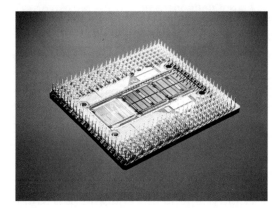

WAS IST DAS

Die **CPU** (»Central Processing Unit« = »Zentrale Recheneinheit«) ist die Kerneinheit jedes Computers. Sie führt Berechnungen aus und koordiniert darüber hinaus die Abläufe im Rechner.

Bislang haben wir nur diffus vom »unglaublich« und »sehr« schnellen Computer geschrieben. Damit sich der Mensch eine bildliche Vorstellung von der hohen Rechengeschwindigkeit machen kann, existiert der Begriff »MIPS«.

MIPS ist die Abkürzung für »Millionen Instruktionen pro Sekunde« und ein Parameter für die Rechengeschwindigkeit eines Computers.

Der MIPS-Wert gibt an, wie viele einzelne Additions- und Subtraktionsbefehle (Instruktionen) der Prozessor des entsprechenden Computers in einer Sekunde ausführen kann. Besonders leistungsfähige Computer können bis zu 100 Millionen Zahlen in nur einer Sekunden zueinander addieren oder voneinander abziehen. Wie lange bräuchten Sie dafür?

Der MIPS-Wert ist jedoch mit einer gewissen Gefahr verbunden: Ihn als alleiniges Maß für die Gesamtleistung eines Rechners zu betrachten, ist sicherlich falsch, wie folgendes Beispiel belegt:

Waitstates (übersetzt »Warteschleifen«) bremsen die CPU unnötig aus und verringern damit deren effektive Rechenleistung.

Wenn unser 100-MIPS-Prozessor seine Daten von langsameren Bausteinen erhält, die die zu berechnenden Daten nicht in ausreichender Geschwindigkeit anliefern, muss der Prozessor »Warteschleifen« einlegen und wird damit ausgebremst. Verschiedene Technologien vermeiden diese Warteschleifen jedoch und gestalten die Abläufe im PC damit effizient.

Verschiedene CPU-Generationen

Je nach interner Struktur und Konstruktion unterscheidet man mehrere Prozessorgenerationen. Allgemein gilt, dass eine neue Prozessorgeneration einen erheblichen Leistungszuwachs gegenüber der Vorgeneration bedeutet und den Anwendungsraum damit vergrößert.

Aus den eigentlichen Prozessorgenerationen sind auch mehrere PC-Generationen entstanden, da ein neuer Prozessor auch leistungsfähigere Komponenten benötigte, die die Daten mit größerer Geschwindigkeit bereitstellen konnten. So findet man in PCs einer älteren Generation stets langsamere Festplatten als in modernen Pentium-PCs, die über Hochleistungsfestplatten größerer Kapazitäten und Geschwindigkeiten verfügen.

Der Prozessor-Marktführer Intel stellte in unregelmäßigen Zeitabständen Prozessoren vor, die die unterschiedlichen Generationen repräsentieren. Die CPUs anderer Hersteller sind in jedem Fall stets kompatibel zu den entsprechenden Intel-Modellen.

Der erste PC-Prozessor überhaupt wurde 1979 vorgestellt. Er trug die Bezeichnung »XT«, was für »Extended Technology« stand. Im Vergleich zu modernen Prozessoren war die Rechenleistung geradezu lächerlich gering: Ein Pentium-Prozessor rechnet rund 200 Mal so schnell!

Dem XT folgte schon drei Jahre später, 1982 also, dessen Nachfolgemodell »AT«. Dieses Kürzel stand für »Advanced Technology«, und PCs mit diesem neuen Prozessor blieben bei Preisen von rund 10.000 Mark Profis vorbehalten.

1986 stellte Intel die nächste Generation, den 386er-Prozessor, vor; 1989 folgte der 486er-Nachfolger.

Moderne PCs, vermutlich auch Ihrer, sind mit einem Pentium-Prozessor ausgestattet. Dieser klangvolle Name hat rechtliche Hintergründe: Aufgrund des großen Erfolgs dieses Prozessors haben Intels Konkurrenten sehr ähnliche CPUs präsentiert. Solche Prozessoren werden als »Clones« bezeichnet und sind dem Hersteller des Originalchips naturgemäß ein Dorn im Auge.

WAS IST DAS

Clones sind Nachbauten von Originalprozessoren, die die gleiche Technik verwenden und damit zum Original kompatibel sind.

Amerikanische Gerichte entschieden in einem Rechtsstreit, dass Zahlenkombinationen wie die logische Konsequenz »586er« nicht schutzfähig seien. Jeder Prozessorhersteller hätte also seine Prozessoren ebenfalls 586er nennen dürfen, und daher entschieden sich die Intel-Marketingstrategen für den Namen »Pentium«.

WAS IST DAS

MMX ist die Abkürzung für »Multimedia Extensions« und ein spezieller Teil im Prozessor, der für die schnelle Abarbeitung spezieller Multimedia-Algorithmen zuständig ist.

Vielleicht nennen Sie einen Pentium MMX Ihr eigen. Dieses Kürzel verheißt vor allem Anwendern von Online- und Grafikprogrammen Vorteile, die durch spezielle Multimedia-Techniken besondere Anforderungen an den Prozessor stellen.

Der Pentium II, ein weiterer Prozessor der 5. Generation, ist ein erweiterter Pentium-Prozessor, der im Original von Intel stammt und mit höherer Rechenleistung besticht. Der »Pentium Pro« spielt heute dagegen keine ernst zu nehmende Rolle mehr.

Heute hält Intel kein Monopol mehr auf neue Prozessorsysteme. Viele andere Unternehmen wie AMD liefern ebenso leistungsfähige Prozessoren. Allgemein gilt: Je höher die Taktrate, desto höher auch die Geschwindigkeit. Weil die Prozessorhersteller aber verschiedene Technologien verwenden, kann es passieren, dass ein Intel-Prozessor mit 4 GHz dennoch schneller arbeitet als ein AMD-Prozessor mit 4,5 GHz. Was es mit den Taktraten auf sich hat, verraten Ihnen die folgenden Seiten.

Kaufentscheidung: Nur das Beste?

Ein führender Prozessor-Entwickler der Firma Intel hat den folgenden, treffenden Vergleich aufgestellt: »Wenn sich die Kraftfahrzeugindustrie derart weiterentwickelt hätte, wie die Computertechnik, dann würde ein Rolls Royce heute etwa so viel kosten wie eine Schachtel Zigaretten und die Größe eines Daumennagels aufweisen«.

Dieser Satz markiert ein Charakteristikum, das viele Anwender beim Kauf eines Computers verunsichert. Natürlich möchte Ihnen der Verkäufer sein (teures) Top-Modell ans Herz legen, und sechs Monate nach dem Kauf stellen Sie fest, dass dies Top-Modell nunmehr allenfalls der Mittelklasse zugeordnet wird und außerdem nur noch die Hälfte kostet.

Für den durchschnittlichen Anwender ist es sicher nicht sinnvoll, einen PC mit dem aktuellsten Prozessor zu wählen. Das Preis/Leistungs-Verhältnis ist beispielsweise beim Pentium 4 alles andere als günstig, weil Sie zu erheblich mehr Kosten nicht auch einen proportionalen Geschwindigkeitszuwachs erwarten können.

Derzeit sind Sie vermutlich mit einem Mittelklasse-Rechner, ausgestattet mit einem Pentium-Prozessor, am besten beraten. Einen 486er-Rechner mit aktuellen Betriebssystemen wie Windows 98 und höher auszustatten, grenzt an eine technische Vergewaltigung und führt Sie als Anwender in eine Warteschleife.

Taktfrequenz:
Maß für die Geschwindigkeit

Damit Rechenoperationen in exakt definierten Intervallen durchgeführt werden können, benötigt der Prozessor eine hochgenaue Zeitbasis.

Das Prinzip, das der PC verwendet, entspricht in etwa der Zeitmessung mit einer Quarzuhr: Ein Kristall durchläuft in einer bestimmten Zeit eine definierte Anzahl Schwingungen. Ein Maß für diese Zeitbasis ist die Taktfrequenz, die in der Einheit »Megahertz« (kurz MHz) angegeben wird.

Die **Taktfrequenz** eines PCs wird in Megahertz (MHz) angegeben und ist ein Maß für die Geschwindigkeit des Systems.

Eine Faustregel gilt, die sagt, dass ein PC umso leistungsfähiger ist, je höher die Taktfrequenz ist.

Wie schnell arbeitet ein durchschnittlicher PC nun? Während sich der Anwender eines Ur-PCs mit einer Taktfrequenz von nur rund 8 MHz begnügen musste, schafft es der Taktkristall moderner Rechner bis in den GHz-Bereich.

Der folgende Workshop zeigt Ihnen, wie Sie die tatsächliche Taktfrequenz Ihres Computers herausfinden können, wenn Sie mit Windows 2000 arbeiten. Unter anderen Betriebssystemen lässt sich die Taktfrequenz nur durch einen Blick in das Computer-Handbuch herausfinden.

1 Klicken Sie auf die START-Schaltfläche und wählen Sie dort EINSTELLUNGEN/SYSTEMSTEUERUNG. Klicken Sie im Fenster SYSTEMSTEUERUNG doppelt auf das Symbol VERWALTUNG.

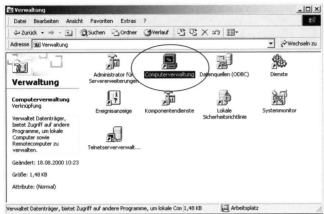

2 Klicken Sie im Fenster VERWALTUNG doppelt auf das Symbol
COMPUTERVERWALTUNG.

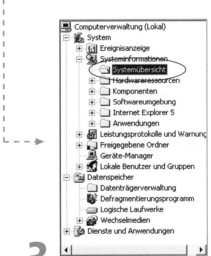

3 Im linken Teil des sich öffnen-
den Fensters klicken Sie nun über
SYSTEM/SYSTEMINFORMATIONEN den
Eintrag SYSTEMÜBERSICHT an.

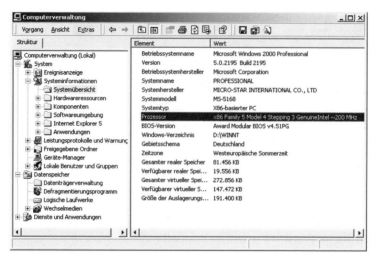

4 Im linken Bereich des Fensters wird Ihnen nun eine Liste mit Elementen angezeigt, in der Sie unter anderem den Prozessorein-trag zusammen mit der MHz-Angabe vorfinden. Diese gibt die tatsächliche Taktfrequenz Ihres Prozessors wieder.

Das Bussystem als Datenautobahn

Vielleicht fragen Sie sich, wie die zu berechnenden Daten zum Pro-zessor gelangen und das Ergebnis anschließend auf Ihrem Drucker oder dem Monitor ausgegeben wird.

Offensichtlich muss der Prozessor mit einem Transportsystem ausge-stattet sein, das die Daten – vergleichbar mit einer Datenautobahn – zwischen Festplatte, CD-ROM-Laufwerk, Monitor, Drucker, Maus und allen weiteren Geräten bewegt.

WAS IST DAS

Das Daten-transportsystem eines Computers heißt **Bussystem**.

Wie ein Bussystem den Transport von Daten um-setzt, ist technisch sehr kompliziert realisiert. Überlegen Sie sich den Aufwand, der erforderlich ist, um Daten mit einer Taktfrequenz von vielleicht 66 oder 133 MHz sicher zu transportieren!

Der folgende Workshop vermittelt Ihnen jedoch ein Gefühl für die Vorgänge im Computer und zeigt Ihnen die Arbeit des Bussystems.

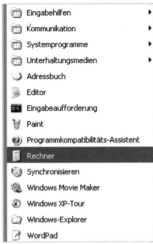

1 Klicken Sie auf die Start-
Schaltfläche und wählen Sie ALLE
PROGRAMME/ZUBEHÖR. Klicken Sie auf
den Eintrag RECHNER.

2 Auf dem Desktop erscheint nun der
Windows-Taschenrechner, der die Quadratwurzel von 1.024 errechnen soll.

3 Geben Sie über die Tastatur oder per
Maus ein: »1024« und drücken Sie »sqrt« für
die Berechnung der Quadratwurzel (englisch
»square root«).

| Bussystem | ← sqrt(1024)

4 Windows XP erkennt Ihre Eingabe und Ihren
Mausklick und gibt die Anforderung »Berechne
Quadratwurzel aus 1024« an das Bussystem. Über
einige Leitungen wird nun zunächst nachgefragt, ob
der Prozessor derzeit noch Rechenressourcen zur
Verfügung hat.

| Prozessor | ← Op1 Op 2 Op 3 sqrt(1024)

5 Die Anfrage reiht sich nun in eine Schlange
vieler anderer Rechenarbeiten, die der Prozessor
durchzuführen hat, ein.

6 Der Prozessor berechnet in vielen einzelnen Rechenschritten das Ergebnis: 32.

7 Über das Bussystem wird das Ergebnis nun zur Grafikkarte zurückgegeben und im Display des Taschenrechners dargestellt. Zwischen dem Drücken der »sqrt«-Taste und der Rückgabe des Ergebnisses ist nur der Bruchteil einer Sekunde vergangen!

Bussysteme existieren in sehr unterschiedlichen Ausführungen. Ältere Systeme arbeiteten mit einer Architektur, die als industrienahes Konzept den Namen »ISA« für »Industrial Standard Architecture« trug.

Dieses Bussystem ist für moderne Computer kaum mehr geeignet, da es neben einer geringen Übertragungsgeschwindigkeit weitere erhebliche Nachteile aufwies. Die heute standardmäßig verwendete Busarchitektur heißt »PCI« und ist eine Entwicklung des Herstellers Siemens-Nixdorf.

An den PCI-Bus werden zahlreiche Geräte angeschlossen, die mit dem Prozessor in Verbindung stehen. Neben dem Drucker und der Maus werden auch indirekt der Monitor und Erweiterungsmodule, auf die wir in einem späteren Kapitel eingehen, an PCI angeschlossen.

Neben der hohen Transfergeschwindigkeit zeichnet sich PCI durch eine weitere, sehr angenehme Eigenschaft aus. Wenn Sie früher Ihren PC mit Erweiterungselementen bestücken wollten, musste ein technisch versierter Anwender oder sogar Experte damit beauftragt werden.

PCI ist Plug&Play-kompatibel, sodass Sie Ihren PC durch einfaches Einstecken eines solchen Moduls und anschließendes Einschalten um weitere Fähigkeiten erweitern können.

Welche erweiterten Fähigkeiten für Ihre individuellen Ansprüche tatsächlich sinnvoll sind, zeigen wir Ihnen in einem späteren Kapitel im Detail.

Die Hauptplatine

Was kann man sich nun körperlich unter einem Bussystem vorstellen? Mehrere Leiterbahnen verbinden die einzelnen Bausteine wie z.B. Prozessor und Festplatte miteinander.

Die Leiterbahnen sind in einer Ebene auf einen Träger aufgebracht. Diese »Hauptplatine« übernimmt neben dem Datentransport auch einige weitere Funktionen vor allem koordinativer Natur. So sind Steuer- und Kontrolleinheiten und auch der Prozessor auf der Hauptplatine untergebracht.

Um möglichst viele Leiterbahnen auf einer kleinen Fläche unterzubringen – schließlich werden Computer immer kleiner –, sind die elektrischen Bahnen nicht nur an der Oberfläche, sondern auch in tieferen Schichten der Hauptplatine verlegt.

Weil die Leiterbahnen haarfein sind, können sie bereits durch kleine mechanische Belastungen reißen und die teure Platine damit unbrauchbar werden lassen.

ACHTUNG

Behandeln Sie Computerplatinen mit Haar-Leiterbahnen äußerst vorsichtig und setzen Sie sie keinesfalls mechanischen Belastungen aus!

Einige der wichtigsten Bausteine, die sich auf der Hauptplatine befinden, haben wir Ihnen in den vorherigen Kapiteln bereits vorgestellt.

Dazu gehören:

➡ Der Prozessor

➡ Das BIOS-Element

➡ Der Taktgeber und die interne Echtzeituhr

➡ Meist die Kontrolleinheit der Festplatten-, Disketten- und CD-ROM-Laufwerke

➡ Meist die verschiedenen Schnittstellen

➡ Der Arbeitsspeicher

➡ Das Bussystem

Die Welt der Bits und Bytes

Warum ein Computer im Binärsystem arbeitet und rechnet, haben wir Ihnen bereits im Einführungs-Kapitel erläutert.

Wir möchten Ihnen auf den folgenden Seiten ein wenig detaillierter erläutern, wie Ihr Computer im Binärsystem arbeitet. Dies ist von großer Bedeutung, denn letztlich fußt die gesamte Computer-Welt auf diesem Zahlensystem, das den meisten Menschen auf den ersten Blick fremd ist.

Das Bit

Die kleinste Informationseinheit, die ein Rechner verarbeiten kann, ist das »Bit«. Ein Bit kann die Zustände »0« und »1« annehmen und damit beispielsweise als magnetischer Partikel auf der Festplatte oder als elektrische »Ein/Aus«-Information repräsentiert werden.

Überlegen Sie sich bitte, wie viele unterschiedliche Informationen Sie alleine mit diesen beiden Ziffern darstellen können. Sie werden antworten »Zwei – die Null und die Eins!«.

Es wirkt zumindest so, als sei das Binärsystem nicht besonders leistungsfähig, denn mit diesen beiden Zuständen alleine lässt sich offenkundig kein besonders großer Informationsgehalt übermitteln.

Wenn jedoch nur zwei Bits verwendet werden, können deutlich mehr Informationen abgebildet werden. Vielleicht vermuten Sie bereits richtig, dass vier unterschiedliche Zustände ausgedrückt werden können, die wir im Folgenden abgedruckt haben:

```
1.Bit: 1 1 0 0
2.Bit: 1 0 1 0
```

Bereits mit nur einem Bit mehr – einem Drei-Bit-System also – lassen sich acht Informationen darstellen:

1. Bit: 1 1 1 1 0 0 0 0

2. Bit: 0 0 0 0 1 1 1 1

3. Bit: 1 1 0 0 1 1 0 0

4. Bit: 0 1 0 1 0 1 0 1

Wenn Sie jeder dieser Bit-Kombinationen, die sich in einer vertikalen Reihe ergeben, nun einen Buchstaben zuweisen, können Sie 16 Zustände darstellen.

Ein Vier-Bit-System kann 16, ein Fünf-Bit-System 32 Daten darstellen. Weil wir in der normalen Kommunikation 26 Buchstaben und 10 Ziffern (insgesamt also 36) verwenden, sollte ein Sechs-Bit-System (= 64 darstellbare Zeichen) völlig ausreichen.

Der Computer verwendet jedoch gleich 8 Bits, um 256 Daten abzubilden.

Das Byte

256 verschiedene Zeichen können also im 8-Bit-System dargestellt werden. Damit kann zwischen Groß- und Kleinbuchstaben unterschieden werden; außerdem sind ausreichend Informationseinheiten für die Darstellung länderspezifischer Buchstaben (z.B. die deutschen Umlaute und das »ß«) sowie einiger Satz- und Sonderzeichen verfügbar.

WAS IST DAS

Ein **Byte** ist eine weitere Einheit in der Computertechnik. Es setzt sich aus acht Bits zusammen. Das Byte ist die kleinste Informationseinheit zur Abbildung einer Ziffer oder eines Buchstabens.

Diese 8 Bits fasst der Computer zu einer weiteren Einheit, dem »Byte« zusammen.

Die folgende Sequenz zeigt Ihnen veranschaulichend, wie Ihr Computer ein Zeichen in eine Binärsequenz umsetzt und vor der Ausgabe wieder zurückverwandelt.

1 **9**

Sie geben über Ihre Tastatur die Ziffer »9« ein, die Ihr Computer zu einer weiteren Zahl, der »2«, addieren soll.

11101010
+
10010011

2 Der Computer wandelt die Ziffer zunächst in eine Binärzahl um und übergibt sie an das Bussystem, das die Information weiterleitet.

10010101

3 Der Prozessor zählt nun beide Zahlen im binären Format zusammen und gibt das Ergebnis ebenfalls in binärer Form zurück an das Bussystem.

11

4 Vor der Ausgabe wird die berechnete Binärzahl in das Dezimalformat übersetzt: 11.

Der ASCII-Code

Sie wissen bereits, dass jeder binären 0-1-Kombination eine Dezimalzahl zugewiesen wird. Aber zu welcher Dezimalzahl gehört die Binärzahl »01001011«?

Überlegen Sie, was geschähe, wenn jeder Hersteller diese Zuordnung individuell gestalten würde: Sie geben über die Tastatur ein »A« ein, Ihr Textverarbeitungsprogramm würde dies jedoch als »H« interpretieren, die Festplatte ein »U« abspeichern und der Drucker ein »R« ausgeben.

Es ist offensichtlich eine definierte Struktur erforderlich, die eine Binärzahl eindeutig einer Dezimalzahl oder einem anderen Zeichen zuweist. Ein solches System ist ASCII und das in der Computerbranche mit großem Abstand am weitesten verbreitete Codierungsverfahren.

WAS IST DAS

ASCII ist die Abkürzung für »American Standard Code for Information Interchange« und stellt ein Codeverfahren dar, das jeder Binärkombination genau eine Dezimalzahl oder Zeichen zuweist.

Zwei weitere Codeverfahren heißen »ISO« und »EBCDIC«, sind jedoch im Vergleich zu ASCII weit weniger verbreitet.

Weil der ASCII-Code aus dem englischsprachigen Raum stammt, wurden in einer frühen Version noch keine deutschen Umlaute berücksichtigt, und auch Sonderzeichen anderer Länder (französische Akzent-Zeichen beispielsweise) fehlten. Der Ur-ASCII-Code umfasst 7 Bit, die neuere Version »Extended ASCII« kann mit 8 Bit auch Sonderzeichen abbilden. **ANSI** ist eine ASCII-Erweiterung unter Windows-Rechnern. Es erweitert ASCII um Farben und spezielle Funktionen (z.B. blinkende Darstellung).

HINWEIS

Vor allem bei älterer oder Spezialsoftware kommt es hin und wieder vor, dass Umlaute und das »ß« nicht korrekt ausgedruckt oder auf dem Bildschirm dargestellt werden. Diese Software stellt nur den einfachen 7-Bit-ASCII-Code zur Verfügung oder arbeitet mit einem achten Bit, das nicht der Extended-ASCII-Norm entspricht.

Kleine Erfolgskontrolle

Schwerpunkt: Speichern und Laden

Die zweite Erfolgskontrolle befasst sich vor allem mit Datenträgern und damit, wie Daten und Dateien strukturiert sind. Die Lösungen finden Sie im Anhang.

1. Erläutern Sie den Unterschied zwischen Ordner, Datei und Laufwerk.

2. Was versteht man unter dem Windows-Begriff »Drag&Drop«?

3. Nennen Sie die wichtigsten Vorteile von Festplatten gegenüber Disketten.

4. Was ist ein »Headcrash« und warum ist dieser so gefürchtet?

5. Was ist das »Formatieren« und warum müssen CD-ROMs nicht formatiert werden?

6. Nennen Sie das Einsatzgebiet eines Streamers. Warum kann auf die Daten eines Magnetbandes nur sehr langsam zugegriffen werden?

7. Wie viel Prozent schneller ist ein 800-MHz-Pentium gegenüber einem 433-MHz-Pentium?

8. Schildern Sie den Unterschied zwischen einem Bit und einem Byte.

9. Wofür steht die Abkürzung »ASCII« und warum ist dieser Standard von großer Bedeutung?

10. Nennen Sie mindestens fünf Bausteine, die auf der Hauptplatine ihren Dienst versehen.

6

Was bringt Ihnen dieses Kapitel?

Welche Druckertypen sich für die unterschiedlichen Zwecke und Anwendungsfelder eignen, werden wir Ihnen zuerst erläutern. Sie lernen den Unterschied zwischen Laser-, Nadel- und Tintenstrahldrucker und Plotter kennen.
Wir werden Ihnen außerdem Parallel- und Serielldrucker zeigen und demonstrieren, wie Drucker Statussignale an den PC zurückliefern.
Wir werden ein Dokument drucken und den Ausdruck überwachen.

Das können Sie schon:

Das lernen Sie neu:

Computer und Papier: untrennbar verbunden?

Ein zentraler Ansatz der Entwicklung der elektronischen Datenverarbeitung bestand in der effizienten Verwaltung **großer Datenmengen**. Der Anwender sollte nicht länger in Stapel von Papier oder Schränken von Aktenordnern nach einem Schriftstück suchen, sondern dies per Knopfdruck am Computer anfordern können.

So löblich dieser Ansatz auch sein mag, Sie werden in Ihrer eigenen Praxis schnell feststellen (oder möglicherweise schon längst festgestellt haben), dass Computer und Papier gleich siamesischen Zwillingen untrennbar miteinander verbunden sind.

Dass erst der Computer eine wahre **Papierflut** hervorgerufen hat, haben wir bereits in einem früheren Kapitel postuliert. Die Zukunftsforscher sind sich jedenfalls einig, dass das »papierlose Büro« wohl für immer eine Vision bleiben wird. Ein Insider-Running-Gag vermutet gar, dass eine Seite eingetippter Daten gleich zehn- oder zwanzigfach wieder vom Computer auf Papier ausgegeben wird.

Weil nicht jeder Ihrer Geschäftspartner über Computer verfügt und außerdem die unterschiedlichen Systeme zueinander nur bedingt kompatibel sind, wird ein Großteil der Korrespondenz über Papier abgewickelt.

Neben der Kommunikation werden Ausdrucke vor allem auch zur Archivierung von Datenbeständen eingesetzt; diese können oft nur bedingt durch elektronische Sicherungsmedien ersetzt werden, da Ausdrucke unabhängig von der jeweils verwendeten Hardware lesbar sind und bleiben.

Das Ausgabeinstrument bildet dabei der Drucker, dessen Entwicklung mit dem PC ebenso Schritt gehalten hat wie zahlreiches andere Equipment. Auf den nächsten Seiten geben wir Ihnen zunächst einen Überblick über die Entwicklung der Drucker-Technologie. Anschließend stellen wir Ihnen aktuelle Druckermodelle vor, damit Sie eine optimale Grundlage für Ihre Kaufentscheidung haben.

Die Drucker der Anfangszeiten

In den Anfängen der Computertechnik ähnelten die ersten Drucker ihren direkten Vorbildern, den **Schreibmaschinen**. Statt flinker Hände, die Zahlenkolonnen fleißig eingaben, kommunizierte der Computer über eine simple Schnittstelle mit der Schreibmaschine und brachte damit endlos Daten zu Papier.

WAS IST DAS

Typenraddrucker arbeiten wie Schreibmaschinen, werden heute aber nicht mehr verwendet.

Diese Drucker hießen, weil sie die Lettern mit einem Typenrad erzeugten, **Typenraddrucker**. Sie werden heute nicht mehr eingesetzt, vor allem, weil sie unflexibel sind, keine Grafiken ausdrucken können und dazu recht langsam sind.

Die Nachfolgemodelle setzten statt der Lettern dünne Metallnadeln ein. Sie kennen das Prinzip sicher von Ihrer Digitaluhr, deren einzelnen Ziffern durch beleuchtete Segmente dargestellt werden. Analog dazu setzen die so genannten Nadeldrucker einzelne Zeichen aus sieben bis 36 Punkten zusammen.

WAS IST DAS

Nadeldrucker verwenden Metallstifte, um Zeichen als eine Kombination einzelner Punkte zu erzeugen.

Die Zeichen, die die ersten Nadeldrucker zu Papier brachten, wirkten grob und stufig, weil die einzelnen Punkte mit bloßem Auge zu erkennen waren. Von einer Korrespondenzqualität konnte also keine Rede sein; in diesem Zusammenhang war oft von »NLQ-Druckern« zu hören.

WAS IST DAS

NLQ ist die Abkürzung für »Near Letter Quality«, »Fast-Brief-Qualität« also.

Was dem Kunden werbewirksam und vollmundig als »Fast-Brief-Qualität« versprochen wurde, war also unterste Qualitätsklasse. Wenn Ihnen heute jemand einen gebrauchten NLQ-Drucker andrehen möchte, sollten Sie dankend ablehnen.

Nadeldrucker waren vor allem wegen ihrer Fähigkeit, Grafiken auszudrucken, begehrt. Weil die einzelnen Nadeln beliebige Positionen des Papiers bedrucken konnten, ließen sich auch komplexe Schwarz-Weiß-Grafiken erzeugen.

Ein weiterer Nachteil haftet den »Nadlern«, wie sie im Computer-Slang auch genannt werden, an: Sie sind regelrechte »Nervensägen«! Das Druckgeräusch von zehn oder zwanzig Metallstiften ist derart belästigend, dass sogar Lärmschutzhauben im Handel erhältlich sind.

Dennoch haben Nadeldrucker ihre Vorteile. Sie sind robust, preiswert und recht schnell und schon deshalb für den Hobby- und Hausgebrauch eine billige Alternative. Als ein Vertreter der Impact-Klasse können Nadeldrucker außerdem Durchschläge erzeugen und auf Formularsätzen (Überweisungsformulare, Steuererklärung) drucken. Für viele industrielle Einsatzgebiete werden Nadeldrucker daher heute noch eingesetzt.

WAS IST DAS

Impact-Drucker erzeugen Zeichen durch den mechanischen Prozess der Farbübertragung von einem Trägermedium, zum Beispiel dem Farbband.

Typenrad- und Nadeldrucker sind typische Impact-Drucker.

Tintenstrahldrucker

Der beliebteste Einsteigerdrucker ist zweifelsohne der **Tintenstrahldrucker**. Die zugrundeliegende Technik vereint günstigen Preis und gute Druckqualität.

Der Druckkopf besteht aus 24, 48 oder mehr geometrisch angeordneten Mikrodüsen, über die Tinte in Form kleiner Tröpfchen kontrolliert ausströmen kann. Die einzelnen Düsen werden durch eine Steuerelektronik angesprochen.

Tintenstrahldrucker verwenden statt der Metallstifte eines Nadeldruckers Mikro-Tintentröpfchen. Einzelne Zeichen werden ebenfalls aus der Kombination einzelner Punkte zusammengesetzt.

Weil beim Druck Tinte auf dem Papier aufgebracht wird, neigen die Ausdrucke zum **Verwischen**. Obwohl die Hersteller optimierte Tintenzusammensetzungen verwenden, eignen sich Tintendrucker nur sehr bedingt für das Bedrucken von beispielsweise Briefumschlägen oder Adressetiketten.

Vor allem größere Schwarzbereiche auf einem Papier können ein durch die feuchte Tinte bedingtes **Wellen** bewirken.

Der im Tintenstrahldrucker-Segment etablierte Hersteller Hewlett Packard verwendet eine spezielle Pigmenttinte. Mit dieser Tinte produzierte Ausdrucke wirken sehr gleichmäßig.

Laserdrucker

Laserdrucker setzen Zeichen aus Farbpartikeln, dem Toner, zusammen. Sie arbeiten ähnlich einem Fotokopierer und liefern qualitativ hochwertige Ausdrucke.

Die Spitze der Drucktechnik bilden die Laserdrucker, die ähnlich wie Fotokopierer arbeiten. Vor allem beim Ausdruck filigraner Grafiken übertreffen Laserdrucker alle anderen Drucktechnologien; auch für den Korrespondenzdruck eignen sie sich und liefern gestochen scharfe Textdokumente.

Laserdrucker sind in für den Heimanwender durchaus erschwingliche Preisregionen gerutscht. Der deutlichste Nachteil sind die hohen **Unterhaltskosten**. Neben Verbrauchsmaterialien wie dem Toner und speziellen Fixierdrähten muss auch die mehrere hundert Mark teure Belichtungstrommel in regelmäßigen Intervallen ausgetauscht werden. Bei guten Laserdruckern können sich die Kosten für eine DIN-A4-Seite auf bis zu 15 Cents summieren.

Laser- und Tintenstrahldrucker sind Non-Impact-Drucker, weil sie keinen mechanischen Kontakt mit der Papieroberfläche benötigen. Mit ihnen können daher keine Durchschläge angefertigt und Formularsätze bedruckt werden.

Weitere Druckertypen

Thermotransferdrucker

Der Thermotransferdruck wurde vor einigen Jahren ausschließlich für Spezialanwendungen eingesetzt, konnte sich jedoch durch einige Vorteile ein gewisses Marktsegment sichern.

Der Druckkopf besteht aus erhitzbaren Feldern, die von einem Farbband einen Speziallack ablösen. Dieser Lack wird vom untergelegten Papier aufgenommen und es resultiert ein scharfer Ausdruck. Außer Papier können auch Folien, Etiketten und sogar **Textilfasern** bedruckt werden.

Thermotransferdrucker eignen sich vor allem dann, wenn qualitativ hochwertige Drucke in geringer Stückzahl gefordert sind. Der Preis für einen DIN-A4-Farbdruck kann durchaus 1 bis 2 Euro betragen, der sich durch die nahezu **fotorealistische Farbwiedergabe** jedoch rechtfertigt.

Plotter

Plotter sind keine Drucker im konventionellen Sinn. Eine Regel- und Steuerelektronik bewegt Farbstifte in horizontaler und vertikaler Richtung über ein fixiertes Papier. Neben der eigentlichen Bewegung existieren Befehle zum Anheben und Aufsetzen der Stifte, sodass auch komplizierte Grafiken reproduziert werden können.

Plotter werden in Papiergrößen von DIN-A4 bis hin zu DIN-A1 gebaut. Bei sehr hohen Preisen eignen sie sich ausschließlich für den professionellen Einsatz im computerunterstützten Konstruieren.

Seriell oder Parallel?

PC-Drucker werden fast ausschließlich an der **USB-Schnittstelle** betrieben, in einigen Fällen auch an der Parallelschnittstelle. Zwar ist der Betrieb an einer seriellen Schnittstelle möglich; wie Sie jedoch noch aus dem Abschnitt »Schnittstellen« wissen, arbeitet diese deutlich langsamer.

Während sich kürzere Texte durchaus zügig an einem Serielldrucker ausgeben lassen, lässt die Druckgeschwindigkeit vor allem beim datenintensiven Grafikdruck nach. Die Parallelschnittstelle ist daher in jedem Fall zu bevorzugen; dies haben die Druckerhersteller erkannt und statten ihre Drucker nur noch in Ausnahmefällen mit einem Seriellanschluss aus.

Um schneller Daten zwischen PC und Drucksystem austauschen zu können, wurde ein erweiterter und auf der Centronics-Norm aufbauender Parallelport-Standard entwickelt. Die als **EPP** bezeichnete Schnittstelle lässt einen deutlich gesteigerten Datentransfer zu; sofern Computer und Drucker mit diesem Port ausgestattet sind, sollten Sie die höhere Datenübertragungsrate nutzen.

WAS IST DAS

EPP ist die Abkürzung für »Enhanced Parallel Port« und bezeichnet eine erweiterte Parallelschnittstelle, über die der Drucker deutlich schneller angesprochen werden kann.

ECP (Enhanced Capabilities Port) ist eine Weiterentwicklung von EPP. Es erhöht die Datentransferrate um den Faktor 2. ECP-Ports sind in den meisten neuen Rechnern standardmäßig eingebaut und sind für schnellere Druck- und Scan-Prozesse heute üblich.

Statussignale

Erinnern Sie sich an das Kapitel »Vom Mensch zum Computer« zurück, in dem wir Ihnen die parallele Schnittstelle vorgestellt haben. Einige der Signalkontakte führten dort **Statussignale** des Druckers.

Der Drucker kann offenbar Meldungen an den PC zurückliefern, zum Beispiel, dass ihm das Papier ausgegangen ist. Der PC informiert Sie über diesen Zustand und fordert Sie auf, Papier nachzulegen.

WAS IST DAS

Mit dem **Online-Signal** meldet der Drucker dem Computer Druckbereitschaft.

Ein wichtiges Statussignal, das Sie kennen sollten, ist das »Online-Signal«. Ist dieses Signal aktiv, meldet der Drucker »fertig zum Drucken«. Möglicherweise ist Ihr Drucker mit einer »Online-Taste« ausgestattet. Wenn Sie diese während des Betriebs betätigen, wird der Druckvorgang vorübergehend unterbrochen.

Druckauflösung – Maß für die Qualität

Erinnern Sie sich: Alle Drucker bauen die Schriften oder Grafiken aus einzelnen Punkten auf; ein Nadeldrucker verwendet Metallstifte, der Tintenstrahldrucker benutzt Mikrotröpfchen und der Laserdrucker Tonerpartikel.

Stellen Sie sich vor, Sie sollten eine bestimmte Grafik aus einer Vielzahl kleiner Punkte zusammensetzen. Sicher würden Sie die Punkte intuitiv **so eng wie irgend möglich** zusammensetzen, um ein gleichmäßiges Druckbild zu erzielen. Werden die Punkte in zu großen Abständen zu Papier gebracht, sind die einzelnen Punkte mit dem bloßen Auge erkennbar und das Druckbild wirkt ungleichmäßig und unsauber.

Es wird folglich das Ziel der Druckerhersteller sein, möglichst viele Punkte auf einer bestimmten Druckfläche unterzubringen.

dpi ist die Abkürzung für »Punkte pro Zoll« und ein Maß für die Auflösung eines Druckers.

Der Wert dafür heißt »Punkte pro Zoll«, oder englisch »dots per inch« (kurz: »dpi«). Dieser dpi-Wert ist ein Maß für die Auflösung und damit die Druckqualität. Allgemein gilt, dass die Druckqualität umso höher ist, je **mehr Punkte** der Drucker auf einem Zoll unterzubringen vermag.

Wie viele Punkte pro Zoll moderne Drucker erzeugen können, zeigt folgende Übersicht:

Übersicht: Typische Drucker-Auflösungen

Druckertyp	Typische Auflösung
9-Nadeldrucker	150 dpi
24-Nadeldrucker	300 dpi
Tintenstrahldrucker	300–700 dpi
Laserdrucker	300–1.200 dpi
Professionelle Reproanlagen	1.200–4.000 dpi

Farbdrucker

Während vor einigen Jahren Farbdrucker für den privaten Einsatz unerschwinglich teuer waren und allenfalls als Nadeldrucker nur wenig respektable Druckergebnisse lieferten, sind Farbdrucker mittlerweile in preiswertere Regionen gerutscht.

Viele Anwender begnügen sich beim Kauf eines Druckers mit einem Schwarz-Weiß-Gerät. Wenn Sie jedoch **Farbdrucke** benötigen, empfehlen sich derzeit Farbtintenstrahldrucker. Sie arbeiten ebenfalls mit Mikro-Tintentröpfchen, erzeugen aber Millionen von Farben.

Die meisten Farbtintenstrahler verfügen über ein »Zwei-Kammer-System«. In der ersten Druckpatrone – der ersten Kammer – befindet sich schwarze Tinte, in der zweiten Patrone je eine Kammer mit Zyan-, Magenta- und gelber Tinte. Durch gezieltes Mischen dieser Farben lassen sich bis zu 16,7 Millionen verschiedener Farbnuancen herstellen.

Der große Nachteil der **Zwei-Kammer-Technik** wird beim Austausch der Patrone deutlich. Da die drei Grundfarben in einer körperlichen Einheit zusammengefasst sind, ist der Wechsel der kompletten Patrone bereits dann erforderlich, wenn nur eine Grundfarbe aufgebraucht ist. Viele Hersteller liefern daher Vier-Kammer-Systeme, bei denen die einzelnen Grundfarben separat ausgewechselt werden können.

Das größte technische Problem bei der Entwicklung der Farbdrucktechnik war die **Angleichung** zwischen der Bildschirmanzeige und dem späteren Ausdruck. Wir erläutern Ihnen in einem späteren Kapitel, dass Ihr Bildschirm die Farben nach einem völlig anderen System zusammensetzt. Um eine bestimmte Farbnuance von einer Monitor-Farbkombination auf eine Farbdrucker-Mischung umzurechnen, ist ein komplexer Algorithmus nötig, der in Form eines Druckertreibers dem Drucker beiliegt.

Auch Farblaserdrucker sind heute üblich, mit Preisen ab 3000 Mark jedoch immer noch teurer als Farbtintenstrahler.

Druckersprachen

Dass viele unterschiedliche Technologien auch mehrere Standards mit sich bringen, ist Ihnen mittlerweile vertraut. Sicher vermuten Sie bereits, dass auch innerhalb der Druckersparte gleich mehrere, zueinander nicht kompatible Standards bestehen.

So wundern sich viele Anwender nach dem Anschluss des Druckers an die parallele Schnittstelle, dass statt dem erwarteten Brief nur schwarzweißer Datenmüll ausgedruckt wird.

Ein **generischer Drucker** verarbeitet den ASCII-Zeichensatz und wird daher von allen Druckern, unabhängig von der Drucktechnologie, unterstützt.

Alle Drucker verstehen zumindest den **ASCII-Zeichensatz**, den Sie aus dem vorangegangenen Kapitel kennen. Im Zusammenhang mit Druckern spricht man auch von »**generischem** Druck«, ein Standard, den alle Drucker verstehen.

HINWEIS

Berücksichtigen Sie, dass im generischen Druck nur einfacher ASCII-Text ausgedruckt werden kann. Grafiken und Sonderzeichen werden nicht korrekt zu Papier gebracht!

Bevor Sie Ihren Drucker also beim Händler als »defekt« reklamieren, sollten Sie unter Windows 98, Windows Me oder Windows XP den generischen Druckertreiber einrichten und anschließend ein einfaches Textdokument versuchen.

Der folgende Workshop zeigt Ihnen anhand Windows XP, wie Sie einen generischen Drucker einrichten und eine Testseite drucken können. Jedes andere Betriebssystem bietet ebenfalls einen generischen Treiber an, dessen Installation jedoch von Fall zu Fall abweicht.

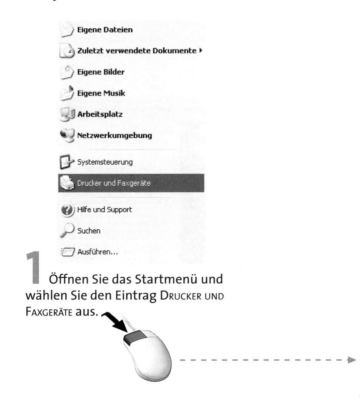

1 Öffnen Sie das Startmenü und wählen Sie den Eintrag DRUCKER UND FAXGERÄTE aus.

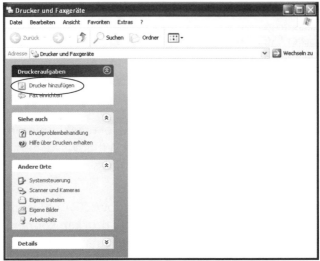

2 Falls bereits Drucker in Ihrem System eingerichtet wurden, finden Sie in dem Fenster mehrere Symbole, je eines für jeden Drucker. Wählen Sie den Eintrag DRUCKER HINZUFÜGEN im Bereich DRUCKERAUFGABEN aus.

3 Ein Fenster DRUCKERINSTALLATIONS-ASSISTENT begleitet Sie durch die Einrichtung des generischen Druckers. Klicken Sie auf WEITER.

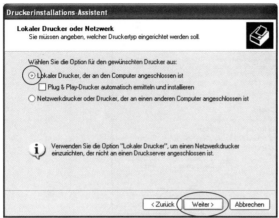

4 Wählen Sie im folgenden Fenster LOKALER DRUCKER, DER AN DEN COMPUTER ANGESCHLOSSEN IST aus.

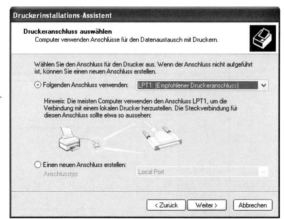

5 Klicken Sie auf WEITER, wählen Sie als DRUCKERAN-SCHLUSS den Eintrag LPT1 und bestätigen Sie mit WEITER.

165

6 Im anschließenden Fenster muss der Druckertyp ausgewählt werden. Wählen Sie zunächst die Kategorie Standard. Als Vorschlag nennt Ihnen Windows XP im rechten Fenster dann Generic/Text only. Dies ist der generische Treiber. Klicken Sie auf Weiter.

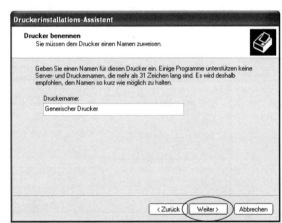

7 Tragen Sie als Namen für den neuen Drucker Generischer Drucker ein und bestätigen Sie mit Weiter. Anschließend können Sie entscheiden, ob Sie den Drucker für andere Benutzer freigeben möchten. In diesem Beispiel geben Sie den Drucker nicht für andere Benutzer frei.

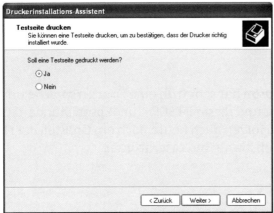

8 Abschließend bietet Ihnen Windows XP an, eine Testseite zu drucken. Falls Ihr Drucker noch nicht eingeschaltet ist, holen Sie dies nach und legen Sie Papier ein. Wenn Sie nun auf WEITER klicken, gelangen Sie zur letzten Seite des Assistenten, auf der die Einstellungen des Druckers zusammengefasst werden. Klicken Sie FERTIG STELLEN an, druckt Windows ein einseitiges Textdokument aus. Ist der Text lesbar, haben Sie den Drucker in jedem Fall richtig an Ihren PC angeschlossen.

Wie kommt es nun aber zu dem beschriebenen **Datenmüll**? Damit ein Drucker Grafiken und andere nicht im ASCII-Code definierte Zeichen ausdrucken kann, muss er mit einer »Druckerhochsprache« ausgestattet sein.

WAS IST DAS

Eine **Druckersprache** oder **Druckerhochsprache** befähigt einen Drucker, über den ASCII-Code hinausgehende Daten zu drucken und nutzt die Möglichkeiten des Druckers damit aus. Eine Druckersprache wird in einigen Fällen auch als **Emulation** bezeichnet.

Jeder Druckerhersteller verwendet seine eigene **Druckersprache**, um mit den eigenen Druckermodellen zu »sprechen«. Ein Druckertreiber wird dazu im Betriebssystem verankert, auf den die Anwenderprogramme zugreifen und an den die Druckdaten gesendet werden.

Angenehmerweise finden sich gewisse »Basisstandards«, die von namhaften Herstellern programmiert wurden und die um spezielle Fähigkeiten des jeweiligen Druckers erweitert werden. Aus diesem Grund finden Sie in der Windows-XP-Druckerliste einige Tausend Modelle, auch wenn der grundlegende Treiber nur in Details abweicht.

Folgende Druckersprachen-Konzepte sind von weitreichender Verbreitung und Bedeutung:

Der Epson-Code

Der Druckerhersteller **Epson** hat sehr früh eine Druckersprache für Nadeldrucker entwickelt und diesen »ESCP« für »Epson Standard Code for Printer« getauft. Ihm folgen auch heute noch ein Großteil der Nadeldrucker und einige Tintenstrahl- und Laserdrucker.

Der DeskJet-Treiber

Der Drucker-Markführer **Hewlett Packard** war einer der Vorreiter in der Herstellung von Tintenstrahl- und Laserdruckern und hat diese Märkte daher nachhaltig beeinflusst.

Er war es, der einen allgemeingültigen Code für die Verwendung mit Tintenstrahldruckern festlegte. Dem »HP **DeskJet**«-Vorbild folgt mittlerweile auch ein Großteil der Konkurrenz.

Der LaserJet-Treiber

Ähnlich dem DeskJet-Treiber hat Hewlett Packard auch einen Standard für Laserdrucker etabliert. Hinter der Bezeichnung »HP **LaserJet**« verbirgt sich eine universelle Laserdrucker-Sprache, die von vielen Laserdruckern verstanden wird.

PostScript

Die Firma **Adobe** wendet sich mit der Druckersprache »PostScript« an professionelle Anwender und integriert diese Sprache daher vor allem in hochwertige High-End-Drucker.

»PostScript« bedeutet sinngemäß übersetzt etwa »nach dem Druck«. Das Prinzip ist anderen Techniken weit voraus, erfordert aber eine teurere Hardware-Ausstattung. Der Drucker verfügt über eine gewisse »Eigenintelligenz« und kann zeitaufwendige Rechenarbeiten, die vor dem Druck anfallen, selbstständig erledigen. Der Computer steht damit viel schneller wieder für andere Aufgaben zur Verfügung.

Einen Druckertreiber einrichten

Damit Ihr Drucker optimal arbeitet, muss also ein Druckertreiber installiert werden. Sicher haben Sie zu Ihrem Drucker einen Diskettensatz oder eine CD-ROM mit den zugehörigen Treibern erhalten.

Sie können stattdessen auch Standard-Druckertreiber verwenden, die das Betriebssystem bereitstellt.

ACHTUNG

Falls möglich, sollten Sie den Diskettensatz bzw. die CD-ROM des Herstellers verwenden. Die hier enthaltenen Treiber sind stets aktueller als die Treiber des Betriebssystems und bieten darüber hinaus oft Funktionen, die Standardtreibern fehlen.

Im Prinzip folgt die Installation eines Druckertreibers der zuvor beschriebenen Einrichtung des **generischen Treibers**, der letztlich ebenfalls eine Treiberfunktion übernimmt. In wichtigen Schritten unterscheidet sich die Installation jedoch, sodass wir Ihnen die Einrichtung eines Druckertreibers in folgendem Workshop demonstrieren.

Wenn Sie mit Windows XP arbeiten, können Sie die Installation nachvollziehen, und zwar auch dann, wenn Sie Ihren Drucker bereits installiert haben oder der Drucker werksseitig vorkonfiguriert war. Halten Sie die Windows-Installations-CD oder den Diskettensatz bzw. die CD-ROM des Druckerherstellers bereit.

1 Öffnen Sie das Startmenü, um anschließend den Eintrag DRUCKER UND FAXGERÄTE anzuklicken.

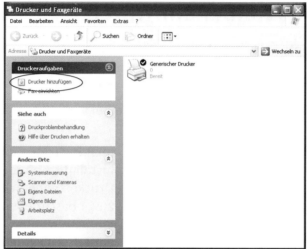

2 Klicken Sie auf Drucker hinzufügen, um einen neuen Drucker zu installieren. Der bereits installierte generische Drucker wird in diesem Fenster ebenfalls angezeigt.

3 Bestätigen Sie die Begrüßungsmeldung des Druckerassistenten mit einem Klick auf Weiter.

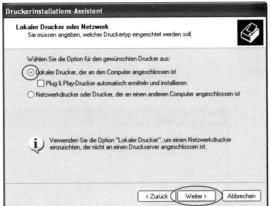

4 Wählen Sie LOKALER DRUCKER, DER AN DEN COMPUTER ANGESCHLOSSEN IST und bestätigen Sie das folgende Fenster ebenfalls mit WEITER.

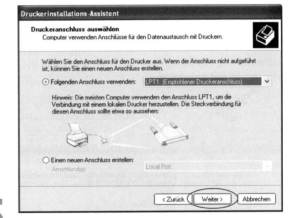

5 Wählen Sie als Druckeranschluss LPT1 und klicken Sie auf WEITER.

6 Falls Sie den Diskettensatz bzw. die CD-ROM des Druckerherstellers verwenden möchten, arbeiten Sie mit Schritt 8 weiter.

Falls Ihnen kein Diskettensatz oder keine CD-ROM zur Verfügung steht, wählen Sie nun aus der linken Liste HERSTELLER den (alphabetisch sortierten) Hersteller des Druckers, zum Beispiel »Hewlett Packard« (kurz »HP«).

7 Wählen Sie nun im rechten Teil des Fensters das Druckermodell aus, zum Beispiel »HP DeskJet 550C«. Wenn Ihr Drucker hier nicht aufgeführt ist, finden Sie weitere Hilfestellungen am Ende dieses Workshops.

Bestätigen Sie Ihre Auswahl mit WEITER und fahren Sie mit Schritt 9 fort.

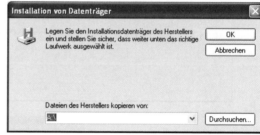

8 Klicken Sie auf DATENTRÄGER und legen Sie die erste Installationsdiskette des Diskettensatzes oder die CD-ROM ein. Klicken Sie auf OK. Alle auf der Diskette oder CD-ROM gespeicherten Treiber werden nun aufgelistet (eventuell müssen Sie vorher noch das entsprechende Laufwerk auswählen). Klicken Sie auf den Treiber Ihres Modells und wählen Sie anschließend WEITER.

9 Im folgenden Feld können Sie einen Druckernamen festlegen oder die Vorgabe beibehalten. Wählen Sie JA, damit Windows den neuen Drucker als Standarddrucker verwendet. Bestätigen Sie das Fenster mit WEITER.

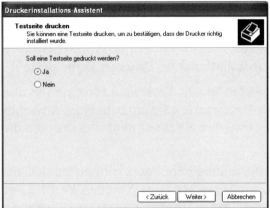

10 Der Ausdruck einer Testseite empfiehlt sich unbedingt. Schalten Sie daher Ihren Drucker ein und legen Sie Papier ein. Klicken Sie auf WEITER. Es erscheint die letzte Seite des Assistenten. Klicken Sie auf FERTIG STELLEN. Ihr Drucker sollte wenige Sekunden später mit dem Druck einer Testseite beginnen.

Was mache ich ohne passenden Treiber?

Wenn Sie einen gebrauchten, älteren Drucker kaufen, kann folgende unangenehme Situation auftreten: Disketten mit einem Treiber sind nicht mehr vorhanden oder ein Treiber nur für ein anderes Betriebssystem aufgespielt.

Weil moderne Betriebssysteme wie Windows XP oder Windows 2000 Uralt-Drucker nicht mehr berücksichtigen, können Sie außerdem auf keinen Standardtreiber zurückgreifen.

Versuchen Sie in einem solchen Fall folgende **kompatible Treiber**; auf diese Weise können Sie zumindest die wichtigsten Grundfunktionen Ihres Druckers verwenden. Wenn Sie Ihren Drucker keiner der Kategorien zuordnen können, probieren Sie alle aufgeführten Druckertreiber nacheinander aus – zerstören können Sie nichts!

Ihr Drucker ist ein ...	Versuchen Sie den Treiber für ...
Nadeldrucker	Epson FX-80
Tintenstrahldrucker	HP DeskJet
Laserdrucker	HP LaserJet

Dokumente drucken

Nachdem Sie eine erste Testseite im vorherigen Workshop ausgedruckt haben, ist die korrekte Installation Ihres Druckers sicher gestellt.

Sie können nun einen ersten Test-Text erstellen, formatieren und anschließend ausdrucken. Dazu starten Sie ein beliebiges Anwendungsprogramm, öffnen oder erstellen ein Dokument und drucken dies anschließend.

Wenn Sie ein wenig Hilfestellung benötigen, können Sie sich an dem folgenden Workshop orientieren. Mit dem Windows-WordPad erstellen Sie zunächst einen kurzen Text und geben diesen anschließend auf dem Drucker aus.

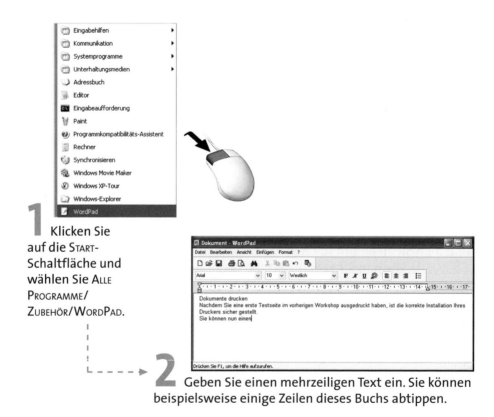

1 Klicken Sie auf die START-Schaltfläche und wählen Sie ALLE PROGRAMME/ ZUBEHÖR/WORDPAD.

2 Geben Sie einen mehrzeiligen Text ein. Sie können beispielsweise einige Zeilen dieses Buchs abtippen.

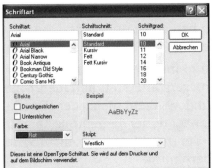

3 Wenn Sie einen
Farbdrucker besitzen,
markieren Sie nun eine
beliebige Textpassage und
klicken auf FORMAT/SCHRIFT-
ART. Klicken Sie mit der
Maus auf FARBE und
wählen Sie die Farbe ROT
aus. Der zuvor markierte
Text wird nun farbig
abgehoben.

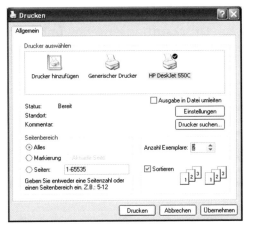

4 Klicken Sie auf DATEI/DRUCKEN. Im Dialog-
bereich DRUCKER AUSWÄHLEN ist Ihr zuvor einge-
richteter Standard-Drucker sichtbar. Erhöhen
Sie die Anzahl der zu druckenden Exemplare
auf »2« und klicken Sie auf OK. Der Druck
beginnt augenblicklich; als Ergebnis sollten
Sie zwei Ausdrucke gleichen Inhalts erhalten.

Den Druck überwachen

Alle moderneren Betriebssysteme bieten Ihnen den so genannten **Batch-
Druck** an. Sie können gleichzeitig mehrere Dokumente aus unterschiedlichen Anwendungen an den Drucker senden. Der Drucker arbeitet die
eingehenden Aufträge stapelweise ab, daher der Ausdruck »Batch« (der
englische Begriff für »Stapel«).

Ein Drucker-Puffer mit der Bezeichnung »Spooler« nimmt alle Druckaufträge entgegen, solange der Drucker besetzt ist und leitet diese nacheinander an den Drucker weiter.

Beim **Batch-Druck** können mehrere Anwendungsprogramme Druckaufträge gleichzeitig absetzen. Druckaufträge werden vom **Spooler** in Empfang genommen und stapelweise an den Drucker weitergereicht.

Sie können den aktuellen Spooler- und Druckerstatus stets abfragen. Unter Windows dient hierzu der »Druck-Manager«, der die zentrale Koordination der Druckerressourcen im System übernimmt.

Am Beispiel Windows XP zeigt Ihnen der folgende Workshop, wie Sie einen gesendeten Druckauftrag einsehen und manipulieren können. Damit Sie die Abarbeitung des Druckvorgangs mitverfolgen können, muss Ihr Drucker während des Workshops ausgeschaltet bleiben.

1 Öffnen Sie das Windows XP-WordPad, indem Sie auf START/ ALLE PROGRAMME/ZUBE-HÖR/WORDPAD klicken.

2 Geben Sie ein wenig Text ein, beispielsweise einige Zeilen dieses Buchs, oder verwenden Sie den Text aus der vorangegangenen Übung. - - - - - - - - - ▶

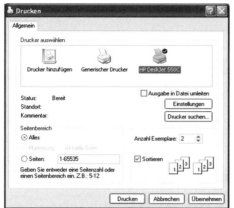

3 Schalten Sie Ihren Drucker *aus* und wählen Sie DATEI/DRUCKEN. Bestätigen Sie den Druckauftrag mit einem Klick auf OK. Mit einer Fehlermeldung weist Sie Windows XP nun darauf hin, dass die Ausgabe des Dokuments nicht möglich sei.

HP DeskJet 550C
1
Bereit

4 Markieren Sie im Startmenü den Eintrag DRUCKER UND FAXGERÄTE, und klicken im dazugehörigen Fenster doppelt auf das Symbol Ihres Druckers.

5 Der Inhalt des sich öffnenden Fensters repräsentiert den Spooler-Inhalt. Hier finden Sie außerdem Ihr soeben zum Druck angewiesenes Dokument, das mit einigen Informationen aufgelistet wird.

6 Klicken Sie auf den Eintrag Ihres Dokuments. Mit einem Druck auf die (Entf)-Taste können Sie den aktuellen Druckauftrag löschen.

177

Was bringt Ihnen
dieses Kapitel?

Inwiefern sich ein Computermonitor vom
Fernsehgerät unterscheidet, schildern wir
Ihnen zu Beginn.

Sie lernen anschließend, welche Funktion
eine Grafikkarte übernimmt, was die »Auflösung« ist und wie groß Ihr Monitor sein
sollte.

Wir schildern Ihnen außerdem, welche
ergonomischen Anforde-
rungen an ein modernes
Grafiksystem zu stellen
sind.

Abschließend stellen
wir Ihnen einige
moderne Grafik-
prozessoren,
ebenso wie
TV-Karten, DVD
und MP3 vor.

Das können Sie bereits:

Das lernen Sie neu:

Vom TV zum Computer-Monitor

Nahezu selbstverständlich haben Sie mit ihm in den vorangegangenen Kapiteln gearbeitet und Ihre Augen auf seine erleuchtete Mattscheibe gerichtet: Die Rede ist vom **Monitor**, vielmehr dem damit zusammenhängenden komplexen Grafiksystem.

Der Monitor könnte als naher Verwandter des Fernsehgerätes betrachtet werden, wären die Anwendungsgebiete beider Geräte nicht so unterschiedlich. Während der Zuschauer beim Fernseher in größerer Entfernung – etwa 2 Meter – sitzt, dient der Monitor als Datensichtgerät, mit dem eingegebene und verarbeitete Daten überprüft werden können.

In der Tat könnte jeder PC ohne Monitor und ohne Sie, den Benutzer, arbeiten; Sie wären ohne ihn jedoch hilflos und könnten mit dem Rechner nicht wirklich interagieren. Diesbezüglich sind Monitore dort überflüssig, wo das Eingreifen von Menschen nicht erforderlich ist: Netzwerk-Server beispielsweise werden aus Kostengründen an einigen Stellen ohne Monitor installiert, ein Bildschirm wird nur im Wartungs- oder Defektfall vorübergehend angeschlossen.

Wenngleich Monitor und Fernsehapparat aus diesen Gründen nur bedingt miteinander vergleichbar sind, ist die technische Verwandtschaft offenkundig. Gewissermaßen in einem Prozess der Evolution arbeiten Computerbildschirme zwar mit der im Videobereich entwickelten Technik, haben diese aber um grundlegende Innovationen ergänzt.

Die Grafikkarte

WAS IST DAS

Eine **Grafikkarte** ist die bilderzeugende Einheit des Computers. Sie ist damit die unmittelbare Schnittstelle zwischen den Bausteinen des Computers und dem Bildschirm.

Wie gelangen die Computerdaten nun auf Ihren Monitor? Eine »Grafikkarte«, die sich direkt auf der Hauptplatine befindet, übernimmt die Umsetzung des erzeugten Bildes und ist damit die Schnittstelle zwischen Prozessor und Bildschirm.

Die ersten Grafikkarten waren – streng genommen – gar keine »Grafik-karten«: Allenfalls Text, dazu in nur einer Farbe, konnte ausgegeben werden. Erst spätere Grafikkarten-Generationen konnten tatsächlich einzelne Bildpunkte des Bildschirms ansprechen und damit Grafiken erzeugen.

Erinnert Sie diese Entwick-lung ein wenig an **Drucker**? Auch hier konnten die frühen Typenraddrucker nur Texte ausgeben, während spätere Modelle, die Nadeldrucker beispielsweise, auch Grafiken zu drucken imstande waren.

VGA ist die Abkürzung für »Video Graphics Array«. Es ist der Grafikstandard, der mittlerweile allein verwendet wird.

Moderne Grafikkarten folgen einem weit verbreiteten Standard namens »VGA«. In den meisten Beschrei-bungen und Werbeanzeigen finden Sie diese Bezeich-nung nicht mehr, weil keine Grafikkarten im PC-Bereich anderen Normen folgen.

Auflösung

Ähnlich den Druckern wird auch bei Grafikkarten und Monitoren die Auflösung in Punkten angegeben.

Die **Auflösung** ist ein Maß für die maxi-mal darstellbare Anzahl an Bild-punkten in horizon-taler und vertikaler Orientierung.

Je mehr Punkte dargestellt werden können, desto feiner und detailgetreuer wird das Bild. Die Auflö-sung eines Monitors wird jedoch – im Gegensatz zu Druckern – nicht in »dpi«, sondern stattdessen in horizontalen und vertikalen Bildpunkten angegeben.

Eine Auflösung von »800 x 600« bedeutet beispielsweise, dass der Bildschirm 800 einzelne Bildpunkte in horizontaler und 600 Punkte in vertikaler Richtung darstellen kann.

Weil auf eine größere Bildschirmfläche auch mehrere Bildpunkte projiziert werden können, ist die Auflösung bei größeren Monitoren stets höher.

Wie groß die Auflösung Ihres Monitors ist, können Sie meist mit Systemprogrammen des Betriebssystems feststellen. Der folgende Workshop zeigt Ihnen am Beispiel Windows XP, wie Sie die Auflösung Ihres Monitors feststellen können.

1 Anzeige

Klicken Sie auf die Start-Schaltfläche und wählen Sie Systemsteuerung. Wechseln Sie zur klassischen Ansicht und doppelklicken Sie auf das Symbol Anzeige.

2 Ein Fenster mit der Bezeichnung Eigenschaften von Anzeige öffnet sich. Aktivieren Sie die Registerkarte Einstellungen.

3 Im Abschnitt Bildschirmauflösung wird Ihnen nun die aktuelle Bildschirmauflösung in der Anzahl horizontaler x vertikaler Bildpunkte angezeigt.

Bilddiagonale

Die »Bilddiagonale« oder »Größe« des Monitors beschreibt die Abmessungen der Mattscheibe. Diese genaue Definition ist deshalb besonders wichtig, weil die **Bilddiagonale** nicht unbedingt mit dem tatsächlich sichtbaren Bild übereinstimmen muss. Sie kennen den Effekt sicherlich vom Fernsehen; auch dort ist das eigentliche Bild in mehr oder weniger breiten, schwarzen Balken eingefasst.

Während frühere VGA-Monitore fast ausschließlich Bilddiagonalen von 14 Zoll oder 15 Zoll (35,5 cm; 1 Zoll entspricht 2,54 cm) aufwiesen, haben 17- und 20-Zoll-Geräte diese mittlerweile verdrängt. Zunehmend werden auch 19-Zoll-Geräte verkauft; einige Hersteller versuchen hier, die recht teuren 20-Zoll-Geräte zu unterbieten.

Für welche **Bildgröße** Sie sich entscheiden, hängt vor allem von Ihren persönlichen Ansprüchen, Bedürfnissen und zuletzt vom Budget ab. Aber auch das Spektrum der Verwendung findenden Anwendungsprogramme ist von Bedeutung. Ein 14- oder 15-Zoll-Monitor ist für längere Arbeiten mit einer Textverarbeitung aus ergonomischen Erwägungen sicher nicht empfehlenswert. Vor allem für die Arbeit mit grafisch orientierten Betriebssystemen wie Windows und Linux empfiehlt sich der Kauf mindestens eines 17-Zoll-Monitors, damit die Grafiken, Symbole und Schriften nicht allzu kantig und grob wirken. Dementsprechend ist ein 17-Zoll-Monitor heutzutage Standard.

Erst für Arbeiten, bei denen große Detailtreue gefragt ist, sind 20- und 21-Zoll-Monitore sinnvoll. Beim computerunterstützten Konstruieren (CAD) beispielsweise ist es oft wichtig, sich eine komplette DIN-A4-Seite anzeigen zu lassen – für kleinere Monitore ein problematisches Unterfangen.

Allgemein gilt, dass ein größerer Monitor auch eine höhere Auflösung zulässt, schon deshalb, weil die Abmessungen der Bildröhre größer sind. Die folgende Übersicht fasst übliche Auflösungen für verschiedene Bilddiagonalen zusammen.

Übersicht: Empfohlene Auflösungen für verschiedene Monitorgrößen

Bilddiagonale	Empfohlene Auflösungen (Bildpunkte)
14 bis 15 Zoll	640 x 480 bis 800 x 600
17 bis 20 Zoll	800 x 600 bis 1.024 x 768
20 und 21 Zoll	1.024 x 768 bis 1.600 x 1.200

Bildfrequenzen: wichtig für die Ergonomie

Wenn Sie sich Ihrem Fernseher auf einen Abstand von rund 30 cm nähern, wird Ihnen das Flackern des Bildes auffallen. Der Fernsehapparat erneuert das sichtbare Bild rund dreißig bis vierzig Mal in einer Sekunde; man sagt auch, er habe eine »Bildwiederholrate von 30 bis 40 Hertz«.

WAS IST DAS

Die **Bildwiederholrate** (in Hertz) gibt an, wie häufig das gesamte Bild in einer Sekunde aufgebaut wird.

Stellen Sie sich vor, Sie sollten in dieser miserablen Qualität längere Zeit an Ihrem Computer arbeiten. Kopfschmerzen wären vermutlich noch die geringste gesundheitliche Beeinträchtigung, die Sie zu erwarten hätten.

Es wird deutlich, dass an die **Qualität** eines Computer-Bildschirms weitaus strengere **ergonomische Anforderungen** zu stellen sind. Das erklärt zum einen den deutlich höheren Preis eines Monitors und beantwortet zum anderen auch die häufig von Einsteigern gestellte Frage: »Warum kann ich meinen Fernseher nicht für die Arbeit am Computer verwenden?«

Während ein TV-Gerät also mit einer Wiederholrate von 30 bis 40 Hz arbeitet, bauen High-End-Geräte das Bild mit bis zu 200 Hertz auf, also rund fünfmal so oft.

Bildwiederholfrequenzen unterhalb 60 Hz werden vom menschlichen Auge als deutliches **Flimmern** wahrgenommen; längeres Arbeiten mit einem 50-Hz-System bewirkt daher die typischen Ermüdungs-erscheinungen und Augenreizungen. Erst ab 70 Hz verschwinden diese Effekte, und bei modernen Geräten, die Frequenzen zwischen 80 und 100 Hz zulassen, ist tatsächlich ein ergonomisch einwandfreies und damit längeres Arbeiten am Bildschirm möglich.

Übersicht: Bildwiederholraten und ergonomische Arbeitsbedingungen

Bildwiederholrate	Arbeitsbedingung
Unter 60 Hz	Deutlich wahrnehmbares Flimmern
60 bis 70 Hz	Wahrnehmbares Flimmer
70 bis 80 Hz	Kaum wahrnehmbares Flimmern
Über 80 Hz	Ergonomischer Bereich

Sie können die Bildwiederholrate, mit der Ihr Monitor arbeitet, mit Systemprogrammen der meisten Betriebssysteme bestimmen. Der folgende Workshop zeigt Ihnen am Beispiel »Windows XP«, wie Sie die Wiederholrate Ihres Monitors bestimmen und verändern können.

1 Klicken Sie auf die START-Schaltfläche und wählen Sie SYSTEMSTEUERUNG. Wechseln Sie – falls erforderlich – zur klassischen Anzeige und doppelklicken Sie auf das Symbol ANZEIGE.

2 Ein Fenster mit der
Bezeichnung EIGENSCHAFTEN
VON ANZEIGE öffnet sich.
Aktivieren Sie die Register-
karte EINSTELLUNGEN und
klicken Sie auf ERWEITERT.

3 Die Registerkarten in dem sich nun öffnenden Fenster unterscheiden sich zum Teil abhängig von der verwendeten Grafikkarte. Aktivieren
Sie die Registerkarte MONITOR. Im Abschnitt
BILDSCHIRMAKTUALISIERUNGSRATE wird Ihnen nun die
aktuelle Hertz-Zahl angezeigt. - - - - - - - - ►

4 Klicken Sie auf das Pfeilsymbol rechts neben der Hertz-Zahl. Weitere Bildwiederholraten, die Ihr Monitor darstellen kann, sind hier aufgelistet. Für ein ergonomisches Arbeiten sollten Sie 80 oder mehr Hertz auswählen. Welche Einstellungs-möglichkeiten Ihnen hier zur Verfügung stehen, hängt von Ihrer Grafikkarte ab.

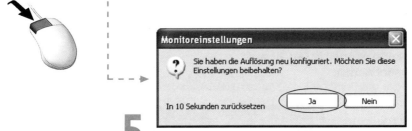

5 Klicken Sie, nachdem Sie die Frequenz geändert haben, auf die Schaltfläche ÜBERNEHMEN. Auch dieses Menü sieht je nach Grafikkarte leicht unterschiedlich aus. Windows XP ändert nun die Bildwiederholrate.

Treibersoftware

Der frühe VGA-Standard ließ eine Wiederholrate von nur 60 Hz zu, also einen Bereich, in dem ergonomisches Arbeiten kaum möglich war.

Damit moderne Betriebssysteme die Möglichkeiten der Grafikkarte und des Monitors ausnutzen können, müssen Sie einen Treiber einbinden. Wenn Sie mit Windows 95, Windows 98, Windows Me oder Windows XP arbeiten, hat die dort integrierte automatische Erkennung einen pas-senden **Treiber** mit hoher Wahrscheinlichkeit bereits eingebunden.

Diesen Treiber können Sie mit dem bereits bekannten Maus- und Druckertreiber vergleichen: Er bildet die Schnittstelle zwischen dem Betriebssystem und der Hardware, in diesem Fall also der Grafikkarte.

Der folgende Workshop zeigt Ihnen, wie unter Windows XP ein Grafiktreiber eingerichtet wird. Lassen Sie sich bitte nicht irritieren, falls bei Ihnen manche Auswahlmöglichkeiten etwas anders sind als hier beschrieben.

1 Klicken Sie auf die START-Schaltfläche und wählen Sie SYSTEMSTEUERUNG. Wechseln Sie – falls erforderlich – zur klassischen Ansicht und doppelklicken Sie auf das Symbol ANZEIGE.

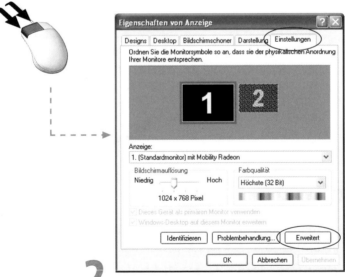

2 Ein Fenster mit der Bezeichnung EIGEN-SCHAFTEN VON ANZEIGE öffnet sich. Klicken Sie auf die Registerkarte EINSTELLUNGEN und wählen Sie dort ERWEITERT.

3 Aktivieren Sie die Registerkarte GRAFIKKARTE. Hier ist die aktuell verwendete Grafikkarte und der Treiber aufgeführt.

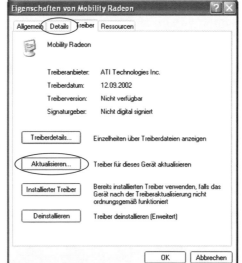

4 Wenn Sie einen anderen Treiber einbinden möchten, müssen Sie die genaue Modellbezeichnung Ihrer Grafikkarte kennen. Sie finden diese Angaben im Handbuch zur Grafikkarte oder zum PC-System. Klicken Sie auf EIGENSCHAFTEN. Im Eigenschaftenfenster rufen Sie nun die Registerkarte TREIBER auf. Klicken Sie die Schaltfläche AKTUALISIEREN an.

189

5 Es erscheint der HARDWAREUPDATE-ASSISTENT, in dem Sie mit der ersten Option automatisch nach anderen Treibern suchen lassen oder mit der zweiten Option manuell den Speicherort des gewünschten Treibers angeben können.

6 Entscheiden Sie sich für die automatische Suche, werden Ihnen in einem weiteren Fenster die Suchergebnisse angezeigt. Wählen Sie einen der angezeigten Treiber aus.

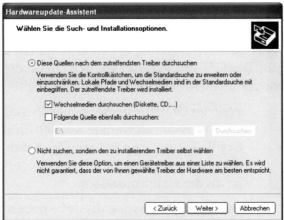

7 Entscheidern Sie sich für die manuelle Suche nach einem anderen Treiber, erscheint ein Fenster, in dem Sie den Speicherort des entsprechenden Treibers angeben können. Wird der gewünschte Treiber gefunden, können Sie diesen ebenfalls auswählen und übernehmen lassen.

TFT-Flachbildschirme

Eine neue Technik sind die Flüssigkristall-Bildschirme, auch kurz als LCDs oder TFTs bezeichnet. Superflach, leicht, energiesparend und annähernd flimmerfrei sind die wichtigsten Vorteile gegenüber den Standard-Röhrenmonitoren. Notebooks setzen TFT-Flachbildschirme standardmäßig ein.

Leider sind TFT-Flachbildschirme noch drei- bis fünfmal so teuer wie ein guter vergleichbarer Monitor. Es kann auch heute noch vorkommen, dass der Bildschirm einen Pixelfehler aufweist. Das heißt, ein Bildpunkt wird nicht angesteuert und bleibt immer auf einem Farbwert, was zu stöhrenden winzigen Flecken auf dem Bildschirm führen kann. Da Sie darauf keinen Garantieanspruch haben, sollten Sie den Bildschirm vor dem Kauf testen lassen.

Grafikprozessoren

Viele Grafikkarten sind heute serienmäßig mit einem eigenen **Grafik-prozessor** ausgestattet. Dem Hauptprozessor werden die für die Darstellung von Grafiken notwendigen Arbeitsschritte abgenommen.

Weil der Grafikprozessor höher spezialisiert ist, kann er zwar nur wenige, speziell für die Grafikverarbeitung notwendige Befehle aus-führen, diese dafür jedoch um einiges schnel-ler als der Hauptprozessor.

Der Grafikprozessor entlastet – neben dem Hauptprozessor – außerdem das Bussystem: Muss der Hauptprozessor in einem System ohne intelligente Beschleunigerkarte jeden Bildpunkt eines Grafik-elementes einzeln in Position und Farbe spezifizieren, genügt bei der Arbeit mit einem Grafikprozessor eine globale Angabe wie Mittelpunkt, Radius und Farbe eines zu zeichnenden Kreises.

Typische Vertreter der Grafikprozessoren sind beispielsweise der »GeForce« von Nvidia oder der »Radeon« von ATI.

3D-Grafikkarten

Moderne High-End-Spiele wie »Command & Conquer«, die film-realistische, interaktive Landschaften erzeugen, sowie viele Zeichen-programme setzen heute auf die 3D-Technologie.

3D-Grafikkarten arbeiten mit spezieller Technik, etwa der Hersteller Riva oder Elsa, und stellen dreidimensionale Gegenstände auf einem 2D-Bildschirm dar. Die Objekte können frei rotieren, sodass sie von allen Seiten betrachtet werden können. Dies setzt komplizierte Berechnungen voraus, die von 3D-Grafikkarten geleistet werden. Die meisten aktuellen PCs sind standardmäßig mit 3D-Grafikkarten ausgestattet.

TV-Karten

Fernseher und Rechner werden immer mehr miteinander kombiniert, sodass Sie am Monitor Ihres Rechners bequem fernsehen können. Die TV-Karten werden ständig verbessert, sodass deren Installation und Einrichtung immer einfacher und die Funktionen sowie die Qualität optimiert werden.

TV-Adapter, z.B. die WinTV von Hauppage, können einfach an der USB-Schnittstelle betrieben werden. Mittlerweile existieren auch Grafikkarten, bei denen bereits eine Lösung für den TV-Empfang integriert ist. Die TV-Karten verfügen über einen Anschluss für das TV-Kabel oder die Sat-Anlage ebenso wie über einen Anschluss für die Soundkarte.

Um auch schnelle Sequenzen darstellen zu können, ist sowohl bei Windows 98 als auch bei Windows Me und Windows XP die Software DirectX integriert. Dadurch wird die Grafikkarte vergleichsweise zeitnah angesteuert.

Mit DVD zum Heimkino

Ihnen ist bereits in einem der vorherigen Kapitel das immer beliebtere Speichermedium DVD vorgestellt worden. Aber selbst die große Speicherkapazität einer DVD ist nicht ausreichend für die digitale Speicherung eines Films. Mit Hilfe der MPEG-2-Komprimierung können Filme auf DVD gespeichert werden.

DVD-Videos können bis zu 32 Untertitel-Versionen und 8 Tonvarianten umfassen. Zudem wird dem Benutzer die Multi-Angle-Funktion geboten, um bis zu 5 verschiedene Blickwinkel zu nutzen. Mit Hilfe der so genannten Regionalcodierung wird verhindert, dass ein in Amerika gekaufter DVD-Film mit Hilfe eines europäischen Geräts wiedergegeben werden kann.

Neben einem DVD-ROM-Laufwerk im PC benötigen Sie zur Verwandlung in ein Heimkino die Unterstützung weiterer Computerbausteine. Ist der Prozessor Ihres Rechners sehr leistungsfähig, reicht ein Software-Decoder aus, um einen Film ruckelfrei betrachten zu können. Mit dem Einbau einer MPEG-Karte stellen Sie sicher, dass auch schnellere Szenen ohne störendes Ruckeln wiedergegeben werden. Oftmals finden Sie bei hochwertigen Grafikkarten eine spezielle Software, mit denen Sie Filme auch daheim in Kinoqualität genießen können.

MP3

MP3 ist die Abkürzung für MPEG 1 Layer 3, mit dem ein einheitliches Format zum Speichern von Musik bezeichnet wird. Größter Vorteil von MP3 ist, dass nur wenig Speicherplatz benötigt wird. Daraus resultiert, dass beispielsweise auf eine CD-ROM ca. 150 Musikhits gespeichert werden können. Dies entspricht ungefähr 10 Stunden Musik.

Trotz der hohen Kompressionsraten ist die Tonqualität hervorragend, da nur Tonanteile gefiltert werden, die sowieso nicht für den Menschen wahrnehmbar sind. Aufgrund des geringen Speicherbedarfs können Musikstücke im MP3-Format problemlos über das Internet übertragen werden.

Ein weiterer Vorteil von MP3 ist, dass die mobilen MP3-Player sehr kompakt und vor allem rüttelfest sind. Zudem existiert eine große Auswahl an MP3-Decodern, die Ihnen die Wiedergabe von MP3-Dateien auf dem PC ermöglichen. WinAMP ist ein Freeware-Programm, das eine der beliebtesten Software-Lösungen in diesem Bereich ist. Probieren Sie die Software doch einfach mal aus und laden Sie diese unter *http://www.winamp.com* herunter.

Kleine Erfolgskontrolle

Schwerpunkt: Drucker und Grafiksystem

1. Über welche Schnittstellen können Sie einen Drucker an Ihren PC anschließen? Nennen Sie die Vor- und Nachteile.

   _____

2. Wie heißen die Einheiten für die Auflösung im Drucker- und Grafikbereich und wofür stehen die Abkürzungen?

   _____

3. Nennen Sie die Vor- und Nachteile eines Nadeldruckers. Welche Druckergattung muss verwendet werden, wenn Durchschläge erzeugt oder Formularsätze beschriftet werden sollen?

   _____

4. Was ist die »Bildwiederholrate« und in welcher Einheit wird sie angegeben? Warum muss zur Einstellung ergonomischer Bildwiederholraten oberhalb von 60 Hz ein Grafiktreiber installiert werden?

5. Was ist ein Grafikprozessor und welche beiden Bauteile der Hauptplatine werden beim Einsatz eines solchen Prozessors besonders entlastet?

6. Nach dem Drucken einer Farbgrafik stellen Sie fest, dass der Ausdruck farbliche Abweichungen von der Darstellung des Bilds auf dem Monitor aufweist. Was ist die Ursache?

7. Warum ist die Bildqualität (und damit auch der Preis) eines Computer-Bildschirms deutlich höher als bei einem TV-Gerät? Welche Bildwiederholrate ist für vollkommen ergonomisches Arbeiten mindestens zu empfehlen?

8. Was ist ein »Druckerspooler« und warum wird er eingesetzt?

9. Wofür steht die Abkürzung »VGA«?

10. In welchen Größen können Sie moderne VGA-Monitore erwerben? Warum empfiehlt sich für die Arbeit mit Grafikprogrammen ein 17-Zoll- oder größerer Monitor?

8

Was bringt Ihnen dieses Kapitel?

Wir führen Sie zunächst in das »Mega-Medium« Internet ein und zeigen Ihnen, welche Voraussetzungen Sie für den Zugang zum Internet benötigen.

Wir schildern Ihnen den Unterschied zwischen Modem und ISDN-Adapter und zwischen digitaler und analoger Übertragung. Anschließend stellen wir Ihnen die Aufgabe eines Protokolls vor und zeigen Ihnen das im Internet verwendete Protokoll.

In einem Workshop demonstrieren wir den ersten Zugang zum Internet und erläutern Ihnen die benötigte Software.

Das können Sie schon:

Das lernen Sie neu:

Der siebte Kontinent

Schon recht früh kam es findigen Ingenieuren in den Sinn, mehrere Computer in einem Netzwerk miteinander zu koppeln. Viel früher sogar, als der erste Personalcomputer geboren wurde. Unternehmen Sie mit uns eine »Zeitreise« zurück zu den Anfängen der Netzwerk-Technologie.

Am 21. November 1969 hockte Prof. Leonard Kleinrock in den Informatik-Räumen der Universität von Los Angeles und tippte den Satz »Sehen Sie diese Zeichen?« ein. Einige Sekunden später erhielt er die Antwort, die das Zeitalter der **Computer-Netzwerke** einläutete: »Ja«.

Kleinrock hatte einen frühzeitlichen IBM-Rechner mit einem 400 Meilen entfernten Computer verbunden und übermittelte über eine Standleitung den Text. Er gilt heute als der »Vater des Internets«.

Was aber ist das **Internet**, das als stiller Zeitzeuge durch die Medien geistert? Ein oft gehörtes Zitat bezeichnet das Internet auch als »siebten Kontinent«, gleich einem virtuellen Erdteil. Der amerikanische Schriftsteller William Gibson hat in seinem Roman »Neuromancer« von einem Kontinent berichtet, dessen Bewohner nicht länger physisch existierten. Er nannte den Kontinent den »Cyberspace«.

Das Internet ist ein weltweiter Computerverbund, deren einzeln angeschlossene Rechner untereinander kommunizieren können. Es besteht aus einer Vielzahl an Kabeln und einer technisch definierten Struktur.

Wichtig ist außerdem, dass das Internet keinem gehört und weder politisch noch anderweitig beeinflusst wird. Weil das Internet weltweit verbreitet ist, können Sie auf diese Weise nahezu kostenlos Nachrichten und Dateien an jeden anderen an das Internet angeschlossenen Computer senden.

Weil Ihnen andere Computer Daten bereitstellen, dient das Internet auch als die weltgrößte Informations-Datenbank, deren Aktualität und Geschwindigkeit jedes andere Medium verblassen lässt.

Fahrplanauskünfte der Bundesbahn, Wettervorhersagen des Deutschen Meteorologischen Dienstes, Online-Bestellungen diverser Versandfirmen und Kundensupport finden heute per Medium »Internet« schneller und direkter statt als auf jedem anderen Wege. Teleshopping und Homebanking sind im modernen Haushalt so selbstverständlich geworden wie der Kaffeeautomat in der Küche. Daneben kann sich der ambitionierte Interessent direkt mit neuester Software versorgen, die als Shareware verfügbar ist. Die Kommunikation mit Freunden und Geschäftspartnern ist weltweit und sekundenschnell möglich.

Was benötigen Sie nun, um Ihren Computer online-tauglich zu machen?

➡ Ein Modem oder eine ISDN-Karte, um die Computerdaten telefongerecht aufzubereiten. Ein Modem eignet sich für jeden analogen Telefonanschluss. Eine ISDN-Karte können Sie nur an einem digitalen ISDN-Anschluss betreiben.

➡ Eine Software für den Computer, um den Datenaustausch zwischen dem heimischen Rechner und dem Online-Dienst zu steuern; diese befindet sich im Lieferumfang moderner Betriebssysteme, z.B. Windows Me, Windows XP, Windows 2000 oder Linux. Windows XP liefert beispielsweise den Internet Explorer 6.0 kostenfrei mit.

➡ Einen Telefonanschluss, über den die Daten übertragen werden.

Das Modem: eine »analoge Brücke«

Wenn Daten über das Telefonnetz versendet werden, treffen zwei unterschiedliche Techniken aufeinander: die **digitale** Welt des Computers und die (zum großen Teil) **analoge** Welt des Telefons. Um eine Brücke zwischen diesen beiden Welten zu errichten, wird ein geeignetes Zwischenstück benötigt: ein Modem.

Ein Modem ist genau genommen nur ein Wandler. Das besagt schon das Kunstwort *Modem*, das sich aus den Begriffen *Modulator* und *Demodulator* zusammensetzt. Es wandelt die digitalen Signale des Computers in analoge Frequenzen (»Töne«) um, welche über das Telefonnetz übertragen werden können. Der Demodulator wiederum setzt diese Tonfolgen in die für den Rechner erkennbaren Bits um.

Von einem Modem spricht man, wenn eine feste (galvanische) Verbindung zur Telefonleitung besteht.

Ein **Modem** ist ein Wandler, der das analoge Telefonnetz mit Ihrem Computer verbindet. Das Kunstwort setzt sich aus den Begriffen »Modulator« und »Demodulator« zusammen.

Zur Verdeutlichung des Prinzips des Datenaustauschs über die Telefonleitung kann der »Akustikkoppler« dienen. Ein Akustikkoppler hat keine direkte Verbindung ins Telefonnetz. Um mit ihm arbeiten zu können, benötigt man immer noch ein normales Telefon. Der Koppler gibt seine in Töne umgewandelten Daten über einen Lautsprecher in die Sprechmuschel des Telefons ab und empfängt die Gegenstelle über ein Mikrofon bzw. eine Spule. Akustikkoppler spielen heute keine Rolle mehr.

Ein **Online-Dienst** oder **Provider** stellt Ihnen den Internetzugang bereit. Beispiele für Online-Dienste sind AOL, MSN und CompuServe.

Durch die immer größer werdende Verbreitung von Funktelefonen kann man heute mittels einer speziellen Hardware über ein Handy zu jeder Zeit und fast von jedem Ort aus eine Verbindung zu Online-Diensten herstellen.

Die Auswahl eines Modems sollte genau überlegt sein, da es die Kommunikationsschnittstelle zwischen Ihnen und dem Online-Dienst darstellt. Ein Modem, welches jede zweite Verbindung aufgrund der Verwendung einer inkompatiblen Firmware kappt, wird Sie von weiteren Anrufen abhalten. Ein externes Modem ist in jedem Fall seinem internen Pendant vorzuziehen, da Sie die Möglichkeit haben, eine bestehende Verbindung über Indikator-Leuchtdioden an der Vorderseite des Modems zu überwachen.

WAS IST DAS

bps ist die Abkürzung für »Bits pro Sekunde«, ein Maß für die Übertragungsgeschwindigkeit eines Modems.

Modems mit einer Datentransferrate von 28.800 bps (Bits pro Sekunde) sind heutzutage die absolute Mindestanforderung – bei Preisen von mittlerweile unter 100 DM nicht weiter verwunderlich. Sofern Sie noch kein Modem besitzen und sich erst jetzt für den Kauf entscheiden wollen: kaufen Sie ein 56.000-bps-Modell.

Konfiguration des Modems

Noch vor wenigen Jahren bestand die Aufgabe des Anwenders bei der Konfiguration eines Modems darin, kryptische Befehle aus dem Handbuch einzutippen.

Selbst erfahrene Online-Experten trieben komplexe Hardware-Einstellungen schier zum Wahnsinn. Kein Wunder, dass der Anwender komfortablere Alternativen forderte.

Mit Windows 95, Windows 98, Windows Me, Windows XP und Windows 2000 schließlich wurde das »Plug&Play-Prinzip« auch konsequent bis hin zu Modems verwirklicht. Sofern Sie ein halbwegs aktuelles Modem Ihr Eigen nennen, sollte Ihnen die Inbetriebnahme keine Probleme bereiten.

Der folgende Workshop zeigt Ihnen, wie Sie unter Windows XP ein Modem einrichten. Der gesamte Vorgang sollte nur einige Minuten beanspruchen.

Telefon- und
Modemoptionen

1 Wählen Sie den Menübefehl START/SYSTEMSTEUERUNG und doppelklicken Sie auf das Symbol TELEFON- UND MODEM-OPTIONEN (eventuell müssen Sie vorher zu klassischen Ansicht wechseln). Das dazugehörige Fenster wird geöffnet, in dem Sie nun die Registerkarte MODEMS aufrufen. Klicken Sie die Schaltfläche HINZUFÜGEN an.

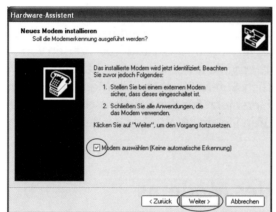

2 Der »Modem-Installationsassistent« begrüßt
Sie. Schalten Sie Ihr Modem ein, falls noch nicht
geschehen. Klicken Sie auf das Kontrollkästchen
MODEM AUSWÄHLEN und dann auf WEITER.

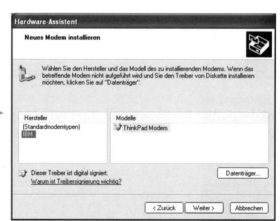

3 Anschließend müssen Sie den Hersteller und
das Modell des Modems auswählen. Klicken Sie
dazu zunächst in der Liste HERSTELLER auf den entsprechenden Eintrag. Wählen Sie anschließend im
rechten Fensterabschnitt das Modell aus. Wenn Ihr
Modem nicht aufgeführt ist, fahren Sie mit Schritt
4 fort, ansonsten mit Schritt 5.

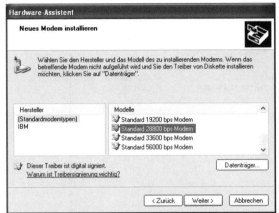

4 Ähnlich dem generischen Druckertreiber stehen mehrere generische Modemtreiber zur Verfügung. Wenn Ihr Modem nicht aufgeführt wird, wählen Sie den Hersteller (STANDARDMODEMTYPEN) und als Modell den Eintrag mit der passenden Übertragungs- geschwindigkeit, zum Beispiel STANDARD 28800 BPS.

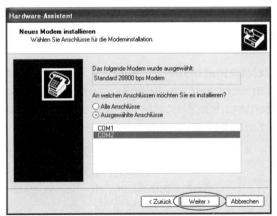

5 Wählen Sie den Anschluss aus, an dem Ihr Modem betrieben wird. Im Allgemeinen wird dies COM2 sein.

6 Nach der Installation wird das neu installierte Modem im Dialogfeld TELEFON- UND MODEMOPTIONEN in der Registerkarte MODEMS aufgeführt.

ISDN: Digitales Telefonnetz

Beim **digitalen Telefonnetz** ISDN (Integrated Services Digital Network) müssen die Daten nicht erst moduliert werden, sondern können direkt digital übertragen werden. Anstatt einem Modem wird für die Übertragung eine ISDN-Karte benötigt.

Ein **ISDN-Adapter** ersetzt im digitalen Datenverkehr das Modem. Er dient als Schnittstelle zwischen dem digitalen ISDN-Netz und Ihrem PC.

Die ISDN-Karte stellt im Prinzip nur ein direktes Interface zwischen Computer und Telefonnetz dar. Angesprochen wird die ISDN-Karte ähnlich einem Modem. Voraussetzung für eine solche Karte ist allerdings ein ISDN-Anschluss der Telekom.

Die zu erreichenden Übertragungsgeschwindigkeiten liegen hier bei 64.000 bps; gegenüber einem durchschnittlichen Modem also eine mehr als **doppelte** Leistung. Bei großen Datenmengen ist ein ISDN-Anschluss daher wirtschaftlicher als der analoge Anschluss, weil auch der ISDN-Anschluss nach dem Telefongebühren-Takt abgerechnet wird.

Die analoge Modem-Technologie, so antiquiert sie auch wirken mag, ist auch heute weiter verbreitet, denn sie bietet gegenüber dem ISDN-System einen Vorteil: Es gibt viele ISDN-Normen in den unterschiedlichen Ländern, so dass ein deutsches ISDN-Gerät nur in Deutschland funktioniert – selbst die Schweiz verwendet ein anderes System. International Vielreisende, die z.B. im Hotelzimmer mit einem Notebook online gehen möchten, verwenden deshalb heute noch immer ein Analog-Modem.

ADSL: Neueste Internet-Technik

Die neueste Technik der Online-Telekommunikation fußt wieder auf der Analogtechnik – ähnlich einem Modem also! Mit *ADSL* (kurz für *Asymmetric Digital Subscriber Line*) hat weltweit ein nur scheinbarer technischer Rückschritt in Richtung analoger Kommunikation stattgefunden.

Insbesondere im Zeitalter der Notwendigkeit großer Bandbreite zur Übertragung ruckelfreier und grafisch anspruchsvoller Multimedia-Information reichen die ISDN-Bandbreiten selbst bei mehrfacher Kanalbündelung kaum mehr aus. Bildkonferenzen sind zwar auch heute schon per ISDN möglich, allerdings kann nur eine geringe Bilddimension in dazu geringer Frequenz übertragen werden.

Bis zu 8 Mbit/s sollten auf gewöhnlichen, zweiadrigen Kupfertelefonleitungen übertragen werden können; dies kommt nahe an den Wert kleinerer Lokalnetze (etwa 10 Mbit/s) heran. Die heute bereits realisierten 64 Kbit des ISDN-Netzes sind dagegen gleich um Zehnerpotenzen niedriger.

Das ADSL-System setzt neben diesen informationstheoretischen Grundlagen hochmoderne Transfertechnik ein, um maximalmögliche Datentransferraten zu erzielen. Diese Technik erfordert spezielle Endgeräte sowohl auf der Seite des Empfängers als auch des Senders. Außerdem darf die Distanz zwischen Vermittlungsstelle und Endanwender keinesfalls zu groß werden, da ansonsten die erzielbare Transferrate erheblich sinkt.

Das Internetprotokoll

Wie wir Ihnen in der Einführung erläutert haben, ist das Internet eine bloße Ansammlung diverser Übertragungsleitungen. Um Daten in diesem Kabelsystem übermitteln zu können, muss eine **definierte Übertragungsstruktur** vorhanden sein. Ein so genanntes »Übertragungsprotokoll« bildet die Grundlage für einen systematischen Datenaustausch. Es stellt beispielsweise Absender- und Empfängerangaben bereit und prüft außerdem die Integrität der transferierten Daten.

WAS IST DAS

TCP/IP ist die Abkürzung für »Transfer Control Protocol/Internet Protocol«. Es ist das Übertragungsprotokoll des Internets und bildet die Grundlage für einen geordneten Datenaustausch.

Nur wenn alle Teilnehmer mit dem gleichen Protokoll arbeiten, ist ein geordneter Datentransfer überhaupt möglich. Das im Internet verwendete Protokoll heißt »TCP/IP« und wird von nahezu jedem Betriebssystem, darunter Windows 98, Windows Me, Windows XP, Windows 2000, Macintosh und jedem Unix-System, bereitgestellt.

Das TCP/IP-Protokoll »liegt« gewissermaßen über der Telefonleitung, wenn Sie sich im Internet bewegen. Sie müssen TCP/IP zunächst installieren. Windows 98, Windows Me und Windows 2000 bieten ein spezielles »DFÜ-Netzwerk« an, das die Verbindung zu Ihrem Provider automatisch herstellt und lediglich vor dem ersten Kontakt eingerichtet werden muss.

Wie Sie das DFÜ-Netzwerk unter Windows XP einrichten, um Kontakt zu Ihrem Provider herzustellen, zeigt Ihnen der folgende Workshop. Die Installation und Konfiguration des TCP/IP-Protokolls arbeitet unter abweichenden Betriebssystemen gänzlich anders; schauen Sie in diesem Fall in der Online-Hilfe oder dem Handbuch des Betriebssystems nach.

Halten Sie, bevor Sie den Workshop nachvollziehen, das Datenblatt Ihres Providers bereit. Es wurde Ihnen bei der Anmeldung ausgeliefert und enthält die notwendigen technischen Daten.

1 Netzwerkverbindun...

Wählen Sie im Startmenü den Eintrag SYSTEMSTEUERUNG aus. Anschließend klicken Sie doppelt auf den Eintrag NETZWERK-VERBINDUNGEN. Eventuell müssen Sie vorher zur klassischen Ansicht wechseln.

2 In den NETZWERKAUFGABEN klicken Sie nun den Eintrag NEUE VERBINDUNG ERSTELLEN an.

3 Es erscheint der Assistent für neue Verbindungen, der Sie nun Schritt für Schritt durch die Installation führt. Bestätigen Sie mit WEITER.

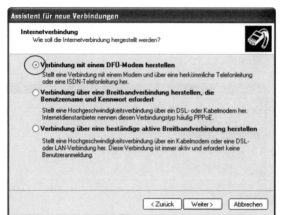

4 Entscheiden Sie sich im darauffolgenden Fenster für die Option VERBINDUNG MIT DEM INTERNET HERSTELLEN und bestätigen Sie mit WEITER. Nun klicken Sie die Option VERBINDUNG MANUELL EINRICHTEN an. Anschließend wählen Sie auf der darauffolgenden Seite VERBINDUNG MIT EINEM DFÜ-MODEM HERSTELLEN aus.

5 Auf den darauffolgenden Seiten geben Sie den Namen des Internetdienstanbieters, die Rufnummer und gegebenenfalls einen Benutzernamen und ein Kennwort ein. Nun können Sie den Assistenten fertig stellen. Die neu angelegte Verbindung wird im DFÜ-Netzwerk angelegt. Klicken Sie, um weitere Daten einzutragen, mit der rechten Maustaste auf das Symbol und wählen Sie im Kontextmenü den Eintrag EIGENSCHAFTEN aus.

6 Die Registerkarte NETZWERK umfasst die Einstellungen des TCP/IP-Protokolls. Klicken Sie auf INTERNETPROTOKOLL (TCP/IP) und anschließend auf EIGENSCHAFTEN.

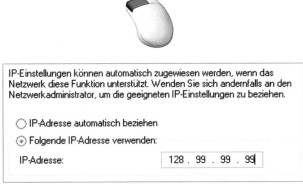

7 Falls Ihnen eine IP-Adresse vorgegeben wurde (siehe Datenblatt des Internet-Providers), muss diese im Feld FOLGENDE IP-ADRESSE VERWENDEN eingetragen werden. Behalten Sie ansonsten die Voreinstellung IP-ADRESSE AUTOMATISCH BEZIEHEN bei.

209

| ⊙ DNS-Serveradresse automatisch beziehen |
| ○ Folgende DNS-Serveradressen verwenden: |
| Bevorzugter DNS-Server: |
| Alternativer DNS-Server: |

8 Falls Ihr Provider einen DNS-Server« oder »Namensserver« betreibt (siehe Datenblatt des Providers), ist eine weitere Angabe erforderlich. Tragen Sie die entsprechenden Angaben im Feld FOLGENDE DNS-SERVERADRESSEN VERWENDEN ein. Behalten Sie ansonsten die Voreinstellung DNS-SERVERADRESSE AUTOMATISCH BEZIEHEN bei. Bestätigen Sie Ihre Eingaben mit OK und schließen Sie das Konfigurationsfenster.

Ihre erste Internetverbindung

Nachdem Sie Ihr Modem oder Ihren ISDN-Adapter angeschlossen und eingerichtet haben, sind die technischen Voraussetzungen für Ihren ersten »Surftrip« im Internet geschaffen.

Über die DFÜ-Verbindung können Sie nun Ihre **erste Internetverbindung** herstellen und damit sicherstellen, dass Ihre Einstellungen korrekt sind.

Der folgende Workshop zeigt, wie Sie eine Internetverbindung zu Ihrem Provider aufbauen können. Immer, wenn Sie sich ins Internet einwählen, müssen Sie diese Schritte befolgen.

1 Netzwerkverbindun...

Klicken Sie im Startmenü den Eintrag SYSTEM-STEUERUNG an. Dort klicken Sie doppelt auf den Eintrag NETZWERKVERBINDUNGEN. Ihre im vorherigen Workshop eingerichtete Verbindung wird hier aufgeführt.

2 Klicken Sie doppelt auf dieses Symbol. Ein Verbindungsfenster öffnet sich, das neben der Telefonnummer im Feld einige weitere Daten enthält. Tragen Sie im Feld BENUTZERNAME Ihren Anmeldenamen (siehe Datenblatt des Providers) ein. In das Feld KENNWORT muss Ihr Kennwort eingetragen werden. Achten Sie in beiden Fällen auf Groß- und Kleinschreibung! Klicken Sie auf WÄHLEN, um die Verbindung herzustellen.

3 Wenige Sekunden später beginnt Ihr Modem zu wählen. Haben Sie die Installation des Modems korrekt durchgeführt, ist der Wählvorgang erfolgreich. Vergessen Sie nach einer Internetsitzung nicht, die Verbindung zu beenden. Windows beendet die Verbindung nicht automatisch, sodass Sie bis zum manuellen Beenden gebührenpflichtig mit Ihrem Provider verbunden bleiben.

| Wählen | Abbrechen | Eigenschaften | Hilfe |

4 Klicken Sie auf ABBRECHEN, um den Wählvorgang abzubrechen.

5 Klicken Sie auf EIGENSCHAFTEN, wenn Sie die Eigenschaften der Modem-Verbindung anzeigen lassen möchten.

Ihr Surfbrett auf den Internet-Wogen

So, wie Sie eine Textverarbeitungssoftware benötigen, um Text erfassen, bearbeiten, speichern und drucken zu können, benötigt auch das Internet eine Software.

Die grundlegende Internetsoftware heißt »Browser«. Der Begriff stammt aus dem Englischen und bedeutet übersetzt etwa »stöbern«. Mit einem Browser können Sie sich im Internet bewegen, Informationen abrufen, Datenbanken durchsuchen, Dateien auf Ihre lokale Festplatte überspielen und vieles mehr.

Der Browser ist heute ein integraler Bestandteil des Betriebssystems. Neben diesem Standard-Browser sind auch Programme anderer Hersteller erhältlich, beispielsweise »Netscape 7.0« des gleichnamigen Herstellers oder der Browser »Opera«.

Für welche Software Sie sich entscheiden, bleibt Ihnen überlassen. Windows XP liefert beispielsweise den Internet Explorer 6.0 kostenfrei mit und integriert diesen tief im System. Die Unterschiede zwischen beiden Programmen jedenfalls sind gerade für Anfänger marginal. Die Software unterstützt sehr unterschiedliche Hardware- und Betriebssystem-Plattformen, darunter alle Windows-Derivate, Unix, OS/2 und den Apple Macintosh.

Browsersoftware ist im Allgemeinen kostenfrei erhältlich. Wenn Sie mit Windows 98, Windows Me, Windows XP oder Windows 2000 arbeiten, ist der Microsoft Internet Explorer bereits auf Ihrem PC installiert oder befindet sich zumindest auf der Installations-CD.

Typische Bezugsquellen für Browser sind beispielsweise:

- Fachzeitschriften: Auf den Heft-CD-ROMs vieler Fachzeitschriften befinden sich oft aktuelle Browserprogramme.

- Internetprovider: Vor allem größere und überregionale Provider liefern mit den Anmeldeunterlagen eine CD-ROM mit spezieller Zugangssoftware aus. Auf dieser CD-ROM befindet sich stets auch ein, oft sogar mehrere, Browser.

- Direkt im Internet: Wenn Sie von anderer Stelle aus Zugang zum Internet haben (Freunde, in der Firma, über die Universität), können Sie Browsersoftware direkt downloaden.

Viren-Gefahr im Internet

Das Internet ist ein ideales Verteilermedium für Viren. Ein bekanntes Beispiel für einen Virus ist der ILOVEYOU-Virus, der vor einiger Zeit sein Unwesen getrieben hat.

Bei Viren handelt es sich um schädliche Programme, mit denen sich Ihr Rechner infizieren kann. Ist Ihr Rechner von Viren befallen, merken Sie dies häufig nicht sofort. Seltsame Fehlermeldungen oder nicht korrekt laufende Programme können erste Anzeichen für eine Virusinfektion sein.

Um sich wirksam gegen Viren zu schützen, ist ein Virenscanner ein nützliches Hilfsmittel. Ein Virenscanner durchsucht das System nach Viren und meldet dem Benutzer, wenn er auf Viren gestoßen ist. Bekannte Virenscanner sind beispielsweise der McAfee-Virenscanner und der Norton AntiVirus. Wichtig ist, dass Sie den Virenscanner regelmäßig aktualisieren, sodass auch neu auftretende Viren erkannt werden können.

Ebenfalls sollten Sie im Zusammenhang mit Viren bedenken, dass diese erst aktiviert werden, wenn Sie beispielsweise mit Viren infizierte Programme ausführen lassen. Wenn Sie nur im Internet surfen und sich Seiten anzeigen lassen, besteht keine Virengefahr. Vor einem Download von Programmen aus dem Internet sollten Sie allerdings am besten die entsprechenden Dateien durch einen Virenscanner auf Viren überprüfen lassen.

Achtung, Datenklau!

Ein publikumswirksames Thema der Medien ist die »Sicherheit im Internet«, von der wir Ihnen abschließend berichten möchten. Von **Datendieben** ist da die Rede; von **Hackern**, die in Pentagon-Computern ihr Unwesen treiben; Dateien von der Festplatte des Rechners sollen kopiert und sogar Bankkontos geplündert worden sein.

Wenngleich diese Dinge bedenkliche Einzelfälle sind, macht sich Panik breit: Viele Anwender vertrauen der Internet-Technologie nicht mehr. Wahr ist zweifelsfrei, dass nur ein autarker, also nicht im Internet betriebener Rechner wirklich vor Eindringlingen sicher ist. Wahr ist aber auch, dass zum einen Übergriffe sehr selten sind, und zum zweiten Sicherheitsmechanismen möglichen Datenklau zunehmend unterbinden. Diese Sicherheitsmaßnahmen werden ständig weiterentwickelt und verbessert.

Wenn Sie sich im Internet aufhalten und mit Ihrem Browser Online-Angebote besuchen, sollten Sie eine gewisse naturgegebene Vorsicht walten lassen. Ähnlich wie Sie Ihre Kreditkartennummer auch im »realen« Leben nicht überall verbreiten, sollten Sie dies auch nicht im Internet tun.

Als ideale Schutzmaßnahme gegen den unbefugten Zugriff empfiehlt sich die Installation einer Firewall. Eine solche »Feuerwand« (so die wörtliche Übersetzung des englischen Begriffs) schützt Ihren Computer zuverlässig gegen Eindringlinge. Einer der weltweiten Marktführer ist das sehr empfehlenswerte Programm »Sygate Personal Firewall«.

Kleine Erfolgskontrolle

Schwerpunkt: Internet und Online

1. Welche drei Grundvoraussetzungen sind an einen online-tauglichen Rechner zu stellen?

2. Was ist ein »Modem«, und aus welchen Begriffen setzt sich dieses Kunstwort zusammen? An welcher PC-Schnittstelle wird ein Modem standardmäßig betrieben?

3. Was ist ein »ISDN-Adapter«, und worin unterscheidet er sich vom Modem? Welche Übertragungsleistungen sind mit ISDN-Adaptern maximal möglich?

4. Wofür steht die Abkürzung »ADSL«?

5. Was ist ein »Online-Dienst«? Kennen Sie den englischen Ausdruck dafür? Nennen Sie einige Ihnen bekannte Online-Dienste.

6. Wofür wird ein »Übertragungsprotokoll« benötigt?

7. Wofür stehen die Buchstaben »TCP/IP« und was verbirgt sich hinter ihnen?

8. Was ist ein »Browser«, und von welchem englischen Begriff leitet sich diese Bezeichnung ab?

Was bringt Ihnen dieses Kapitel?

Warum Ihr Computer »PC« heißt, verraten wir Ihnen in diesem Kapitel. Wir stellen Ihnen vor, warum das Konzept der individuellen Erweiterbarkeit revolutionär ist. Wie Sie Ihren PC um spezielle Funktionen erweitern können, zeigen wir Ihnen ebenfalls. Sie lernen, was eine Soundkarte ist, wie Sie Fotos und Texte in Ihren PC einlesen können und was ein A/D-Wandler ist.

<u>**Das können Sie schon:**</u>

<u>**Das lernen Sie neu:**</u>

Ihr individueller PC

Experten sind sich einig: Nicht die technische Überlegenheit ist das Erfolgsrezept des Personalcomputers.

Seinerzeit einzigartig, und mittlerweile von zahlreichen Computerherstellern kopiert, war das Konzept der **persönlichen Erweiterbarkeit**. Jeder Anwender sollte imstande sein, die Hard- und Software seines Computers nach Bedarf zusammenzustellen und zu langsam gewordene Bauelemente durch neue, leistungsfähigere Komponenten auszutauschen.

Diese Fähigkeit, sich seinem Anwender anzupassen, verlieh dem PC letztlich seinen Namen.

So konnten die ersten PCs nur grünen Text auf schwarzem Hintergrund abbilden. Benötigte der Benutzer Farbgrafik, konnte er ein entsprechendes Zubehör erwerben. Zu knapp gewordene Datenträger, zum Beispiel Festplatten, können problemlos durch größere Massenmedien ersetzt werden.

Farbgrafik und große Festplatten sind heute Serienausstattung, dennoch können Sie über »Erweiterungskarten« weitere Funktionen nachrüsten, über die Ihr PC nicht verfügt.

WAS IST DAS

Mit einer **Erweiterungskarte** (Erweiterungsadapter) können einem PC zusätzliche Funktionen verliehen werden, über die er nicht standardmäßig verfügt.

Eine solche Erweiterungskarte besteht aus einer Elektronikplatine, die mit zahlreichen Bausteinen bestückt ist. Ihre Rückseite führt Anschlüsse an die Gehäuserückwand des Computers.

Über eine Kontaktleiste wird die Erweiterungskarte in einen Steckplatz der Hauptplatine eingeführt und dadurch direkt mit dem Bussystem verbunden.

Die Erweiterungskarte wird in einen **Steckplatz** (engl. Slot) der Hauptplatine eingeführt. Er verbindet die Karte mit dem PC-Bussystem.

Mit welchen Funktionen nun können Sie Ihren PC aufrüsten, sprich: welche Erweiterungskarten sind erhältlich? Wir stellen Ihnen die wichtigsten dieser Karten in diesem Kapitel vor. Sicher finden Sie in der folgenden Auflistung auch eine oder mehrere Erweiterungskarten, die Sie in Zukunft in Ihren PC einbauen möchten.

Interrupt & Co.

Stellen Sie sich vor, Sie betreiben drei oder vier Erweiterungskarten in Ihrem PC: Die erste sorgt für eine Musikuntermalung während Computerspielen, die zweite verbindet Ihren PC mit einem lokalen Netzwerk, und an der dritten betreiben Sie hobbymäßig eine Wetterstation.

Damit die unterschiedlichen Erweiterungskarten in Ihrem PC problemlos zusammenarbeiten, müssen jeder Karte **drei technische Parameter** zugewiesen werden. Diese Parameter sind zunächst unabhängig von der Art und Funktion der Karte, sondern dienen nur der PC-internen Verständigung mit der Karte:

Basisadresse

Vergleichbar mit Ihrer Postanschrift ist die Basisadresse (englisch »I/O-Port«) der Karte. Wenn der Prozessor nun auf die Erweiterungskarte zugreift, nutzt er dazu die Basisadresse. Natürlich darf jeder Basisadresse nur exakt eine Karte zugeordnet werden, um Konflikte auszuschließen.

Basisadressen werden meist hexadezimal notiert, zum Beispiel »330h« oder »220h«, wobei das kleine »h« auf eine hexadezimale Zahl hinweist.

Unterbrechungsaufforderung

Stellen Sie sich vor, Sie erfassen mit Ihrem Beispiel-System gerade aktuelle Wetterdaten. Die Musik-Erweiterungskarte wird während dieser Zeit nicht benutzt.

Der Prozessor greift niemals auf die installierten Erweiterungskarten gleichzeitig zu und spart damit Rechenzeit. Vielmehr fängt er Daten von Karten auf, wenn diese gerade benötigt werden. Die Erweiterungskarte »fragt« gewissermaßen beim Prozessor nach, ob dieser Daten verarbeiten kann: Sie sendet eine Unterbrechungsaufforderung (engl. »Interrupt Request«, Abkürzung »IRQ«), die den Prozessor veranlasst, bereitstehende Daten der Erweiterungskarte zu verarbeiten.

Interrupts dürfen nur in Ausnahmefällen mehrfach belegt werden; im Allgemeinen wird je Erweiterungskarte ein Interrupt benötigt.

Direkter Speicherzugriff

In vielen Fällen ist es sinnvoll, dass Erweiterungskarten Daten direkt in den Hauptspeicher laden können, ohne dass der Prozessor kontrollierend eingreift.

Scanner beispielsweise, die Fotografien in den Speicher einlesen, steigern dadurch ihre Arbeitsgeschwindigkeit erheblich.

Der dritte Parameter ist daher der »direkte Speicherzugriff« (engl. »Direct Memory Access«, Abkürzung »DMA«), der den Kanal angibt, auf dem die Daten von der Erweiterungskarte direkt in den Speicher verschoben werden.

Plug&Play

Noch vor wenigen Jahren, in seltenen Fällen auch noch heute, mussten die Basisadresse, die Unterbrechungsaufforderung und der direkte Speicherzugriff vom Anwender manuell eingestellt werden. Hierzu dienten kleine Steckbrücken (engl. »Jumper«), mit denen die Parameter verändert werden konnten.

Dieses Verfahren war umständlich und setzte vom Anwender technisches Wissen voraus. Im Zeitalter des von Microsoft ins Leben gerufenen »Plug&Play« entfällt diese Konfigurationsarbeit.

Plug&Play-Erweiterungskarten konfigurieren sich selbstständig. Sie weisen sich nach dem Einbau freie Parameter zu und vermeiden damit anwenderbedingte Konflikte.

Der folgende Workshop zeigt Ihnen, wie Sie die bereits belegten Parameter für die Unterbrechungsaufforderung, die Basisadresse sowie den direkten Speicherzugriff unter Windows XP auslesen können.

System

1 Klicken Sie auf die Start-Schaltfläche und wählen Sie System-steuerung/System.

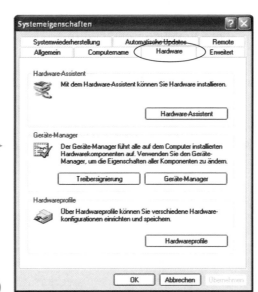

2 Das Fenster Systemeigenschaften wird geöffnet. Aktivieren Sie die Registerkarte Hardware, auf der Sie die Schaltfläche Geräte-Manager anklicken.

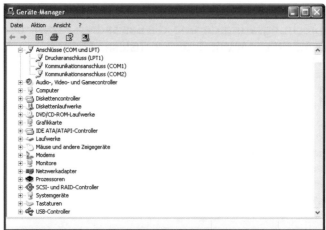

3 Im Geräte-Manager sind die installierten Erweiterungs-karten – eingeteilt in Kategorien – aufgeführt.

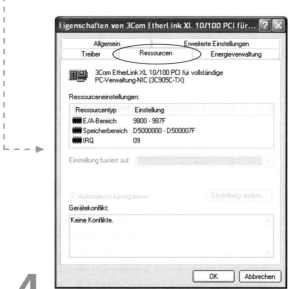

4 Klicken Sie doppelt auf einen der Einträ-ge. Es öffnet sich ein Fenster, in dem Sie unter anderem die Registerkarte RESSOURCEN aufrufen können.

Ressourceneinstellungen:	
Ressourcentyp	Einstellung
E/A-Bereich	9800 - 987F
Speicherbereich	D5000000 - D500007F
IRQ	09

5 Auf dieser Registerkarte können Sie sich in der Liste Ressourceneinstellungen die Speicherbereiche, IRQs, DMA und E/A-Bereiche (Ein-/Ausgabe-Bereiche) anzeigen lassen.

Kartentreiber

Ähnlich wie die Maus, der Drucker und die Grafikkarte benötigt jede Erweiterungskarte einen speziellen **Kartentreiber**. Dieser Treiber kommuniziert mit der Karte; er muss daher die Werte für IRQ, DMA und Basisadresse kennen.

Plug&Play-Systeme kennen eine Vielzahl von Treibern für neuere Erweiterungskarten und binden diese direkt nach dem Einbau und dem ersten Einschalten des PCs ein. Auch nach der **Hardware-Erkennung**, die wir Ihnen bereits weiter vorne in diesem Buch vorgestellt haben, binden Windows 98, Windows Me und Windows XP einen passenden Treiber ein.

HINWEIS

Ohne einen geeigneten Treiber arbeitet eine Erweiterungskarte nicht, auch wenn die Werte für DMA, IRQ und Basisadresse korrekt eingestellt wurden!

Im folgenden Workshop zeigen wir Ihnen, wie Sie unter Windows XP herausfinden können, mit welchen Hardware-Parametern und Treibern eine Erweiterungskarte arbeitet.

System

1 Klicken Sie auf die START-Schaltfläche und wählen Sie SYSTEMSTEUERUNG/SYSTEM.

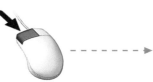

2 Das Fenster Systemeigenschaften wird geöffnet. Klicken Sie auf die Registerkarte Hardware und anschließend auf die Schaltfläche Geräte-Manager, in dem die installierten Erweiterungskarten - sortiert nach Kategorien – aufgeführt sind.

3 Wählen Sie nun die Kategorie, in der sich die gewünschte Erweiterungskarte eingliedern lässt. Wenn Sie beispielsweise Ihre Grafikkarte überprüfen möchten, klicken Sie doppelt auf Grafikkarte.

4 Alle Geräte dieser Kategorie werden nun aufgeführt. Klicken Sie doppelt auf die gewünschte Erweiterungskarte, beispielsweise die Grafikkarte.

5 Die Registerkarte ALLGEMEIN enthält einige allgemeine Angaben zur Karte, zum Beispiel die Information »Dieses Gerät ist betriebsbereit«. Hier finden Sie auch eine detaillierte Fehlerangabe, wenn die Erweiterungskarte nicht funktioniert.

6 Aktivieren Sie die Registerkarte TREIBER. Der installierte Treiber wird nun mit dazugehörigen Daten aufgeführt.

225

Soundkarten

Die Zeiten, in denen sich ein PC höchstens beim Einschalten und vielleicht beim Auftreten eines Fehlers via internem Lautsprecher bemerkbar macht, sind vorbei.

Der Trend zu **multimedialen Anwendungen** und Betriebssystemen fordert neben ausreichender Prozessorleistung vor allem eins: »Sound«. Dieses englische Wort umschreibt das, was der Mensch als Klang in Form von Musik, Tönen und Geräuschen wahrnimmt.

Der immer noch in jedem PC vorhandene Lautsprecher liefert selbstverständlich keinen Sound in vom Benutzer gewünschter Qualität. Eine »Soundkarte« als Erweiterungsadapter erweitert daher Ihren PC um die entsprechenden Möglichkeiten und ist oft die erste Erweiterungskarte, die sich viele Anwender kaufen.

Jedes Computerspiel unterstützt gleich ein Dutzend diverser Soundkarten; ein Indiz für offensichtlich sehr unterschiedliche Techniken, die zur Generierung von Geräuschen und Musik verwendet werden. Die Klangqualität neuerer Spiele ist beachtlich: **Realistische Effekte**, untermalt von Musik in CD-Qualität mit Dolby-Surround-Raumklang stellt keine großen Anforderungen mehr an die Technik. Interaktive Kinoatmosphäre kann sich mittlerweile jeder leisten.

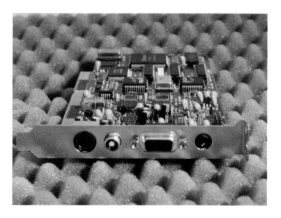

Dennoch bestehen große Unterschiede in der Ausstattung des Soundadapters, den technischen Möglichkeiten – und natürlich im Preis. Während für PC-Spiele eine einfache und preiswerte Soundkarte völlig ausreicht, müssen Sie für Multimedia-Anwendungen oder die semiprofessionelle Klangbearbeitung deutlich tiefer in die Tasche greifen.

Optische Scanner

Ein »Scanner« dient dem Einlesen von grafischen Vorlagen. Eine empfindliche und präzise Optik tastet – ähnlich einem Fotokopierer – eine Vorlage, z.B. aus einem Buch oder einer Zeitschrift, ab und liefert die erhaltenen Bildinformationen an den PC.

Über eine entsprechende Software kann die eingelesene Grafik auf Festplatte gespeichert und gedruckt werden. Leistungsfähige Grafikapplikationen wie CorelDRAW oder der Micrografx Designer ermöglichen die komfortable Bildbearbeitung; Effekte wie Verzerrungen und Spiegelungen sind ebenso möglich wie das Vergrößern und Verkleinern oder das Abschneiden nicht benötigter Bildteile.

Ein zweites Anwendungsfeld eines Scanners ist die computergesteuerte Zeichenerkennung, die häufig auch als OCR (Optical Character Recognition) bezeichnet wird.

Komplette Textseiten, z.B. eines Buches oder einer Zeitung, können zunächst wie eine Grafik eingescannt werden. Spezielle Programme erkennen über einen **trainierbaren Algorithmus** die Zeichen und wandeln sie in ein Textdokument um, das Sie anschließend beispielsweise mit der Textverarbeitung Word unter Windows bearbeiten können.

Die Vorlage, dessen Text erkannt werden soll, muss sauber und klar lesbar sein, damit Flecken nicht zu Fehlerkennungen führen. Eine weitere Voraussetzung ist, dass die Buchstaben und Ziffern maschinengeschrieben sind; die Erkennung von Handschriften ist im Rahmen der PC-Technik bislang nicht möglich.

Digitale Videobearbeitung

Mit einem gut ausgestatteten PC können Sie Ihre Heimvideos auch nachbearbeiten, vertonen und mit Überblendeffekten und Text-Titeln versehen. Eine »Firewire«-Schnittstelle wird bei einigen Rechnern bereits standardmäßig mitgeliefert und ist ansonsten über ein Nachrüst-Set problemlos installierbar. An diese Schnittstelle wird ein digitaler Camcorder angeschlossen, dessen Daten dann auf die PC-Festplatte überspielt und hier bearbeitet werden können.

Netzwerk-Karten

Wenn Sie Ihren PC in Ihrem Büro nutzen, werden Sie diesen möglicherweise an ein bestehendes lokales Netzwerk ankoppeln wollen. Eine »Netzwerk-Karte« bindet Ihren PC an das Netzwerk an.

Aus Ihrem PC führt dann ein Anschluss hinaus, an den das Netzwerkkabel angeschlossen wird und damit die Verbindung zum Netzwerk hergestellt wird.

Ein kleines Netzwerk können Sie zwar unter Windows XP in wenigen Minuten einrichten. Weil es aber zahlreiche Fehlerquellen geben kann, sollten Sie sich mit einem zusätzlichen Buch in das Thema einarbeiten, z. B. mit M+T Easy Netzwerke. Nach der Installation können Sie beispielsweise gemeinsam Daten und den Drucker benutzen, und unter Windows XP auch über einen Modem- oder ISDN-Anschluss gleichzeitig im Internet surfen.

A/D-Wandler-Karten

Abschließend möchten wir Ihnen eine Universalkarte vorstellen, die in ihrem Funktionsumfang kaum Wünsche offen lässt. In Wissenschaft und Technik werden »Analog/Digital-Wandler-Erweiterungskarten« sehr häufig verwendet.

Die zu Grunde liegende Technik kennen Sie bereits aus dem einführenden Abschnitt dieses Buchs, in dem wir Ihnen den Unterschied zwischen analogen und digitalen Signalen erläutert haben. Dort wurden analoge Signale – Klänge – in Digitalinformationen übersetzt, die als Bits gespeichert werden können. Auch in anderen Bereichen werden A/D-Wandler, meist unbemerkt vom Benutzer, verwendet. Ein **Modem** ist ein weiteres Beispiel für ein Gerät, bei dem analoge in digitale Signale umgesetzt werden müssen.

Das Anwendungsspektrum von A/D-Wandler-Karten ist außerordentlich breit gestreut. Einige Beispiele zeigen in der Praxis häufig verwendete Anwendungsfelder:

- Spannungs- und Strommessung. Ein A/D-Wandler kann zur Ermittlung einer Spannung und eines Stroms dienen. Über diese Funktion lassen sich leistungsfähige Messgeräte entwickeln.

- Bestimmung der chemischen Leitfähigkeit. Ein weiteres Anwendungsgebiet für A/D-Wandler ist die Ermittlung der chemischen Leitfähigkeit, die beispielsweise Auskunft über die Belastung eines Industrieabwassers gibt.

- Drehzahlmessung. In der Kraftfahrzeugmechanik werden Stroboskopblitze zur Ermittlung der Drehzahl eines Motors verwendet.

- Bestimmung von Wetterdaten. Auch bei der Bestimmung von Windgeschwindigkeit, Niederschlagsmenge und Temperatur fallen Analogsignale an, die durch einen A/D-Wandler in Digitalinformationen übersetzt werden und erst dann in einer Wetteranalyse verwendet werden können.

10 Software

Was bringt Ihnen dieses Kapitel?

Unsere gemeinsame Reise durch die PC-Welt schließen wir mit einem Kapitel über Software. Wir erläutern Ihnen die unterschiedlichen Gattungen und die Unterschiede zwischen einzelnen Programmen.

Sie lernen, warum Software verschenkt wird oder auch sehr teuer sein kann. Wir zeigen Ihnen wichtige Standard-Applikationen, zum Beispiel Programme zum Erfassen von Texten oder Erstellen von Grafiken.

Das können Sie schon:

Das lernen Sie neu:

Nichts geht ohne Software!

Der leistungsstärkste und modernste PC hilft Ihnen kaum bei Ihrer täglichen Arbeit, wenn er nicht mit der entsprechenden Software ausgestattet ist.

Einige Software haben Sie bereits während des Studiums der letzten Kapitel kennen gelernt: Windows XP, das WordPad, Word für Windows und den Explorer.

Unter **Anwendungssoftware** versteht man jene Software, die Sie bei Ihrer Arbeit unterstützt. In diesem Kapitel möchten wir Ihnen die wichtigsten Genres vorstellen und Ihnen damit einen Überblick über aktuelle Programme geben.

Standardsoftware

Standardsoftware sind Programme, die Sie im Fachhandel oder Kaufhaus erstehen können. Sie ist vergleichsweise preiswert, aber nicht an Ihre individuellen Bedürfnisse angepasst.

Standardsoftware wird für grundlegende und von den meisten Anwendern benötigte Funktionen verwendet. **Textverarbeitungen** gehören ebenso zur Standardsoftware wie **Grafikprogramme**, **Tabellenkalkulationen** und **Datenbankprogramme**.

Horizontale Software

Standardsoftware, die branchenspezifisch und damit im Anwendungsfeld begrenzt ist, heißt »horizontale Software«. Typische Vertreter dieses Genres sind **Buchhaltungs- und Rechnungssoftware**.

Vertikale Software

Software, die umfassende Funktionen für eine Branche bietet, wird meist von kleineren Spezialbetrieben programmiert. »Vertikale Software« ist stets sehr teuer und kann bei Bedarf an **eigene Bedürfnisse** angepasst werden.

Typische PC-Anwender, die vertikale Software einsetzen, sind Ärzte, Rechtanwälte oder Versicherungsmakler.

Individualsoftware

Wenn Sie im Bereich der bisher vorgestellten Softwaregenres für eine spezielle Aufgabenstellung nicht fündig werden, können Sie sich Software von einem Programmierer erstellen lassen.

Diese **Individualsoftware** ist exakt auf Ihre Anforderungen abgestimmt und kann bei Bedarf jederzeit verändert werden. Natürlich ist Individualsoftware sehr teuer; für einzelne Programme können Summen jenseits 100.000 Euro bezahlt werden.

Software-Pakete

Komplette Software-Pakete umfassen zahlreiche einzelne Applikationen, die sich in deren Funktionen ergänzen. Das bekannteste Beispiel ist vermutlich »Microsoft Office«, das Textverarbeitungssoftware, ein Datenbankprogramm, eine Tabellenkalkulation und eine Präsentationssoftware umfasst. In der aktuellen Version »Microsoft Office XP« kann dieses Software-Paket direkt Kontakt zum Internet aufnehmen. Auch der deutsche Software-Hersteller »Star Divison« (der inzwischen zu Sun gehört) hat mit seinem »Star Office« ein vergleichbares Produkt im Programm.

Oft ist der **Datenaustausch** zwischen den einzelnen Modulen normiert, sodass beispielsweise Adressen aus einer Datenbank sehr komfortabel auch in die Textverarbeitung übernommen werden können.

Addiert man die Einzelpreise der enthaltenen Komponenten zusammen, ergibt sich eine erhebliche Kostenersparnis. Office-Pakete sind oft die Grundlage für eine

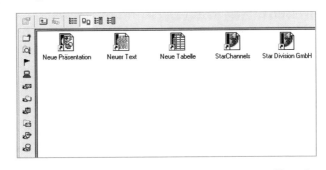

sinnvolle Arbeit im Alltag, weil Textverarbeitung, Datenbankzugriff und Tabellenkalkulation von den meisten PC-Anwendern benötigt werden.

Light-Versionen

Light-Versionen sind Softwareprodukte, deren **Funktionsumfang** reduziert wurde. Wenn Sie nur wenig mit Tabellenkalkulationen arbeiten und nur Basisfunktionen zum Berechnen einer Tabelle benötigen, können Sie nach einer Light-Ausführung fragen. Light-Software ist deutlich preiswerter, und wenn Sie später die normale Version (das sogenannte »Vollprodukt«) erwerben möchten, müssen Sie meist lediglich die Preisdifferenz entrichten.

Bundling-Software

Wenn Sie Hardware oder ein neues Computersystem kaufen, befindet sich in der Verpackung oft **Bundling-Software**. Diese Programme liefert der Hersteller der Hardware zusätzlich zum Bauteil oder PC-System; zu diesem Zweck hat er mit dem Software-Hersteller einen speziellen Vertrag geschlossen. Häufig werden derartige Programme auch als OEM-Versionen bezeichnet.

Shareware, Public Domain und Freeware

Interessant ist eine weitere Software-Gattung, zu der Shareware-, Freeware- und Public-Domain-Produkte zählen.

Diese Software ist zunächst **völlig gratis**. Sie erhalten diese Programme beispielsweise über das Internet, von Freunden, im Kaufhaus oder von diversen CD-ROMs auf Zeitschriften. Freeware und Public Domain ist vollkommen gebührenfrei und kann uneingeschränkt von Ihnen verwendet werden. Der Unterschied zwischen beiden Gattungen ist, dass bei Freeware der Autor des Programms das Copyright daran weiterhin für sich beansprucht, während bei Public-Domain-Programmen der Autor auf sämtliche Urheberrechte verzichtet.

Shareware ist im Funktionsumfang oft reduziert oder nur eine bestimmte Zeitspanne (in der Regel 30 Tage) lauffähig. Gefällt Ihnen das Programm, können Sie es nach der Testphase beim Autor gegen eine Gebühr registrieren lassen. Sollte Ihnen das Programm nach der Testphase nicht zusagen, müssen Sie es von der Festplatte entfernen.

Textverarbeitungen

Die vermutlich am häufigsten anzutreffende Software eines jeden Computers ist die »Textverarbeitung«. Mit ihrer Hilfe können Sie Texte erfassen, nachträglich manipulieren, formatieren, speichern und ausdrucken.

Moderne Textverarbeitungssoftware bietet sehr leistungsfähige Funktionen. So lassen sich komplette Bücher (zum Beispiel dieses) mit ihnen erstellen. **Seitennummerierungen** sind ebenso möglich wie **Kopf- und Fußzeilen**, die Erstellung von **Serienbriefen**, **Index-** und **Inhaltsverzeichnissen** und die automatische Kontrolle der **Rechtschreibung** und sogar **Grammatik**.

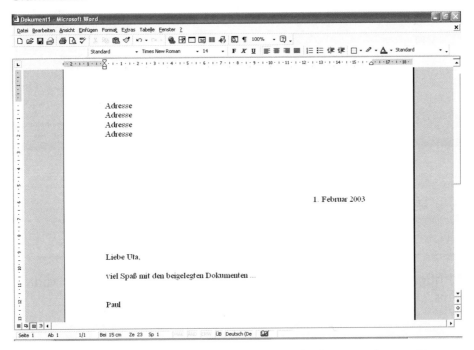

Im Lieferumfang der meisten Betriebssysteme befindet sich eine die Grundfunktionen umfassende Textverarbeitung. Fortgeschrittene Funktionen dürfen Sie meistens jedoch nicht von ihnen erwarten.

Wichtige Textverarbeitungssoftware sind Word von Microsoft, der StarOffice Writer von Sun (früher von Star Division) und Lotus Word Pro von Lotus.

Tabellenkalkulationen

Der Bildschirm von Tabellenkalkulationen ist in Zeilen und Spalten aufgeteilt. In die sich ergebenden Zellen können Sie Zahlen eintragen und die Zellen durch **Rechenoperationen** miteinander verbinden.

Auf diese Weise können Sie **Rechnungen** erstellen, **Finanzplanungen** mit **Soll-Ist-Analysen** berechnen, **Zinserträge** kalkulieren und **Zahlenmaterial** in Diagrammen optisch ansprechend darstellen.

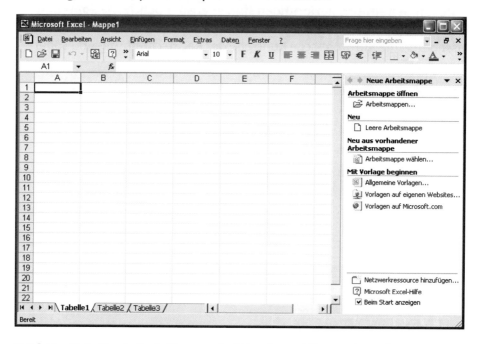

Wichtige Tabellenkalkulationen sind Excel von Microsoft und 1-2-3 von Lotus.

Datenbanksoftware

Datenbanken verwalten **Adressen**, **Termine**, **Kundendaten**, **Liefertermine** und **Artikeldaten**, aber auch **Briefmarkensammlungen** oder andere private Daten. Durch leistungsfähige **Suchmechanismen** können Sie im Datenbestand nach bestimmten Werten fahnden oder sich sortierte Listen nach Suchkriterien erstellen lassen.

In einer so genannten »Maske« können Sie ein Formular definieren, in das die späteren Daten eingegeben werden. In den einzelnen Feldern der Maske können auch Rechenoperationen durchgeführt werden. Ist beispielsweise eine Mindest-Bestellsumme oder ein Mindest-Lagerbestand unterschritten, meldet dies das Datenbankprogramm auf Wunsch.

Wichtige Datenbankprogramme sind beispielsweise Microsoft Access oder Oracle.

Grafikprogramme

Mit Grafiksoftware können Sie **Farbgrafiken zeichnen** und mit weiteren Elementen wie Text kombinieren. Virtuelle Zeichenwerkzeuge wie Pinsel, Radiergummi und Bleistift, eine Airbrush-Sprühpistole und Füllfunktionen stehen zur Verfügung.

Viele Grafikprogramme enthalten eine Clipart-Bibliothek mit einigen tausend fertigen Bildern und Grafiken. Auf diese Weise können Sie komfortabel Einladungen oder Briefköpfe designen.

Mit Grafiksoftware lassen sich außerdem Fotos, die Sie mit einem Scanner in Ihren PC eingelesen haben, nachbearbeiten. Sie können den Kontrast und die Helligkeit verändern, Bildteile entfernen oder sogar manipulieren.

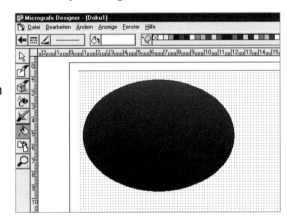

Verbreitete Grafikprogramme sind CorelDRAW, Paint Shop Pro und Adobe Photoshop.

Kleine Erfolgskontrolle

Schwerpunkt: Software

1. Nennen Sie mindestens zwei Programme, die sich im Lieferumfang von Windows XP befinden und die wir Ihnen in den vorangegangenen Kapiteln dieses Buchs präsentiert haben.

2. Warum ist »Standardsoftware« sehr preiswert?

3. Was versteht man unter »Bundling-Software«?

4. Was ist »Individualsoftware« und welche charakteristischen Merkmale zeichnet diese Softwaregattung aus?

5. Was ist der Unterschied zwischen Public Domain und Shareware? Was ist in diesem Zusammenhang eine »Registrierung«?

6. Was sind »Light«-Versionen und was versteht man unter einem »Vollprodukt«?

7. Nennen Sie zwei verbreitete Textverarbeitungsprogramme.

8. Nennen Sie drei wichtige Aufgabenbereiche, für die eine Datenbank-
   software sinnvoll ist.

9. Sie möchten Ihre quartalsmäßigen Umsatzstatistiken grafisch aufbe-
   reitet dem Aufsichtsrat präsentieren. Welche Softwaregattung eignet
   sich hierfür?

10. Was ist ein »Office«-Paket? Nennen Sie zwei wichtige Produkte.

Was bringt Ihnen dieses Kapitel?

Ein Glossar nennt Ihnen wichtige Fachbegriffe der Computerwelt.
Im Anschluss daran finden Sie die Lösungen zu den Erfolgskontrollen, gefolgt von einigen Tabellen mit Daten, die Sie in Ihrer täglichen Computerpraxis häufig verwenden werden.

Glossar wichtiger Fachbegriffe

Ob Sie in einem PC-Prospekt blättern, Fachzeitschriften oder fortgeschrittene Fachliteratur lesen, in Ihrem System herumstöbern oder in
der Online-Hilfe Rat suchen: die Computerbranche ist bekannt für eine
Vielzahl von Abkürzungen und aus dem Englischen stammenden Fach-
vokabular.

Die am häufigsten auftauchenden Begriffe und Abkürzungen erläutern
wir Ihnen auf den folgenden Seiten. Leider kommen auch wir nicht
umhin, in den Erklärungen Fachwörter zu verwenden, die aber stets mit
einem Verweispfeil → versehen und ebenfalls in diesem Glossar erläutert werden.

1st-Level-Cache

Der *First-Level-Cache* ist der im Prozessor integrierte → Cache-Speicher,
der in einigen 486 und in allen Pentium-Chips vorzufinden ist. Er beschleunigt mit einer Größe von 8 KB, 16 KB oder 32 KB die Arbeit des
Prozessors.

2nd-Level-Cache

Der *Second-Level-Cache* ist auf dem → Motherboard angebracht. Er dient
als eigentlicher Cache-Speicher zwischen normalem Hauptspeicher und
Prozessor. Seine Größe reicht von 64 KB bis zu 1 Mbyte.

ADSL

Kurz für »Asymmetric Digital Subscriber Line«, eine neue Technik, die
den Internet-Zugang mit sehr hohen Geschwindigkeiten ermöglicht. Das
ADSL-Angebot der deutschen Telekom heißt »T-DSL«.

Advanced Power Management

Das APM ist eine im BIOS implementierte Stromsparfunktion, die die
Steuerung der Hardware (Festplatten und Monitor) übernimmt. Hardware, die diesen Standard unterstützt, kann meist in verschiedene
Stromsparmodi geschaltet werden (z.B. Standby oder komplette Ab-
schaltung).

AGP

Kurz für »Advanced Graphics Port«. Moderne Grafikkarten nutzen dieses System, um sehr schnell Grafiken verarbeiten zu können

Aliasing

Werden Bilder bei der Digitalisierung mit zu geringer Abtastrate (Auflösung) verarbeitet, so kann es zu Verfremdungen durch Kantenbildung kommen.

Analog

Im Gegensatz zur digitalen Datenverarbeitung sind hier nicht nur die Zustände Null und Eins möglich, sondern eine Reihe von Zwischenabstufungen. Analoge Signale sind in der Regel nicht so exakt wie digitale, können aber mehr Informationen aufnehmen. Telefongespräche werden (außer bei → ISDN) analog übertragen. Computer arbeiten intern mit digitalen Daten.

ANSI-Code

Abkürzung für *American National Standards Institute*. Der ANSI-Code bezeichnet eine Reihe von Bildschirmsteuerbefehlen und ist vor allem bei der Datenübertragung mit einem Terminal-Programm wichtig.

Anti-Aliasing

Durch diese Technik wird die Verfremdung von Bildern durch Aliasing (glätten) der entstandenen scharfen Kanten gemindert (→ Aliasing).

API

Abkürzung für *Application Programming Interface*. Die API ist eine genormte Schnittstelle, über die der Programmierer direkt die Funktionen des Betriebssystems nutzen kann (zum Beispiel von Windows).

ASCII-Code

Abkürzung für *American Standard Code for Information Interchange*. Zeichencode auf 7-Bit-Basis. Der ASCII-Code wird praktisch von jedem PC verwendet. Häufig wird heute der auf 8 Bit erweiterte Code benutzt. So sind neben den Standardzeichen auch Sonderzeichen und landes-spezifische Zeichen ergänzt worden. Insgesamt sind dadurch 256 Zeichen nutzbar (statt 127 beim 7-Bit-Code).

ASPI

Abkürzung für *Advanced SCSI Programming Interface*. Erweiterte Treiber-Schnittstelle zur Nutzung des SCSI-Controllers.

Asynchron

Bei der asynchronen Datenübertragung wechseln sich Sender und Empfänger mit der Übertragung ab. Der Empfänger bestätigt jeweils nach dem Erhalt der Daten den korrekten Empfang, während der Sender dieses Signal abwartet und erst dann die nächsten Daten sendet (→ Synchron).

ATAPI-Standard

Abkürzung für *Advanced Technology Attachment Packet Interface*. Der ATAPI bezeichnet einen Standard, nach dem an einem → E-IDE-Controller neben Festplatten auch andere Geräte, z.B. CD-ROM-Laufwerke und Streamerlaufwerke, betrieben werden können.

AT-BUS

Abkürzung für *Advanced Technology Bus*. Andere Bezeichnung für das → IDE-Bussystem.

Autopark-Funktion

Moderne Festplatten »parken« ihre Schreib- und Leseköpfe beim Ab-schalten des Rechners automatisch am Rand der Platte, sodass bei einem gefürchteten Headcrash keine Datenspuren beschädigt werden können. Ältere Festplatten mussten noch manuell in diese Parkposition versetzt werden.

AV-optimiert

Abkürzung für *Audio-Video optimierte* Festplatten. Gerade beim Abspielen von Audio- oder Videosequenzen mit dem Computer kommt es bei herkömmlichen Festplatten hin und wieder zu kleinen Aussetzern. AV-optimierte Festplatten sind so ausgerüstet, dass sie einen kontinuierlichen Datenstrom ohne Unterbrechung liefern können.

Bad Clusters

Physikalisch fehlerhafte Sektoren auf einer Festplatte werden in einer Liste als Bad Clusters markiert, sodass diese Teile nicht mehr vom Betriebssystem genutzt werden können.

Bandbreite

Gibt die Frequenzbreite eines Datenübertragungsweges (in der Regel der Telefonleitung) an. Eine hohe Bandbreite ermöglicht die gleichzeitige Übertragung von mehreren Signalen. Glasfaserkabel sind mit etwa 600 Mbit/s die derzeit leistungsfähigsten Übertragungswege.

Bank

Eine Bank ist eine Reihe von Speicherbausteinen, die über eine Datenleitung angesprochen wird. Für die Erweiterung des Speichers gilt, dass jeweils eine Bank komplett gefüllt sein muss. Früher waren Speicherbänke mit insgesamt minimal 4 Mbyte üblich; heute sind Schritte von 32, 64 oder 128 Mbyte nötig.

Bank switching

Für diese einfache Form der Speicherverwaltung wird der Speicher in Speicherbänke aufgeteilt, die getrennt voneinander verwaltet werden.

Basic Input Output System

Das BIOS stellt die grundlegenden Ein- und Ausgabefunktionen eines Computers zur Verfügung. Es steht sofort nach dem Einschalten des PC bereit und sorgt für eine Zusammenarbeit mit dem nachgelagerten Betriebssystem. Zur Initialisierung wird das CMOS-RAM ausgewertet.

Baudrate

Die Baudrate bezeichnet die physikalische Schrittgeschwindigkeit, die nicht mit der Datentransferrate verwechselt werden darf. Ein Modem mit einer Geschwindigkeit von 28.800 Bit/s arbeitet mit nur 2.400 bis 3.400 Baud. Einen wesentlich höheren Wert kann man in der Praxis auf einer analogen Telefonleitung nicht erreichen.

Beep-Code

Englisch für »Piepscode«. Da bei einem Selbsttest, z.B. des → Motherboards, auch Fehler auftreten können, die eine Bildschirmausgabe unmöglich machen, wird das Testergebnis über den internen PC-Lautsprecher ausgegeben. Anhand der Länge und Anzahl der einzelnen Töne kann der Fehler derart genau identifiziert werden.

Benchmark

Verfahren, das in einem Laufzeittest einen Vergleichswert zur Leistungsbeurteilung des Rechnersystems ergibt. Wichtigste Vergleichsmerkmale dabei sind: Laufzeit, belegte Speicherkapazitäten, Festplattenleistung.

Betaversion

Die verschiedenen Entwicklungsstadien einer Software werden oft mit griechischen Buchstaben bezeichnet. Eine Betaversion ist nach der Alphaversion die erste wirklich lauffähige Version. Sie ist noch mit Fehlern behaftet und wird einem kleinen Publikum von Testern zur Beurteilung im normalen Betrieb vorgelegt.

Bibliothek

Eine Bibliothek ist eine Datei, in der sich abgeschlossene Programmfunktionen befinden, die von verschiedenen Programmen eingesetzt werden können. So müssen Standardroutinen nicht immer neu entwickelt werden. Unter Windows nennen sich solche Bibliotheken → DLLs.

Bildschirmschoner

Diese im Hintergrund laufenden Programme sollen bei Inaktivität den Bildschirm abdunkeln oder sich ständig verändernde Bildschirminhalte ausgeben. Bei früheren Bildschirmen war das Einbrennen der starren

Bildschirmstrukturen in die Phosphorschicht ein echtes Problem. Bei heutigen Farbmonitoren und grafischen Benutzeroberflächen besteht für einen Bildschirmschoner kein echter Bedarf mehr, es sei denn, mit Passwortschutz zur Sicherung Ihres Rechners. Aber zu Unterhaltungs- oder Werbezwecken erleben witzige Schoner einen echten Boom.

Bildwiederholfrequenz

Die Bildwiederholfrequenz gibt die Anzahl der Bildausgaben pro Sekunde an. Bei niedrigen Werten flimmert das Bild und das menschliche Auge reagiert mit Reizungen. Monitore mit Werten über 72 Hz gelten als ergonomisch sinnvoll. Preiswerte Standardmonitore arbeiten meist mit niedrigeren Frequenzen um 80 Hz.

Binär

Binär wird ein zweiwertiges Zahlensystem genannt, es sind also nur die Zustände Null und Eins möglich. Computer verwenden zur internen Verarbeitung dieses System (→ digital).

BIOS

Abkürzung für → *Basic Input Output System*.

Bit

Ein Bit enthält eine digitale Information und kann den Zustand »ein« oder »aus« (entsprechend Null oder Eins) annehmen. (→ Byte)

BNC-Buchse

Der BNC-Anschluss ist eine Steckschraubverbindung für ein zweiadriges Kabel. Er wird z.B. für Netzwerkverbindungen oder für den Anschluss eines RGB-Monitors verwendet.

Bootsektor

Der Bootsektor eines Datenträgers (Festplatte oder Diskette) enthält die physikalischen Angaben über das Speichermedium sowie Angaben zu den als erstes startbaren Programmen.

Bootstrapping

Mit Bootstrapping wird der Vorgang benannt, den der Computer beim Anschalten noch vor dem Laden des eigentlichen Betriebssystems durchführt.

Bps

Abkürzung für *Bits per second*. Gibt die Anzahl der übertragenen Bits pro Sekunde an und ist so das Maß der Leistungsfähigkeit einer Datenfern-übertragungsanlage.

Buffer

Speicher, der zur kurzzeitigen Zwischenspeicherung von Daten dient. Diese Daten können nach unterschiedlichen Modellen verwaltet werden (Beispiele → LIFO → FIFO).

Bug

Da die ersten Rechner noch mit Relais-Schaltern arbeiteten, kam es vor, dass ein Bug (engl. für »Wanze«) einen solchen Schalter blockierte. In mühsamer Arbeit wurde dieser Fehlerverursacher dann gesucht. Auch heute noch nennt man daher Programmfehler nach diesen Tierchen.

Burn-in

Mit einem Burn-in-Test *(Einbrenntest)* ist ein Dauertest eines Computers gemeint. Da die Fehlerwahrscheinlichkeit mit der zunehmenden Erwär-mung eines Bauteils zunimmt, offenbaren sich gewisse thermische Fehler erst nach einer 24- oder 48-stündigen Laufzeit.

Bus

An einen Bus werden die verschiedenen Komponenten eines Computer-Systems angeschlossen. Über diesen aus mehreren parallelen Leitungen bestehenden Bus werden Daten und Steuersignale ausgetauscht.

Busmaus

Die exotische Busmaus wird statt an der normalen seriellen Schnittstelle an einer speziellen Erweiterungskarte betrieben. Das hat zwar den

Vorteil, dass kein COM-Port belegt wird, erfordert aber eine teuere Steckkarte (nicht zu verwechseln mit der → PS/2-Maus).

Bussystem

Ein Bussystem ist ein System von parallelen Leitungen. Es dient der Übertragung von Daten zwischen den einzelnen Systemkomponenten, insbesondere den Steckkarten.

Byte

Ein Byte besteht aus zwei Halbbytes zu je vier Bit. Mit acht Bit kann man 2 hoch 8 verschiedene Bitmuster und damit 256 Zeichen darstellen.

Cache

Ein Cache ist ein Baustein zum Zwischenspeichern von Daten. Häufig benötigte Daten, die ansonsten jedes Mal neu von einem langsameren Medium (z.B. von der Festplatte) gelesen werden müssten, werden hier zwischengespeichert. So können sie mit wesentlich geringeren Zugriffszeiten aus dem RAM-Speicher geholt werden. Zusätzlich können gleichzeitig größere Bereiche eingelesen werden. Das hat den Vorteil dass es schneller ist, einen größeren Teil auf einmal einzulesen, als ihn Stück für Stück einzulesen, da z.B. jedes Mal der Lesekopf neu positioniert werden muss. Wichtig ist bei diesem Verfahren, dass die richtigen Strategien verwendet werden, um auch wirklich die Daten einzulesen, die als nächstes benötigt werden. Neben dem Festplatten-Cache gibt es auch einen Prozessor-Cache. Dieser nutzt schnellere Speicherbausteine, um darin Inhalte des langsameren RAM-Speichers zwischenspeichern zu können. (Siehe auch → Hit).

Caddy

Caddys sind schützende Plastikhüllen für CD-ROMs. Sie bewahren die empfindlichen Scheiben vor Kratzern und Staub. In speziellen CD-Laufwerken werden die CDs mit dem Caddy eingelegt. Ein Aus- und Einpacken aus der CD-Hülle entfällt damit völlig.

CAPI

Abkürzung für *Common → API*. Die CAPI ist eine für interne ISDN-Karten erforderliche Softwareschnittstelle. Die eingesetzten Kommunikations-programme greifen auf die CAPI-Funktionen des Treibers zur Nutzung der ISDN-Steckkarte zurück. Man unterscheidet zwischen der älteren CAPI 1.1-Version, die für das nationale ISDN zuständig ist und der aktuellen CAPI 2.0-Version, die das Euro-ISDN unterstützt.

Centronics-Schnittstelle

Die Druckerschnittstelle (heute vornehmlich die → parallele Schnittstelle) wurde von der Firma Centronics praktisch standardisiert. Die heutige Druckerschnittstelle erlaubt jedoch eine wesentlich höhere Daten-transferrate.

CD-A

Abkürzung für *Compact Disk – Audio*. CD-A nennen sich die »normalen« gebräuchlichen Audio-Musik-CDs.

CD-I

Abkürzung für *Compact Disk – Interactive*. Der CD-I Standard wurde von Philips und Sony gemeinsam speziell für interaktive Video-Anwendungen im CD-ROM-Format entwickelt.

CD-R

Bei der *CD-Recordable* handelt es sich um eine nur einmal beschreibbare CD-ROM (→ WORM).

CD-ROM

Abkürzung für *Compact Disk Read Only Memory*. Als CD-ROM werden die als Datenspeicher genutzten und sonst aus dem Musikbereich bekannten CDs bezeichnet. Neben den Daten sind hier im Gegensatz zur Musik-CD auch noch zusätzliche Informationen zur Fehlererkennung untergebracht. Insgesamt kommt eine CD-ROM so auf eine Kapazität von 682 Mbyte.

CD-ROM-XA

Dieser Standard ist eine Erweiterung der normalen CD-ROM für die Kombination der unterschiedlichen Daten auf einer Spur (Audio, Video und Computerdaten).

CD-RW

Kurzform für CD-Rewritable. Diese speziellen CD-ROMs können bis zu 1.000 Mal beschrieben und gelöscht werden. Für das Lesen und Beschreiben benötigen Sie ein spezielles CD-RW-Laufwerk

CE-Norm

Seit Anfang 1996 müssen laut Gesetzgebung der Europäischen Vereinigung alle elektronischen Geräte oder Komponenten den Regeln der *Conformité Européen* entsprechen.

Cluster

Ein Cluster wird vom Betriebssystem MS-DOS als die kleinste unteilbare Einheit für die Speicherung von Daten auf der Festplatte definiert. Je nach Größe der Festplatte bilden acht oder mehr Sektoren einen Cluster. Bei Diskettenlaufwerken stimmt die Anzahl der Cluster und physikalischen Datenspuren noch überein, da deren Zahl hier noch sehr gering ist (2.880 auf einer 1,44 Mbyte-Diskette).

CMOS-RAM

Abkürzung für *Complementary Metal Oxide Semiconductor*. CMOS bezeichnet eine Technik zur Herstellung integrierter Schaltkreise. Im CMOS-RAM des PCs sind die grundlegenden Informationen über die Hardware-Konfiguration gespeichert. Die im CMOS gespeicherten Daten werden vom → BIOS ausgewertet und verarbeitet.

CPU

Abkürzung für *Central Processing Unit* (Zentraleinheit). Die CPU bezeichnet den Prozessor, das Herzstück eines jeden PCs.

Crosslinked Files

Englisch für *querverbundene Dateien*. Bei der Dateiverwaltung durch eine → FAT kann es bei Systemabstürzen schon einmal zu fehlerhaft verbundenen Dateiteilen kommen. Oft handelt es sich hier aber nur um zuvor gelöschte Daten, meist lassen sich die Dateien mit Hilfe eines speziellen Programms (z.B. ScanDisk) wieder vollständig herstellen.

D/A-Converter

Englisch für *Digital-/Analog-Wandler*. Dieser Baustein wandelt → digitale Informationen in ein → analoges Signal um (Gegenstück zum Analog-/ Digital-Wandler). Im CD-Player werden z.B. die digitalen Informationen der CD in analoge akustische Signale umgewandelt.

DAC

Abkürzung für → *Digital-Analog-Converter*. Grafikkarten besitzen z.B. einen DAC zur Umwandlung der digitalen Bildinformationen in analoge Monitorsignale.

DAT

Abkürzung für *Digital Audio Tape*. Ein Bandsystem, das in letzter Zeit als Backupmedium seinen großen Einzug in die Computerwelt fand. Ein großer Vorteil gegenüber anderen Bandstandards (z.B. → QIC), sind die sehr preiswerten Tapes, da diese in wesentlich größeren Mengen herge-stellt werden.

Daylight-Saving

Bei den neueren → BIOS-Versionen kann man meist diese Option wäh-len. Sie soll ein automatisches Umstellen der Uhrzeit von Winter- auf Sommerzeit gewährleisten. Da sich das Datum der Umstellung aber in Deutschland von den USA unterscheidet, ist diese Funktion hier nicht einsetzbar.

DCI

Speziell zur Beschleunigung von Videoanwendungen und Spielen unter Windows 3.1x haben Intel und Microsoft das einheitliche *Display Control Interface* entwickelt. (→ DirectDraw).

DDC

Abkürzung für *Display Data Channel*. Über diesen standardisierten Kanal werden zwischen Monitor und Grafikkarte Informationen ausgetauscht. Dieser Austausch ist z.B. für Energiesparmaßnahmen sowie die Unterstützung der → Plug and Play-Funktion von Bedeutung.

Degaussing

Neuere Monitore haben oft eine *Degauss*-Taste. Mit dieser Taste kann die Bildröhre entmagnetisiert werden. Bei zu starker Magnetisierung kann es in seltenen Fällen zu leichten Farbverschiebungen kommen.

DLL

Abkürzung für Dynamic Link Library *(→ Bibliothek)*.

Dhrystone

Dieser spezielle → Benchmarktest prüft insbesondere die Leistung des Prozessors. Hierzu wird getestet, wie oft die CPU bestimmte kleine Programme (Dhrystones) innerhalb einer Sekunde ausführen kann.

DIL

Manchmal werden → DIP-Bausteine auch als *Dual Inline-Chips* bezeichnet.

Digital

Gegenteil von → Analog.

DIP

Abkürzung für *Dual Inline Package*. Ein DIP-Gehäuse ist eine bestimmte Chip-Bauart bei der sich jeweils zwei Reihen von Pins an den längeren Außenseiten befinden. Im Gegensatz dazu steht ein SIP (Single Inline Package), das nur eine Reihe von Pins besitzt.

DIP-Schalter

Beim DIP-Schalter sind sehr kleine Schalter in einem Kunststoffgehäuse untergebracht. Normalerweise findet man mehrere Schalter nebeneinander in einem Gehäuse. Sie werden zum Einstellen von bestimmten Optionen, z.B. bei Druckern oder auf Motherboards, eingesetzt und können meist nur mit einem spitzen Gegenstand verstellt werden.

DIN

Abkürzung für *Deutsches Institut für Normung* (mit Sitz in Berlin). Für den Bereich Kommunikation und Datenverarbeitung gibt es beim DIN eigene Ausschüsse, die in einem festgelegten Verfahren Normen aufstellen. Die Aufgaben des Instituts reichen von der Normung von Schnittstellen über die Festlegung von Fachbegriffen, bis zur Zusammenarbeit mit anderen Normungsinstituten (z.B. CCITT).

DirectDraw

Vor allem zur Beschleunigung von Spiel- und Grafikanwendungen unter Windows 95/98/Me, hat Microsoft den DirectDraw-Standard entwickelt. Um ihn nutzen zu können, müssen entsprechende Treiber für die Grafikkarte installiert sein.

DMA

Abkürzung für *Direct Memory Access* (direkter Speicherzugriff). Beim DMA-Verfahren werden die Datenströme zwischen den Peripheriegeräten und dem Arbeitsspeicher zwar vom Prozessor initiiert, dann aber vom DMA-Controller weitergeführt. Der DMA dient also einerseits einer Entlastung des Prozessors, andererseits bietet er auch einen wesentlich schnelleren Datentransfer an. Die Steuerung erfolgt über die bis zu acht DMA-Kanäle, wobei jeweils ein Kanal einem (DMA-fähigen) Peripheriegerät fest zugeordnet ist.

Dongle

Ein Dongle ist ein Kopierschutzstecker. Er wird auf eine Schnittstelle des Computers (meist die parallele) gesteckt und kann so vom Computer her ausgelesen werden. Ein Dongle enthält meist einen bestimmten individuellen Code. Dieser Code wird vom entsprechenden Programm abgefragt. Sollte kein Dongle vorhanden sein, startet das Programm nicht. Da mit jeder gekauften Programmversion ein solches Dongle mitgeliefert wird, handelt es sich dann wahrscheinlich um eine Raubkopie. Der Einsatz von

Dongles lohnt sich aus Kostengründen nur bei hochpreisigen professionellen Anwendungen.

Double-Speed-Laufwerk

Ein CD-ROM Laufwerk mit »doppelter« Geschwindigkeit arbeitet etwa mit einer Datenübertragungsrate von 300 Kbyte/s (→ QuadSpeed).

DOS

Abkürzung für *Disk Operating System*. Das DOS bezeichnet das für die Zusammenarbeit zwischen den einzelnen Komponenten und den Zugriff auf die Speichermedien zuständige Betriebssystem. Allgemeinsprachlich ist mit DOS jedoch das MS-DOS-Betriebssystem gemeint.

DPI

Abkürzung für *Dots per Inch*. DPI stellt eine Maßeinheit für die Auflösung dar und gibt die Anzahl der Punkte pro Inch an. Ein normaler Tintenstrahl- oder Laserdrucker druckt z.B. in einer Auflösung von 300 dpi.

DPMI

Abkürzung für *DOS Protected Mode Interface*. Diese von Microsoft standardisierte Softwareschnittstelle stellt Programmen durch das Umschalten des Prozessors in den → Protected Mode einen erweiterten Speicher von bis zu 4 GB zur Verfügung.

DPMS-Monitor

Abkürzung für *Display Power Management Signaling*. Für diese Stromsparfunktion kann die entsprechend ausgerüstete Grafikkarte den Energieverbrauch eines DPMS-Monitors in verschiedenen Stufen herunterregeln.

D-RAM

Dynamischer RAM-Speicher. → RAM-Speicherbausteine, dessen Informationen in regelmäßigen Zyklen aufgefrischt (mit einem »Refresh«-Takt) werden müssen. (→ S-RAM). Die im PC befindlichen D-RAM-Bausteine müssen normalerweise im 15 Mikrosekundentakt aufgefrischt werden.

DSP

Abkürzung für *Digital Signal Prozessor*. Ein auf Video- oder Soundkarten eingesetzter Prozessor, der die CPU des Computers von den rechenintensiven Digitalisierungsarbeiten entlastet.

Dual-Ported

Dual-Ported Speicherbausteine besitzen zwei getrennte Ein- und Ausgabebusse. So können sie gleichzeitig beschrieben und ausgelesen werden. Diese Technik findet vor allem in Speichern für hochwertige Grafikkarten ihren Einsatz (→ VRAM → WRAM).

Duplex

Der Duplexbetrieb stellt ein Verfahren zur Datenübertragung dar. Es können hier auf nur einem Datenkanal sowohl Informationen gesendet als auch empfangen werden (daher auch: Vollduplexverfahren). Im Gegensatz dazu steht der → Halbduplexbetrieb.

DVD-18

Abkürzung für *Digital Video Disk*. Eine Weiterentwicklung der CD-ROM speziell für Video-Anwendungen. Sie soll auf einer CD bis zu 17 GB Daten im MPEG-2-Verfahren speichern können.

DVD-R

Mit dem Begriff DVD-R wird eine einmal beschreibbare Disk bezeichnet. Die Speicherkapazität ist 4,7 Gbyte und die DVD-R kann von DVD-Video-Playern und DVD-ROM-Laufwerken gelesen werden.

DVD-RAM

DVD-RAMs sind wiederbeschreibbare Disks, deren Speicherkapazität zwischen 2,6 und 9,4 Gbyte variiert. DVD-RAMs können in DVD-RAM-Laufwerken und zum Teil in DVD-ROM-Laufwerken abgespielt werden.

DVD-RW

Die DVD-RW ist eine wiederbeschreibbare Disk mit einer Speicherkapazität von 4,7 bzw. 9,4 Gbyte, je nachdem ob es sich um eine einseitige oder zweiseitige DVD-RW handelt. Abspielbar ist die DVD-RW in DVD-ROM-Laufwerken, ebenso wie in DVD-Playern, wenn die Aufzeichnung nach DVD-Video-Norm erfolgt ist.

DVD+RW

DVD+RW ist ein wiederbeschreibbares Format mit einer Speicherkapazität von 4,7 Gbyte und kann in DVD-Laufwerken und in DVD-Playern abgespielt werden, wenn die Aufzeichnung nach DVD-Video-Norm erfolgt ist.

ECC

Abkürzung für *Error Correction Code*. Sogenannte ECC-RAMs erkennen Bitfehler nicht nur, sondern können diese größtenteils auch selbstständig korrigieren. Sie werden aber aufgrund der hohen Kosten nur in extrem sicherheitskritischen Bereichen eingesetzt.

EDC

Abkürzung für *Error Detecting and Correcting* (gleichbedeutend mit → ECC).

EEPROM

Ein EEPROM ist die neuste Weiterentwicklung des → EPROMS, eines dauerhaften Festwertspeichers, dessen Daten löschbar sind. Hier erfolgt das Löschen der Informationen allerdings nicht durch UV-Licht, sondern elektronisch. Es muss also nicht mit einem speziellen Gerät erfolgen und kann im Computer geschehen. Solche ROM-Bausteine werden auch als Flash-Memory bezeichnet und finden ihren Einsatz z.B. als Flash-BIOS im PC. Hier wird die BIOS-Version in einem EEPROM untergebracht und kann bei Versionsänderungen leicht auf den neusten Stand gebracht werden.

E-IDE

Die *Enhanced-IDE*-Schnittstelle ist eine Erweiterung des normalen IDE-Standards. Im Gegensatz zur auf 504 Mbyte begrenzten Kapazität beim IDE-System wurden die Grenzen beim Enhanced-Standard auf bis zu 7,8 Mbyte ausgeweitet. Außerdem können jetzt, statt wie bisher zwei, bis zu vier Festplatten an einem Controller betrieben werden. Der E-IDE-Standard ist voll abwärtskompatibel zu IDE-Geräten.

E-ISA

Abkürzung für *Extended ISA*. Eine Weiterentwicklung des → ISA-Bus-Standards vom 16-Bit zum 32-Bit-System. Es kam vor allem auf Rechnern mit 386 Prozessor zum Einsatz, wurde aber schon bald vom → PCI-System abgelöst. Der E-ISA war voll abwärtskompatibel und konnte die alten ISA-Erweiterungskarten weiter nutzen. Durch diese nötige Kompatibilität musste man allerdings einige Kompromisse bei der Entwicklung hinnehmen.

EMM

Abkürzung für *Expanded Memory Manager*. Dieses in MS-DOS enthaltene Programm verwaltet den erweiterten Arbeitsspeicher gemäß den EMS-Spezifikationen auf Rechnern ab dem 386. Außerdem ermöglicht er die Nutzung der oberen Speicherbereiche speziell für Gerätetreiber und speicherresidente Programme.

EPP

Abkürzung für *Enhanced Parallel Port*. Hier handelt es sich um eine Erweiterung der normalen parallelen Schnittstelle. Sie ermöglicht eine bis zu zwanzigmal schnellere Datenübertragung. Ein großer Vorteil der EPP-Technik ist, dass sie voll abwärtskompatibel ist, also auch mit dem alten Drucker eingesetzt werden kann. Heute werden fast ausschließlich solche schnellen Schnittstellen angeboten.

EPROM

Abkürzung für *Erasable Programmable Read Only Memory*. Hierbei handelt es sich um ein → PROM, einen programmierbaren Festwertspeicher, der zusätzlich jedoch löschbar ist. Das Löschen funktioniert meist durch UV-Licht, das durch ein im Chip angebrachtes Fenster gelangt.

External Cache

Meist ist mit diesem ausgelagerten Cache-Speicher der auf dem Motherboard befindliche → Second-Level-Cache gemeint.

Fast-ATA

Neben dem E-IDE-Bus hat die Firma Seagate den ATA-Standard zum Fast-ATA weiterentwickelt. Fast-ATA benötigt keinerlei weitere Hardware und erzielt in → VL-Bus- oder → PCI-Systemen Datenübertragungsraten von bis zu 13 Mbyte/s. Dieser Standard ist voll abwärtskompatibel zum IDE-Bus.

Fast-ATA-2

Dieses wiederum voll abwärtskompatible System ist eine Weiterentwicklung des Fast-ATA Standards und kann die Datenübertragungsraten auf bis zu 16 Mbyte/s erhöhen.

Fast-Page-Mode

Beim Fast-Page-Mode – einer Weiterentwicklung der → Paging-Technik zur Speicherverwaltung – konnte die Geschwindigkeit noch einmal erhöht werden. Wird hier auf eine andere Seite und damit eine neue Zeile gewechselt, wird dieser Wechsel durch eine spezielle Codierung beschleunigt. Die abgekürzt auch FPM genannte Technik findet heute in den normalen DRAMs als Hauptspeicher Verwendung.

FAT

Abkürzung für *File Allocation Table*. Mit der FAT verwaltet typischerweise das Betriebssystem MS-DOS (und dessen Weiterentwicklungen bis hin zu Windows) die Dateien auf Disketten und Festplatten. Die Dateizuordnungstabelle ist eine Art Inhaltsverzeichnis. Sie enthält für jeden Cluster auf dem Datenträger einen genauen Eintrag über dessen Inhalt. Außerdem sind die einzelnen Cluster über diese Liste miteinander verkettet. Erstreckt sich z.B. eine Datei über mehrere Cluster, so verweist die FAT auf den jeweils nächsten Cluster. Das Dateisystem versucht natürlich beim Speichern eines Files jeweils aneinanderliegende Cluster zu belegen. Sollte das aber aus Platzmangel nicht funktionieren, so kann es vorkommen, dass eine Datei über die ganze Platte verstreut wird. Hier spricht man von → Fragmentierung. Ein großer Nachteil dieses Systems ist es, dass eine Beschädigung der FAT im schlimmsten Fall zum totalen Verlust der Daten führen kann. Aus diesem Grund legt DOS immerhin grundsätzlich eine zweite Kopie der FAT an.

FAT32

FAT32 ist ein erweiterte FAT-Version → Sie hat einige Vorteile gegenüber FAT, ist beispielsweise schneller und arbeitet effizienter. FAT32 wird von Windows 98/Me/2000 benutzt.

FCC

Abkürzung für *Federal Communications Commission*. Diese amerikanische Behörde prüft elektronische Geräte auf deren Störstrahlung hin. Für Computer und Peripherie gelten die Beschränkungen für digitale Geräte der Klasse B gemäß Teil 15 der FCC-Richtlinien. Danach darf das Gerät keine schädigenden Interferenzen verursachen und muss mit auf das Gerät einwirkenden Interferenzen zurechtkommen.

Feature Connector

Der Feature Connector ist eine Anschlussmöglichkeit, die sich auf den meisten höherwertigen Grafikkarten befindet. Sie ist für weitere grafikverarbeitende Zusatzkarten gedacht, die direkt mit der Grafikkarte zusammenarbeiten müssen. In erster Linie handelt es sich dabei um Videobearbeitungs-Karten. Leider sind diese Schnittstellen nicht immer völlig einheitlich, sodass nur bestimmte Karten zusammenpassen.

Festfrequenz-Monitor

Ein Monitor, der im Gegensatz zum → Multifrequenz-Monitor nur mit einer einzigen festeingestellten Frequenz und Bildauflösung betrieben werden kann.

Festwertspeicher

In einem Festwertspeicher kann man Daten einmalig speichern und dann immer wieder abrufen. Er benötigt keine Erhaltungsspannung, um die Informationen zu speichern (andere Bezeichnung → ROM).

FIFO-Speicher

Abkürzung für *First In/First Out-Speicher*. Bei diesem Speicher werden die zuerst gespeicherten Daten auch als erste wieder ausgelesen (Durchgangsspeicher). Auf diese Art verwaltete Speicher werden z.B. als Zwischenspeicher für Druckausgaben verwendet (→ UART → LIFO).

File sharing

Englisch für *Dateiteilung*. Bezeichnet den Zugriff auf eine Datei von mehreren Programmen zur gleichen Zeit. Diese Funktion ist nur in Multitasking-Betriebssystemen oder einem Netzwerk erforderlich. Es muss hier für einen ausreichenden Schutz zur Sperrung der Dateien gesorgt werden, um einen Verlust der Daten zu verhindern. MS-DOS bietet dafür z.B. den Befehl SHARE an.

Firmware

Die meisten komplexeren Peripheriegeräte benötigen eine im ROM eingebaute Steuerungssoftware (vom Motherboard bis hin zum Drucker). Diese im ROM enthaltene und vom Hersteller des Gerätes gespeicherte Software wird auch Firmware genannt.

Flag

Englisch für *Markierung*. Ein Flag ist eine veränderbare Variable, die zur Darstellung bestimmter Zustände genutzt werden kann. So kann man ein Flag setzen, löschen oder auslesen und damit bestimmte Zustände auch hervorrufen.

Flash-BIOS

Verwendet ein → EEPROM oder Flash-PROM zur Speicherung des → BIOS.

Flash-PROM

Andere Bezeichnung für → EEPROM.

Floptical

Abkürzung für *Floppy Optical*, eine flexible optische Speichereinheit. Vergleichbar mit einer Diskette werden hier die Daten genauso magnetisch gespeichert. Zusätzlich wird der Schreib- und Lesekopf aber mit einem Laserstrahl genau auf der Spur gehalten. Dadurch ist eine wesentlich höhere Anzahl von Spuren möglich. Eine Floptical-Disk in der Größe einer herkömmlichen 3 1/2"-Diskette kann bis zu 20,8 Mbyte speichern.

FM

Abkürzung für *Frequenz-Modulation*. Verfahren zur künstlichen Erzeugung von andeutungsweise realen Klängen.

FPU

Abkürzung für *Floating Point Unit* (Gleitkommaeinheit). FPU ist eine Bezeichnung für den mathematischen Coprozessor, da dieser im wesentlichen die Operationen mit Fließkommazahlen erheblich beschleunigt. In den heutigen Prozessoren (ab 486 DX) ist eine Einheit zur schnelleren Ausführung solcher Operationen ausnahmslos bereits integriert.

Fragmentierung

Fragmentierung ist ein typisches Problem des → FAT-Dateisystems. Einzelne Teile einer Datei liegen im ungünstigsten Fall in einzelnen Clusters über die gesamte Festplatte verstreut. Ein Einlesen dieser Daten dauert wesentlich länger, als wenn die Dateien alle hintereinander auf einer Spur liegen würden. Diese unzusammenhängende Speicherung kann man mit entsprechenden (MS-DOS beiliegenden) Tools beheben. Eine Defragmentierung sollte in regelmäßigen Abständen durchgeführt werden.

Frame

Englisch für *Rahmen*. Dieser Begriff wird im Computerbereich sehr oft genutzt, um einen Teilbereich aus einer großen Datenmenge zu bezeichnen. Außerdem kann »Frame« das einzelne Bild in einer Videosequenz meinen.

Game-Card

Die Game-Card oder auch der Game-Port ist eine speziell für Computerspiele konstruierte Einsteckkarte, die einen Joystickanschluss enthält.

Meist wird heute keine eigene Karte mehr für diesen Anschluss benötigt, da er standardmäßig z.B. auf Soundkarten mit eingebaut ist.

GDI

Abkürzung für *Graphics Device Interface*. Das GDI ist eine von Windows unterstützte Druckerschnittstelle. Im Gegensatz zu den sonst üblichen Geräten ist hier im Drucker selbst nur die Drucktechnik eingebaut. Der für die Aufbereitung der Daten nötige interne Prozessor und Speicher fehlen. Diese Funktionen müssen also von Windows übernommen werden. Der Vorteil ist, dass GDI-Drucker wesentlich kleiner und preiswerter zu konstruieren sind. Der große Nachteil ist, dass die Geräte nur unter Windows arbeiten und außerdem während des Drucks Rechenzeit und Speicher des PCs beansprucht werden.

GLSI

Abkürzung für *Giant Large Scale Integration*. GLSI bezeichnet einen Integrationsgrad eines Chips. Auf diesem Level können mehr als 1.000.000.000 Transistorfunktionen in einem Chip untergebracht werden.

GND

Abkürzung für *Ground*. Gemeint ist die elektrische Erdung eines Kabels.

Green Function

Andere Bezeichnung für den umweltfreundlichen Stromspar-Modus → APM.

GS-Siegel

Abkürzung für *Geprüfte Sicherheit*. Ein Siegel mit diesem Aufdruck befindet sich auf den meisten technischen Geräten. Es besagt, dass diese Geräte von einem unabhängigen Prüfinstitut auf elektronische Sicherheit und Ergonomie hin überprüft wurden.

GUI

Abkürzung für *Graphical User Interface*. Eine GUI ist eine grafische Benutzeroberfläche. Im Gegensatz zu Systemen, die eine Befehlssteuerung per Texteingabe bieten, ermöglicht eine GUI einen wesentlich leichteren Zugang zu den Funktionen. Meist können die wichtigsten Funktionen intuitiv mit einer Maus erreicht werden. Beispiele für GUIs sind z.B. Windows oder OS/2.

Halbduplex

Der Halbduplexbetrieb stellt ein Verfahren zur Datenübertragung dar. Es können hier auf einem Datenkanal gleichzeitig nur entweder Informationen gesendet oder empfangen werden. Im Gegensatz dazu steht der → Duplexbetrieb.

Halbleiter

In der Halbleitertechnologie werden heute Speicherbausteine hergestellt, die sich durch eine geringe Zugriffszeit und immer kleinere Abmessungen auszeichnen (→ RAM- und → ROM-Speicher).

Hayes-Standard

Die Firma Hayes setzte die Steuerung der Modems durch AT-Befehle durch ihre weite Verbreitung und hohe Qualität zum Quasi-Standard. Noch heute sind alle gängigen Modems Hayes-kompatibel.

Headcrash

Der Kopf einer Festplatte bewegt sich normalerweise berührungsfrei über die Magnetscheibe hinweg. Bei einer Störung, verursacht z.B. durch eine Erschütterung, setzt der Kopf kurzzeitig auf der Magnetspur auf und zerstört dabei einen Großteil der Daten. Ein Headcrash kann aber auch bereits durch ein einziges Staubkorn ausgelöst werden, da der Abstand von der Platte zum Kopf überaus gering ist.

Hertz

Mit der Maßeinheit »Hertz« wird die Frequenz bezeichnet (Schwingungen pro Sekunde). Benannt ist sie nach dem deutschen Physiker Rudolf Hertz. Die Taktgeschwindigkeit des Prozessors wird z.B. in Megahertz (MHz) angegeben.

Hexadezimal

Dieses Zahlensystem auf der Basis 16 wird zur einfacheren Darstellung von Binärzahlen genutzt. So lässt sich mit einer zweistelligen Hexadezimalzahl eine achtstellige Dualzahl darstellen. Im Computerbereich wird eine solche Zahl oft zur Bezeichnung einer Speicheradresse eingesetzt.

HFS

Abkürzung für *Hierarchical File System*. Im Gegensatz zum Dateiverwaltungssystem FAT arbeiten z.B. Apple Macintosh Rechner mit dem HFS-Verfahren.

Hidden-Files

Die meisten Betriebssysteme erlauben es, beliebige Files für den Anwender »unsichtbar« zu machen. Diese mit einem bestimmten Attribut versehene Dateien existieren zwar noch, können auch aufgerufen werden, sind aber z.B. in der Fileübersicht nicht mehr zu sehen. Diese Option bietet einen geringen ersten Schutz gegen allzu neugierige Mitbenutzer, sie lässt sich aber auch sehr leicht umgehen oder rückgängig machen.

High-Color

Im Gegensatz zur → True-Color Farbdarstellung wird hier nur mit einer Farbtiefe von 15 bis 16 Bit gearbeitet. Die Farbpalette enthält somit 32.768 bzw. 65.536 Farben. Diese Tiefe reicht für eine annähernd realitätsgetreue Darstellung mit entsprechend höherer Verarbeitungsgeschwindigkeit aus.

High-Resolution

Englisch für *hohe Auflösung*. Mit HiRes bezeichnet man eine Bildschirmauflösung, die über 800 x 600 Pixel liegt.

High-Sierra Standard

Die erste Definition eines CD-ROM Standards nannte sich High-Sierra. Aus ihr ist dann die → ISO 9660 hervorgegangen.

Hit

Englisch für *Treffer*. Stimmen Daten im → Cache-Speicher mit den gerade vom Prozessor neu angeforderten Daten überein und können also aus dem Cache-Speicher geladen werden, spricht man von einem Hit.

Hostadapter

Der → SCSI-Controller wird auch Hostadapter genannt.

HPFS

Abkürzung für *High Performance File System*. Das HPFS ist das Verfahren, mit dem das Betriebssystem OS/2 seine Dateien verwaltet. Im Gegensatz zur sonst üblichen Verwaltung über eine → FAT ermöglicht es eine Speicherung ohne weitgehende → Fragmentierung. Zusätzlich erlaubt es Dateinamen, die länger als die sonst üblichen acht Zeichen sind.

HPGL

Abkürzung für *Hewlett Packard Graphic Language*. Die HPGL ist eine von der Firma Hewlett Packard entwickelte Grafik- und Druckersprache. Sie arbeitet vektororientiert und hat sich inzwischen zu einem Standard, z.B. bei Laserdruckern, entwickelt.

IC

Abkürzung für *Integrated Circuit* (integrierter Schaltkreis). Ein IC ist ein Silizium-Chip, auf dem ein kompletter Schaltkreis in einem komplizierten Verfahren mehrschichtig aufgebracht wurde (z.B. Speicherbausteine oder Prozessoren).

Icecap

Markenbezeichnung für einen der ersten Prozessor-Kühler. Der originale Icecap besteht aus einem Peltier-Kühlelement und einem darauf aufgebrachten Ventilator. Einfache Nachbauten verzichten oft auf das elektrisch betriebene Kühlelement. Eine Kühlung ist in der Regel für alle Prozessoren mit einer Taktfrequenz von über 33 MHz angeraten.

iComp

Abkürzung für *Intel Compare*. Von Intel eingebrachter und vor allem in der eigenen Werbung genutzter Prozessor-Vergleichstest. Er sollte in der zunehmend größer werdenden Produktpalette an Intel-Prozessoren eine gewisse Übersicht schaffen. Da Vergleichswerte mit Prozessoren anderer Hersteller fehlen, ist kein echter Vergleich möglich.

IDE

Abkürzung für *Integrated Drive Electronic*. Der IDE-Standard, auch unter dem Namen AT-Bus bekannt, kennzeichnet einen Festplattenstandard. Die Steuerungselektronik befindet sich hier im Gegensatz zu anderen Verfahren auf der Festplatte. Festplatten mit IDE-Elektronik werden an einfachen IDE-Controller angeschlossen, der heute oft auch schon auf dem → Motherboard integriert ist.

Inch

Andere Bezeichnung für die Maßeinheit → Zoll, entspricht 2,54 cm.

Indeo

Abkürzung für *Intel Video*. Ein von der Firma Intel eingeführter Standard zur Komprimierung digitaler Audio- und Videoinformationen (ähnlich → MPEG II).

Interface

Englisch für *Schnittstelle*. Ein Interface ist eine Hard- oder Software-komponente, die für den Austausch von Informationen zwischen verschiedenen Komponenten sorgt (→ API). Um z.B. einen Drucker an den PC anschließen zu können, müssen die Daten vom Computer in genormter Form ausgegeben werden. Das geschieht über eine entsprechende Schnittstelle.

Interlace

Das Interlace- oder Halbbild-Verfahren ist eine heute nicht mehr zeitge-mäße Möglichkeit, auf nicht ausreichend leistungsfähiger Hardware (Grafikkarte, Monitor) höhere Bildauflösungen zu darstellen zu können. Der Strahl des Monitor wird dabei so gelenkt, dass er jeweils in einem

Durchgang abwechselnd nur die geraden und die ungeraden Zeilen ausgibt. Dadurch entsteht beim Betrachter allerdings ein deutliches Gefühl eines flimmernden Bildes. Bei heutigen Systemen lassen sich auch im Non-Interlaced-Modus ausreichend hohe Bildwiederhol-frequenzen erreichen.

Interrupt

Über diese speziellen Interrupt-Leitungen des System-Busses kann der Prozessor in seiner Arbeit unterbrochen werden um kurzzeitig andere Aufgaben zu erledigen. Man unterscheidet je nach Herkunft der Unterbrechung zwischen Software- und Hardware-Interrupts. So löst z.B. eine Mausbewegung einen Interrupt aus, da die Bewegungen synchron auf dem Bildschirm ausgegeben werden müssen, ohne auf das Ende eines Prozesses zu warten.

I/O-Karte

Abkürzung für *Input/Output-Karte*. Eine für verschiedene Ein-/ und Ausgabefunktionen von Daten verantwortliche Einsteckkarte.

IOS

Abkürzung für *Input-/Output-System*. Das IOS ist der Teil eines Betriebssystems, der für die Ein- und Ausgabefunktionen zuständig ist. Bei MS-DOS erledigt dies vor allem die IO.SYS-Komponente.

ISA-Bus

Abkürzung für *Industry Standard Architecture*. Der ISA-Bus ist ein genormter PC-Bus, der ursprünglich 1987 von der Firma IBM entwickelt wurde. Dieses 16-Bit-Bussystem hat sich für PC-kompatible Geräte als Standard durchgesetzt und so durch die leichte Erweiterbarkeit durch Steckkarten sicherlich zum großen Erfolg des PCs beigetragen. Erst in letzter Zeit wurde es durch das 32-bittige → PCI abgelöst, nachdem die direkte Weiterentwicklung → E-ISA eher ein Schattendasein fristete.

ISDN

Abkürzung für *Integrated Services Digital Network*. Der ISDN integriert die digitale Übertragung von Daten und Sprache. Ein einfacher ISDN-

Anschluss besitzt bereits zwei Kanäle und ermöglicht damit eine Datenübertragung von jeweils 64 Kbit/s. Der Anschluss an den PC erfolgt mit
einer einfachen und sehr preiswerten ISDN-Steckkarte.

ISO

Abkürzung für *International Organisation for Standardization*. Dieser
Ausschuss arbeitet an der Normierung im internationalen Rahmen. Ihm
gehören heute etwa aus 90 Ländern stammende Normeninstitute an
(z.B. → DIN).

ISO 9660

Die ISO 9660 ist ein internationaler Standard, der die Dateiauf-
zeichnungen auf CD-ROMs regelt. Speziell die Lage von Daten und
Verzeichnissen und deren Anzahl sowie die Benennung von Dateien
wurde hier festgelegt.

IRQ

Abkürzung für → *Interrupt Request*. Dieses Signal zur Unterbrechung
wird von einer peripheren Hardware ausgelöst. Insgesamt besitzt ein
PC-Bus nur eine begrenzte Anzahl von elf IRQ-Leitungen.

JAZ-Drive

Das JAZ-Drive ist eine Weiterentwicklung des → ZIP-Drives. Es ist eine Art
Wechselplattenlaufwerk. Die einzelnen Speichermedien bieten eine
Kapazität von 512 Mbyte oder sogar 1.070 Mbyte. Auch die Geschwindig-
keit konnte im Vergleich zum ZIP-Drive gesteigert werden.

JPEG

Abkürzung für *Joint Photographic Experts Group*. Der JPEG Standard ist
ein Komprimierverfahren für digitale Bilder. Das Verfahren erzielt sehr
hohe Kompressionsraten, indem es ähnliche Farbtöne zu einer Farbe
zusammenfasst. Der Qualitätsverlust ist dabei relativ gering. Für professionelle Anwendungen ist dieses Verfahren aber ungeeignet, da es nicht
in der Lage ist, aus der komprimierten Datei wieder den Originalzustand
herzustellen. Es handelt sich hier also um kein echtes Kompressions-
verfahren, sondern eher um ein Reduktionsverfahren.

Jumper

Englisch für »Springer«. Jumper sind kleine aufsteckbare zweipolige Brücken mit Kunststoffummantelung. Sie dienen z.B. bei Festplatten oder älteren Grafikkarten dazu, bestimmte Funktionen zu aktivieren oder zu deaktivieren oder Interrupts einzustellen.

Kalibrierung

Durch Temperaturschwankungen kann es bei den hochempfindlichen Magnetscheiben in einer Festplatte zu minimalen Größen-veränderungen kommen. Dieses könnte dazu führen, dass Datenspuren nicht mehr korrekt eingelesen werden, da sich deren Position verändert hat. Aus diesem Grund besitzen moderne Festplatten eine Rekalibrations-Funktion. Der Schreib- und Lesekopf fährt dabei an eine fest definierte Position und bestimmt dann anhand der gelesenen Daten seine relative Position zur Plattenoberfläche. Nach diesem ca. 0,5 bis 2 Sekunden dauernden Vorgang kann die Arbeit wieder aufgenommen werden.

Keylock

Über den Schlüsselschalter am PC-Gehäuse lässt sich meist die Tastatur elektrisch vom Rechner trennen und soll so einen Fremdzugriff verhindern.

Kilobyte

Ein Kilobyte entspricht 1.024 → Byte.

Kissenverzerrungen

Häufig anzutreffender Bildfehler des Monitors. Die Ränder des Bildes wölben sich dabei kreisförmig nach außen oder innen. Je näher man zum Rand kommt, desto stärker ist diese Wölbung.

Konvergenz

Die Konvergenz bei einem Monitor bezeichnet das korrekte Verhältnis der drei Grundfarben Rot, Grün und Blau. Stimmt dieses Verhältnis nicht, kommt es z.B. zu weißen Linien oder Rändern; das Bild wirkt dann unscharf.

Kombi-Controller

Andere Bezeichnung für → *Multi-I/O-Karte*.

Landmark

Der Landmark-Test ist ein bekannter Benchmarktest, der die Leistung eines PCs und insbesondere der CPU ermittelt.

Landscape

Das Landscape-Format, ist ein Druckausgabeformat, bei dem die Seite quer von ihrer längeren Seite her bedruckt wird.

Library

Englisch für → *Bibliothek*.

LIFO-Speicher

Abkürzung für *Last In/First Out-Speicher*. Aus diesem Speicher werden die zuletzt gespeicherten Informationen als erste wieder ausgelesen (Stapelspeicher). Vergleiche → FIFO-Speicher.

LPT

Abkürzung für *Line Printer*. Die LPT-Schnittstelle bezeichnet die vom Betriebssystem für den Drucker definierte Ausgabeschnittstelle (in der Regel die → parallele Schnittstelle).

Mapping

Mit Mapping wird die Zuweisung der logischen Sektoren zu den physikalischen Sektoren eines Speichermediums bezeichnet. Mapping ist vor allem aus Kompatibilitätsgründen notwendig. So kann z.B. eine Festplatte eine andere Sektorenaufteilung als die tatsächlich physikalische simulieren.

Mainboard

Andere Bezeichnung für → Motherboard.

MCI

Abkürzung für *Media Control Interface*. Die MCI ist eine von der Firma Microsoft für Windows definierte Softwareschnittstelle für die Nutzung multimedialer Hardwarekomponenten (z.B. Soundkarten).

Megabyte

Ein Megabyte, abgekürzt Mbyte, entspricht 2 hoch 20 Bytes (= 1.048.576 Bytes). Bei Größenangaben von Festplatten wird oftmals mit dem Wert 1.000.000 Bytes gerechnet.

MF-2

Abkürzung für *Multifunktions-Tastatur Typ 2*. MF-2 bezeichnet den heute für PCs gängigen Tastaturstandard mit 102 Tasten und drei Kontrollleuchten.

MFM

Abkürzung für *Modified Frequency Modulation*. Dieses Verfahren wird heute nur noch zur Speicherung von Daten auf Disketten eingesetzt. Früher war es auch im Festplattenbereich wichtig.

MIDI

Abkürzung für *Musical Instruments Digital Interface*. Der MIDI-Standard verbindet elektronische Musikgeräte und Mischpulte mit dem Computer.

MIPS

Abkürzung für *Million Instructions per Second*. Die Maßeinheit gibt einen Anhaltspunkt zur Geschwindigkeit der CPU.

Mirroring

Bei diesem Verfahren zur Datensicherheit werden die Daten auf einer zweiten Platte gespiegelt. Bei Ausfällen der Hardware hat man so immer noch die synchrone Kopie des zweiten Laufwerks zur Verfügung. (Siehe auch → RAID).

Modem

Abkürzung für *Modulator/Demodulator*. Ein Modem wandelt die über die Telefonleitung kommenden analogen Signale in digitale Informationen um (und umgekehrt). Es wird zur Datenübertragung eingesetzt. Die Übertragungsrate beträgt bei modernen Modems bis zu 33.600 Bits/s.

MP3

MP3 ist die Abkürzung für MPEG 1 Layer 3 und bezeichnet ein Format zum Speichern von Musik. Aufgrund hoher Kompressionsraten ist der Speicherplatzbedarf sehr gering. Die Tonqualität ist mit der einer MiniDisc vergleichbar.

MPC

Abkürzung für *Multimedia Personal Computer*. Dieser von der Computerindustrie festgelegte Standard bezeichnet eine Mindestanforderung an einen Multimedia-Computer. Der MPC-Level 2 von 1993 schreibt z.B. einen Prozessor ab 486 SX mit High-Color Grafikkarte, 16-Bit-Soundkarte, 8 Mbyte Arbeitsspeicher und Double-Speed CD-ROM-Laufwerk vor.

MPEG

Abkürzung für *Motion Pictures Expert Group*. Diese Expertengruppe zum Thema Video hat einen sehr effizienten Standard zur Kompression von Bild und Ton entwickelt. Für den PC gibt es spezielle Erweiterungskarten, die das aktuelle sogenannte MPEG-2-Verfahren zur Wiedergabe und Kompression von Videos nutzen können.

MPR

Abkürzung für den schwedischen *Rat für Mess- und Prüftechnik*.
(→ Schwedennorm)

Motherboard

Die Hauptplatine oder auch das Mainboard ist die zentrale Platine eines Computers. Auf ihr befinden sich neben dem Prozessor auch der RAM-Speicher und zur Ansteuerung der übrigen Hardware nötige Komponenten und außerdem das BIOS, DMA-Controller, Interrupt-Controller, Cache-Controller und diverse Steckplätze.

MTBF

Abkürzung für *Mean Time Between Failure*. Bezeichnet die durchschnittliche Betriebsdauer für technische Geräte bis zu einem Defekt.
Ein CD-ROM-Laufwerk hat z.B. eine MTBF von 10.000 Stunden.

Multifrequenz-Monitor

Monitor, der sich automatisch auf verschiedene Frequenzen und Bildschirmauflösungen einstellen kann, im Gegensatz zum → Festfrequenzmonitor.

Multi-I/O-Karte

Eine Steckkarte, die gleichzeitig einen → IDE-Controller für Festplatten und Diskettenlaufwerke sowie weitere I/O-Schnittstellen (serielle und parallele Schnittstellen) beinhaltet.

Multiscan Monitor

Andere Bezeichnung für → *Multifrequenz-Monitor*.

Multisessionfähig

Wenn eine beschreibbare CD-ROM (insbesondere → Photo-CD) nach dem ersten Schreibvorgang (Session) noch nicht gefüllt ist, besteht die Möglichkeit in weiteren Sessions die CD-ROM zu füllen. Jeder Schreibvorgang wird mit einem speziellen Merkmal abgeschlossen. Bei älteren, nur Singlesession-fähigen Laufwerken, kann es vorkommen, dass dieses Abschlussmerkmal als Ende der CD-ROM interpretiert wird.

Multisync

Der Name »Multisync« ist ein von der Firma NEC eingetragenes Warenzeichen für einen → Multifrequenz-Monitor. Da NEC als einer der ersten Hersteller solche Monitore herausbrachte, wird dieser Begriff auch heute noch synonym verwendet.

Natural Keyboard

Eine von Microsoft entwickelte besonders ergonomische Tastatur. Sie ist in der Mitte leicht auseinandergezogen und die zwei Hälften stehen in leicht geneigtem Winkel zueinander.

NTFS

Das Dateisystem von Windows NT/2000/XP heißt »New Technology File System«. Es arbeitet hocheffizient und hat im Gegensatz zu FAT→ und FAT32→ einen serienmäßigen Passwortschutz und eine Datenverschlüsselung.

Nullmodem-Kabel

Das Nullmodem-Kabel bietet eine einfache Möglichkeit, zwei PCs über die seriellen Schnittstellen zu miteinander zu verbinden. Dieses Kabel darf nicht alle Leitungen einfach durchleiten, sondern die Sende- und Empfangsleitung muss innerhalb des Kabels getauscht werden. Auf diese Art ist eine einfache Datenübertragung mit geringen Geschwindigkeiten von bis zu 115 KByte/s möglich.

OCR

Abkürzung für *Optical Character Recognition*. Mit Hilfe dieses Verfahrens kann man aus einer als Bilddatei eingescannten Textseite die Buchstaben erkennen lassen und dann in eine Textdatei umwandeln.

OEM-Version

Abkürzung für *Original Equipment Manufacturer*. Ein OEM-Hersteller setzt Software- und Hardwarekomponenten anderer Hersteller ein und vermarktet sie als eigene Geräte. Bei Software stellt sich oft das Problem, das der Softwarehersteller bei OEM-Versionen keine Service- oder Updateleistungen anbietet. Oft muss der OEM-Anbieter auch eigene Handbücher erstellen. Dafür ist diese Software natürlich entsprechend preisgünstiger.

OLE

Abkürzung für *Object Linking and Embedding*. Das OLE-Verfahren wurde von Microsoft entwickelt, um den Austausch von Daten zwischen verschiedenen Windows-Anwendungen zu ermöglichen. OLE ist eine Erweiterung der → DDE-Schnittstelle. Die Besonderheit hier ist, dass die in andere Anwendungen eingefügten Daten mit ihrer Ursprungsanwendung fest verbunden bleiben.

On-Board

Komponenten, die statt als Steckkarte schon direkt auf dem Motherboard integriert sind, nennt man on-board. Bei modernen Boards sind z.B. oft der Festplatten-Controller und der Schnittstellen-Controller bereits auf dem Board untergebracht. Ein Vorteil hierbei ist, dass die Komponenten günstiger herzustellen sind und besser auf das Motherboard abgestimmt sind. Diesen Vorteil muss man sich aber meist mit der schlechteren Nachrüstbarkeit auf neue Entwicklungen erkaufen.

OPL

Der OPL-Chip wird von der Firma Yamaha hergestellt und vielfach auf Soundkarten zur Klangerzeugung eingesetzt. Die inzwischen als Standard durchgesetzte OPL-3 Version findet sich z.B. auf Sound Blaster-Karten. Erstmals wurde der OPL-Chip von der Firma Adlib auf Soundkarten eingesetzt. Der aktuelle OPL-4 Chip liefert erstmals nicht mehr synthetisch erzeugte Klänge, sondern kann auf eine Bibliothek von digitalisierten Tönen zurückgreifen.

OS

Abkürzung für *Operating System*. Englische Bezeichnung für das Betriebssystem eines Computers (z.B. MS-DOS, Windows oder OS/2).

OSD

Abkürzung für On Screen Display. Bei modernen Monitoren wird die Einstellung der Bildoptionen meist mit einem auf dem Bildschirm angezeigten Menü durchgeführt.

Overdrive

Die Overdrive-Prozessoren von Intel stellen eine einfach zu handhabende Upgrade-Technologie dar. Auf Motherboards, die für diese Aufrüst-Möglichkeit ausgestattet sind, wird der Overdrive-Prozessor entweder in einen eigenen → ZIF-Sockel eingesetzt oder einfach gegen den alten Prozessor ausgetauscht. Es lassen sich so Leistungssteigerungen von 40% bis 200% realisieren. Die OverDrive-Technik wird von Intel seit der 486-Generation angeboten.

Paging-Technik

Englisch für *Seiten*. Das Paging ist ein Verfahren zur Organisation des Speichers. Der Speicher wird dabei in Seiten organisiert, die jeweils wieder in Zeilen und Spalten unterteilt sind. Bei Schreib- und Lesezugriffen auf die gleiche Zeile einer Seite wird jeweils nur die Spaltenadresse weitergegeben. Dieses Verfahren führt natürlich zu einer enormen Beschleunigung des Zugriffs (bis zu 20 Prozent).

Parallele Schnittstelle

Die parallele Schnittstelle (oder LPT-Port) ist ein Anschluss für externe Geräte wie z.B. den Drucker an den Computer. Die Daten werden hier parallel, das heißt byteweise, in beide Richtungen geschickt. Die Geschwindigkeit ist entsprechend höher als bei der → seriellen Übertragung.

Parität

Die Quersumme eines Bytes, die Parität genannt wird, kann entweder Null oder Eins betragen. Sie wird zur Fehlerüberprüfung bei der Speicherung oder Datenübertragung genutzt.

Parity

Mit Parity wird meist eine → Paritäts-Prüfung in Speichermodulen bezeichnet. Bitfehler in den Speicherbausteinen können so meist vom Chipsatz erkannt werden. Im Fehlerfall unterbricht der Computer so seine Arbeit und meldet einen *Parity Error*. Inzwischen geht der Trend aufgrund der recht zuverlässigen → DRAM-Technik dazu über, Module ohne Parity einzusetzen, da diese sehr viel kostengünstiger sind.

Partition

Eine Festplatte kann in logische Bereiche unterteilt werden, wobei diese einzelnen Partitionen vom Betriebssystem als verschiedene logische Laufwerke angesprochen werden. Die erste (primäre) Partition bezeichnet meist die Bootpartition. Von ihr wird beim Computerstart das Betriebssystem geladen.

PCI-Bus

Der PCI-Bus ist ein von der Firma Intel weiterentwickeltes Local-Bus-System. Es soll eine leistungsfähigere Alternative zum → VESA-Local-Bus-System darstellen und hat sich bei neueren Systemen schnell als Standard durchgesetzt, denn gerade in modernen Pentium-Systemen stößt die ältere VESA-Technik an ihre Grenzen. Der PCI-Standard existiert in der aktuellen Version 2.0 (Version 2.1 ist in Vorbereitung) und wird hauptsächlich von Erweiterungskarten wie Festplatten-Controller oder Video-Karte genutzt. PCI bietet mit dem entsprechenden BIOS eine → Plug and Play-Funktion zur automatischen Installation von Steckkarten an. Die maximale Datendurchsatzrate wird bei PCI mit 132 Mbyte/s angegeben.

PCL

Abkürzung für *Printer Control Language*. Die PCI ist eine von der Firma Hewlett Packard entwickelte Seitenbeschreibungssprache. In der aktuellen Version PCL-5 enthält diese Sprache auch den → HPGL Standard für Vektorgrafiken. Die meisten Laserdrucker arbeiten heute zumindest nach dem PCL-5 Standard. Er ist im semiprofessionellen Bereich aus preislichen Gründen dem ähnlichen → PostScript vorzuziehen.

PC-Card (früher PCMCIA)

Abkürzung für *Personal Computer Memory Card International Association*. Der PCMCIA kennzeichnet einen Standard von Steckkarten im Scheckkartenformat. Über 300 Firmen im Hard- und Softwarebereich haben sich auf diese PC-Card-Architektur geeinigt und ermöglichen so Netzwerkadapter, Modems, Festplatten und RAM-Speicher als Einsteck-karten.

Performance

Die Performance bezeichnet die Leistungsfähigkeit und Geschwindigkeit eines PC-Systems oder einzelner Komponenten.

Photo-CD

Die Photo-CD ist ein spezielles von der Firma Kodak entwickeltes Verfahren, um Fotografien digital zu speichern. Normale Negativ-Filme werden dabei digitalisiert und für den Kunden auf eine CD gebrannt. Auf eine CD passen dabei in drei unterschiedlichen Auflösungen rund 50 Bilder. Mit einem speziellen Abspielgerät können die Bilder an jedem Fernseher angesehen werden. Gleichzeitig können sie aber auch von jedem Standard-CD-ROM-Laufwerk gelesen werden.

Pipelining

Pipelining ist eine Technik zum Prozessor-Design, bei dem die Elemente zur Verarbeitung der Befehle mehrfach vorhanden sind und gleichzeitig simultan arbeiten können.

Pipelined-Burst-Cache

Der Burst-Mode wird im Zusammenhang mit dem → Second-Level-Cache verwendet. In diesem Modus können die Daten schneller übertragen werden, da darauf verzichtet wird, die komplette Speicheradresse anzugeben. Es wird hier nur die Anfangsadresse und die Anzahl der Datenelemente angegeben. Beim Pipelined-Burst-Cache können zusätzlich mehrere solche Burst-Zugriffe gleichzeitig gestartet werden.

Pixel

Abkürzung für die Wörter *Picture and Element*. Ein Pixel ist die kleinste darstellbare Einheit eines Bildes (ein Bildpunkt).

Platine

Eine Platine ist eine Kunststoffplatte, auf die elektronische Bauteile aufgelötet sind. Durch ein chemisches Ätzverfahren erhält die Platine elektrisch leitende Bahnen, durch die einzelnen Bauteile elektrisch verbunden sind. Die größte Platine im Computer ist das → Motherboard, aber auch alle Einsteckkarten bestehen aus Platinen.

Plug&Play

Dieses System soll den Einbau von Erweiterungskarten erleichtern, ganz nach dem Motto »einstecken und loslegen«. Im einzelnen meint das den Verzicht auf Jumper oder komplizierte BIOS-Einstellungen, darum kümmert sich das Plug-and-Play-System automatisch. Voraussetzung dafür sind nur ein entsprechendes → BIOS und PnP-Adapterkarten.

PGA

Abkürzung für *Pin Grid Array*. Das PGA stellt eine Bauform dar, in der z.B. Intel heute seine Prozessoren herausgibt. Diese Ausführung besteht aus einem Keramik-Gehäuse aus dem nach unten 168 bis 273 leicht verbiegbare Kontaktbeinchen herausreichen. Diese Prozessoren werden auf einen Sockel gesteckt. (→ PQFP)

PnP

Abkürzung für → *Plug and Play*.

POST

Abkürzung für *Power-On Self Test*. Mit dem POST ist der Selbsttest gemeint, den der Computer (das BIOS) nach dem Einschalten durchführt. Die Signale (meist Ton-Signale), die das Ergebnis dieses Test darstellen werden POST-Codes genannt.

PostScript

PostScript ist eine spezielle Seitenbeschreibungssprache, die vor allem zur Ausgabe von Daten auf den Drucker entwickelt wurde. Die Seiten werden dabei nicht, wie sonst meist üblich, Punkt für Punkt ausgegeben, sondern durch bestimmte Anweisungen (z.B. Kreis an der Stelle X,Y). Heute werden PostScript-Drucker vor allem im professionellen Bereich für eine hochqualitative Ausgabe eingesetzt.

Power Supply

Englische Bezeichnung für die *Stromversorgung* (das Netzteil).

PQFP

Abkürzung für *Plastic Quad Flat Pack*. Das PQFP stellt eine Bauform dar, in der z.B. Intel heute seine Prozessoren herausgibt. Diese Ausführung besteht aus einem Kunststoff-Gehäuse und ist an der Außenseite mit 196 federnden Kontakten versehen. (→ PGA)

PRN

Als PRN (Printer) wird z.B. im Betriebssystem MS-DOS meist die standardmäßige Druckerschnittstelle → LPT1 bezeichnet.

PROM

Abkürzung für *Programmable Read Only Memory*. Aus diesen Speicherbausteinen kann man einmal programmierte Informationen dauerhaft speichern und immer wieder abrufen. Die Daten werden mit einem EPROM-Brenner dauerhaft in den Chip geschrieben. Eingesetzt werden solche PROMs z.B. für das → BIOS eines PCs. Weiterentwicklungen sind → EPROMs und → EEPROMs.

Protected Mode

Ab den Prozessoren 286 bis zum heutigen Pentium kann der Arbeitsspeicher zusätzlich zum → Real Mode auch im Protected Mode verwaltet werden. Die Daten der unterschiedlichen Programme im Speicher sind hier vor gegenseitigem Zugriff geschützt. Die maximal verwaltbare Speichermenge ist von der Breite des Adressbusses abhängig. Ab dem 386 Prozessor beträgt sie 32 Bit, das entspricht einem Speicher von 4 Gbyte.

Prozessor-Clone

Die Prozessoren der Firma Intel, die sich weltweit als Standard für Computer-CPUs durchgesetzt haben, werden immer wieder von anderen Firmen kopiert.

Prozessor-Upgrade

Viele → Motherboards sind dafür ausgerüstet, später die CPU gegen einen leistungsfähigeren Prozessor umzutauschen. Meistens ist dieser Schritt mit wenigen Handgriffen getan und erhöht die Performance deutlich.

PS/2-Maus

Auf vielen Pentium-Boards wird inzwischen ein eigener Maus-Anschluss angeboten. Das hat den Vorteil, dass keine wertvollen seriellen Schnittstellen belegt werden. Der Nachteil ist aber, dass es sich hierbei um

einen speziellen Steckanschluss handelt und man eine teurere
PS/2-Maus oder einen entsprechenden Adapter benötigt.

PS/2-Modul

Anfang der 90er Jahre fanden die PS/2-Module nur in der PS/2-Com-
puterreihe von IBM Verwendung. Sie sind heute durch SDRAMs nahezu
vollständig ersetzt

QuadSpeed

Preiswerte Quad-Speed CD-ROM-Laufwerke (vierfache Geschwindigkeit)
erreichen Datenübertragungsraten von rund 600 KBytes/s, Sechsfach-
Laufwerke rund 900 Kbyte/s und Achtfach-Laufwerke rund 1.200 Kbyte/s.

Aktuelle CD-Laufwerke arbeiten mit 48-facher oder noch höherer Geschwindigkeit.

QIC-Streamer

Abkürzung für *Quarter Inch Cartridge*. Der QIC-Standard bezeichnet in
erster Linie die Bauform einer Magnetbandkassette (engl. auch *Tape*), die
in Streamerlaufwerken zur Datensicherung eingesetzt wird. Die Speicherkapazitäten der Kassetten reichen von 40 Mbyte bis zu 2 GB.

Radial-Schrittmotor

Der Radial-Schrittmotor ist ein äußerst präzise arbeitender Motor. Er
wird in Festplatten eingesetzt, um die Schreib- und Leseköpfe von Spur
zu Spur zu bewegen.

RAID

Abkürzung für *Redundant Array of Inexpensive Disks*. Die »redundante
Anordnung preiswerter Festplatten« ist eine Technologie zur Datensicherheit. Auf dem einfachsten Level 1 der RAID Sicherheitsstufe wird
eine Festplatte einfach nach dem Mirror- oder Duplexing-Verfahren auf
eine zweite Platte gespiegelt. Sollten Teile der ersten Platte ausfallen, hat
man immer noch die synchrone Kopie auf der zweiten Disk. Beim Verfahren RAID Level 5 werden meist fünf Festplatten von einem gemeinsa-
men Controller betrieben. Prüfsummen der einzelnen Sektoren werden
verzahnt auf die Platten verteilt. Sollte eine Disk ausfallen, können meist

alle Daten anhand der übrigen Laufwerke rekonstruiert werden und das System kann unterbrechungsfrei weiterarbeiten.

RAM

Abkürzung für *Random Access Memory*; einen Speicherbaustein der mit wahlfreiem Zugriff beschrieben und ausgelesen werden kann. Eingesetzt wird er als normaler Arbeitsspeicher in jedem PC. Man unterscheidet außerdem noch zwischen → SRAM und → DRAM.

RAM-DAC

Abkürzung für *Random Access Memory – Digital to Analog Converter*. Dieses Element wandelt die digitalen Farbdaten einer Grafikkarte in analoge Signale zur Ausgabe auf den Monitor um.

Real Mode

Bei PC-Prozessoren der ersten Generation (Intel 8086 und 8088) war der Real Mode der einzige, mit dem das Betriebssystem den Speicher ansprechen konnte. In diesem Modus befinden sich Programmcode und Daten in einem Speicherbereich und können nicht voneinander geschützt werden. Jedes Programm hat also uneingeschränkten Zugriff auf den gesamten Bereich. Speicherpositionen werden mit der physikalischen Adresse angesprochen und Speicheranforderungen werden ungeprüft über den Adressbus weitergegeben. Maximal kann im Real Mode ein Speicherbereich von 1 Mbyte angesprochen werden. Die nächste Prozessoren-Generation verfügte zusätzlich über einen → Protected Mode.

Refresh

→ D-RAM Speicherbausteine müssen im Gegensatz zu → S-RAMs in regelmäßigen Abständen mit einer Refresh-Spannung versorgt werden, damit sie ihre Informationen nicht verlieren.

Register

Als Register bezeichnet man die verschiedenen Bereiche eines Speichers, in denen Adressen, Operanden, Parameter und Zwischenergebnisse abgelegt werden.

Resident

Als speicherresident bezeichnet man Programme, die sich permanent im Hintergrund im Arbeitsspeicher aufhalten. Sie werden z.B. als Hardware-Treiber eingesetzt.

Resolution

Englisch für *Auflösung*.

RET

Abkürzung für *Resolution Enhancement Technology*. Dieses von der Firma Hewlett Packard entwickelte Verfahren, soll die Qualität des Ausdrucks bei einem Laserdrucker erhöhen. Es ist ein spezielles Verfahren zur Glättung der Kanten (des sog. Treppeneffekts). Für den Betrachter entsteht bei gleichbleibender Auflösung der Eindruck einer höheren Auflösung. Inzwischen wird diese Technik, natürlich unter anderem Namen, von verschiedenen Herstellern angeboten.

RISC-Prozessor

Abkürzung für *Reduced Instruction Set Computer*. Dieser Prozessor mit vereinfachtem und reduziertem Befehlssatz ermöglicht eine wesentlich schnellere Ausführung der einzelnen Befehle. Komplexere Befehle müssen aber jetzt aus einer Folge von Maschinencodes realisiert werden.

ROM

Abkürzung für *Read Only Memory*. Englisch für *Nur-Lese-Speicher*, also ein Speicher, aus dem einmalig gespeicherte Informationen immer wieder gelesen werden können. Ein ROM-Speicher kommt z.B. im → BIOS zum Einsatz.

RS232-Interface

Die RS232-Schnittstelle ist der verbreiteteste Standard für die → serielle Schnittstelle. Die meisten Computer sind heute mit einer solchen 9- oder 24-poligen-Steckverbindung ausgerüstet. Geräte wie Maus oder Modem können hier angeschlossen werden.

RTC

Abkürzung für *Real Time Clock*. Die RTC ist die Echtzeituhr, die bei jedem Computer auf dem Motherboard für die richtige Uhrzeit und das Datum sorgt.

Sampling

Sampling bezeichnet in der digitalen Datenverarbeitung die Digitalisierung bzw. Abtastung von Bild- oder Tonvorlagen. Videodaten können mit einem Scanner oder einer Videokamera gesampelt werden, Audiodaten werden meist mit einer Soundkarte gesampelt.

Schrittmotor

Der Schrittmotor ist ein äußerst präzise arbeitender Motor. Er wird z.B. in Festplatten eingesetzt um die Schreib- und Leseköpfe von Spur zu Spur zu bewegen.

»Schwedennorm«

Umgangssprachlicher Begriff für die vom schwedischen *Rat für Mess- und Prüftechnik* (abgekürzt MPR) verfasste Norm, die die Grenzwerte der aus Monitoren entweichenden Strahlung beschreibt. Diese Norm wurde in Zusammenarbeit mit der schwedischen Angestelltengewerkschaft (→ TCO) erstellt. Moderne strahlungsarme Monitore erfüllen heute mindestens die überarbeitete Norm MPR II.

SCSI

Abkürzung für *Small Computer System Interface*. Der SCSI-Standard erlaubt den Betrieb von bis zu sieben Peripheriegeräten an einem Controller. Gleichzeitig ist auch die Installation mehrerer SCSI-Controller in einem PC kein Problem. Neben Festplatten können auch andere Geräte, wie z.B. Scanner angeschlossen werden. Die Geräte werden dabei an einem einzigen Kabel hintereinander gehängt. Das letzte Gerät wird mit einem Abschlusswiderstand (Terminator) versehen und kennzeichnet so das Ende des Busses.

SCSI-2

Der heute gängige SCSI-2 Standard, der im Gegensatz des SCSI-1 Standards konsequent auf eine synchrone Datenübertragung setzt, ermöglicht Übertragungsraten von bis zu 10 Mbyte/s. SCSI-1 ermöglicht einen Datentransfer von maximal 3,3 Mbyte/sek. im normalen asynchron arbeitenden Modus und Raten von bis zu 5 Mbyte/s im schnelleren synchronen Modus. (Erweiterungsoption des SCSI-2 Standards → Wide-SCSI).

SCSI-3

SCSI II bietet Datenübertragungsraten von bis zu 100 Mbyte/s. Aufgrund der im Moment aber noch extrem teuren 110-poligen Kabel ist er in der Praxis noch vergleichsweise selten anzutreffen.

S-DRAM

Abkürzung für *Synchronous DRAM*. Eine Weiterentwicklung der → DRAMs. Diese Module bieten geringe Geschwindigkeitsvorteile, werden aber heute noch nur selten eingesetzt.

Second-Level-Cache

→ 2nd-Level-Cache

Sektoren

Festplatten bestehen aus mehreren übereinander angeordneten magnetisch beschichteten Platten. Jede einzelne Platte ist in Spuren aufgeteilt, die sich kreisförmig um die Mittelachse ziehen und noch einmal in Sektoren unterteilt sind.

Semiconductor

Englisch für → *Halbleiter*.

Serielle Schnittstelle

Die serielle Schnittstelle (oder COM-Port) ist ein Anschluss für externe Geräte wie z.B. Maus oder Modem an den Computer. Die Daten werden hier seriell, das heißt bitweise, in beide Richtungen geschickt.

Shadow-RAM

Die meisten BIOS-Typen bieten eine sogenannte Shadow-RAM-Funktion an. Sie dient dazu, Teile des langsameren System-ROMs in den schnelleren RAM-Arbeitsspeicher zu kopieren. Da heute aber immer mehr Betriebssysteme die Hardware unter Umgehung des System-BIOS direkt ansprechen, wird diese Funktion zunehmend unbedeutender.

SIMM

Abkürzung für *Single Inline Memory Module*. Diese Speichermodule haben an der Unterseite 30 Kontaktanschlüsse. Sie bestehen meist aus 8 Bausteinen oder 9 Bausteinen (mit Parity). Die maximale Größe von SIMMs beträgt 4 Mbyte. Heute sind SDRAM-Module üblich.

SIMM-Shuttle

Die SIMM-Shuttle genannten SIMM-PS/2-Adapter dienen dazu, alte SIMM-Speichermodule auch in Boards mit PS/2-Bestückung weiterverwenden zu können. Dazu werden vier oder acht SIMM-Module in einen Adapter gesteckt. Dieser 72-polige Adapter kann nun als PS/2-Modul eingesetzt werden. Mit zunehmendem Preisverfall bei PS/2-Modulen spielt dieser Adapter allerdings heute kaum noch eine Rolle und sein Einsatz ist auch aufgrund der Vielzahl der möglichen technischen Probleme nicht mehr sinnvoll.

Singlesession

Im Gegensatz zu den heute üblichen → Multisession-fähigen CD-ROM-Laufwerken, können alte Laufwerken oft nur die erste aufgebrachte Session einer → Photo-CD lesen.

SIO

Abkürzung für *Serial Input Output*. Dieser Chip realisiert als Controller die serielle Datenübertragung. In PCs wird meist ein → UART Schaltkreis eingesetzt.

SIP

Abkürzung für *Single Inline Package* (→ DIP).

Slot

Als Slots werden die Einsteckplätze auf dem → Motherboard bezeichnet, die Erweiterungskarten aufnehmen können.

Slow-Refresh

D-RAM-Bausteine werden üblicherweise im PC in 15 Mikrosekunden-Abständen → refreshed. In einigen BIOS-Einstellungen ist eine Verlängerung dieser Taktzeit auf ca. 60 Mikrosekunden möglich.

SLSI

Abkürzung für *Super Large Scale Integration*. SLSI bezeichnet einen Integrationsgrad eines Chips. Auf diesem Level können 100.000 Transistorfunktionen in einem Chip untergebracht werden.

SPOOL

Abkürzung für *Simultanous Peripheral Operations OnLine*. Der Spooler ist eine spezielles Programm, das Druckaufträge in einer Warteschlange verwaltet und zwischenspeichert. Sie werden nach und nach vom Drucker abgearbeitet, während der Anwender schon die nächste Aufgabe bewältigen kann.

Spuren

Festplatten bestehen aus mehreren übereinander angeordneten magnetisch beschichteten Platten. Jede einzelne Platte ist in Spuren aufgeteilt, die sich kreisförmig um die Mittelachse ziehen und noch einmal in Sektoren unterteilt sind.

Swap-File

Bei einem Swap-File handelt es sich um eine Auslagerungsdatei. Sollte der reell zur Verfügung stehende RAM-Speicher nicht mehr ausreichen, werden Teile des RAMs zeitweise auf die Festplatte ausgelagert. Diese Technik wird z.B. von Windows benutzt. Vorteil: Auch auf kleineren Hardwareplattformen laufen größere Anwendungen. Nachteil: Naturgemäß arbeitet die Festplatte erheblich langsamer als echter RAM-Speicher.

S-RAM

Statischer RAM-Speicher. → RAM-Speicherbaustein, der die Informationen im Gegensatz zum → D-RAM auch ohne ständige zyklische Auffrischung behält. Sie werden mit Zugriffsgeschwindigkeiten von 15 bis 30 Nanosekunden, z.B. als Cachespeicher, benutzt.

SSI

Abkürzung für *Statens Stralskydds Institut*. Das schwedische Strahlenschutzinstitut gab erstmals Richtlinien für strahlungsarme Monitore heraus. Inzwischen wurden diese Richtlinien von → MPR-II und danach TCO-92 abgelöst.

Synchron

Bei der synchronen Datenübertragung sind Sender und Empfänger im Gleichtakt. Der Empfänger sendet gleichzeitig mit dem Erhalt der Daten eine Bestätigung, während der Sender schon wieder die nächsten Daten schickt (im Gegensatz dazu → asynchrone Datenübertragung).

Synchroner Cache

Andere Bezeichnung für → Burst-Cache.

Tag-RAM

Das Tag-RAM ist das wichtigste Element für die Funktion eines Cachespeichers. Es speichert Angaben über bereits im Cachespeicher enthaltene Daten.

TCO

Abkürzung für die *schwedische Angestelltengewerkschaft*. Mit ihrer Zusammenarbeit kam es zu verschärften Formen der Strahlengrenzwerte bei Computer-Monitoren. Die Prüfung nach der TCO 92-Norm setzt erheblich geringere Grenzwerte als die → MPR II-Norm an.

Terminierung

Die beiden physikalischen Enden eines SCSI-Busses müssen mit einem Terminator abgeschlossen werden. Diese Terminierung ist aufgrund der großen möglichen Kabellängen notwendig geworden. Ohne Terminatoren würden Störungen am Kabelende reflektiert und erneute Störungen hervorrufen.

Topless-SIMM

SIMM-Module, bei denen die Siliziumplättchen direkt mit der Platine verdrahtet sind, nennt man Topless-SIMMS. Zu erkennen sind sie daran, dass statt der aufgesetzten Chip-Gehäuse nur kleine schwarze »Harzkleckse« zu erkennen sind. Diese Module werden auch COB (Chip on Board)-SIMMs genannt.

Touch-Pad

Kleine berührungsempfindliche Fläche, die auf Fingerbewegungen reagiert. Das Touch-Pad ersetzt in Notebooks die Maus oder den → Trackball.

TPI

Abkürzung für *Tracks per inch*. Mit TPI wird die Anzahl der Spuren pro Zoll bei einer Festplatte angegeben. Sie ist ein Faktor für die zu speichernde Datenmenge.

Trackball

Beim Trackball handelt es sich um eine »umgedrehte Maus«. Mit den Fingern wird direkt eine Kugel bewegt, davor sind die üblichen Mausschalter angebracht. Vorteil dieses Eingabegeräts, das die Maus ersetzt: es benötigt weniger Fläche und keine glatte Unterlage.

Treiber

Treiber sind Programme, die im Hintergrund laufen und die Steuerung bestimmter Hardwarekomponenten übernehmen (z.B. der Grafikkarte).

Treppeneffekt

Deutsche Bezeichnung für → Aliasing.

Troubleshooting

Mit dem Troubleshooting ist die Suche nach Ursachen und Behebung von Hard- oder Softwarefehlern gemeint.

True-Color

Mit True-Color wird umgangssprachlich eine Farbtiefe bezeichnet, die ungefähr der menschlichen Farbwahrnehmung entspricht. Daher könnte man den Begriff mit *wirklichkeitsgetreuen Farben* übersetzen (oder auch *Echtfarbdarstellung*). Die True-Color Farbpalette enthält 16,7 Millionen Farben, das bedeutet eine Farbtiefe von 24 Bit. (→ High-Color)

Turbo-LED

Diese Leuchtdiode zeigt an, ob der PC sich im Turbo-Modus befindet.

TWAIN

Abkürzung für *Transmit Windows Advanced Interface*. Diese speziell für Scanner normierte Schnittstelle soll es ermöglichen, Scanner verschiedener Hersteller aus verschiedenen Windows-Programmen nutzen zu können. Jeder beliebige TWAIN-kompatible Scanner kann also aus jeder TWAIN-kompatiblen Anwendung genutzt werden. In der Praxis kommt es allerdings manchmal aufgrund nicht ganz einheitlicher Umsetzung des Standards zu Problemen.

Typematic Rate

Im → CMOS ist meist die Möglichkeit gegeben, die *Tastenwiederholungsrate* genau einzustellen. Diese Option kommt immer dann zum Einsatz, wenn eine Taste längere Zeit niedergedrückt gehalten wird.

UART

Abkürzung für *Universal Asynchronous Receiver/Transmitter*. Der UART-Baustein ist das wesentliche Element einer seriellen Schnittstelle. Im PC wurden üblicherweise Typen wie NS 8250 oder 16450 eingesetzt. In letzter Zeit wird eigentlich ausschließlich der Typ 16550 eingesetzt. Dieser erhöht durch seinen eingebauten → FIFO-Speicher gerade in Multitasking-Umgebungen die Übertragungssicherheit.

ULSI

Abkürzung für *Ultra Large Scale Integration*. ULSI bezeichnet einen Integrationsgrad eines Chips. Auf diesem Level können 1.000.000 bis 100.000.000 Transistorfunktionen in einem Chip untergebracht werden.

USB

Kurz für »Universal Serial Bus«, der wichtigsten Computerschnittstelle, an der Drucker, Maus und andere Geräte angeschlossen werden.

USV

Abkürzung für *Unterbrechungsfreie Strom-Versorgung*. Der Anschluss einer USV an einen Computer gestaltet sich denkbar einfach. Sie wird einfach zwischen Netzstecker und Steckdose eingesetzt. Sie filtert einerseits Spannungsschwankungen, wie sie in jedem Netz täglich vorkommen, heraus. Außerdem liefert sie auch bei einem Stromausfall über einen gewissen Zeitraum ausreichend Energie, um zumindest noch die Daten zu sichern und das System ordnungsgemäß herunterzufahren.

VESA

Abkürzung für *Video Electronics Standard Association*. Eine Vereinigung, die verschiedene Standards im Grafikkartenbereich geschaffen hat.

VESA-Localbus

Abkürzung für *Video Electronics Standard Association*. Der auch VL-Bus genannte Standard bezeichnet ein verbessertes Bus-System, das die Kommunikation zwischen CPU und Peripherie beschleunigt. Eingesetzt wird das System, das inzwischen in der aktuellen Version 2.0 existiert, vor allem für Grafikkarten und Festplatten-Controller. Im Gegensatz zum herkömmlichen → ISA-Bus wird die bessere Geschwindigkeit durch einen bis auf 40 MHz (statt 8,3 MHz) erhöhten Bus-Takt und eine Datenbreite von 32 Bit (statt 16 Bit) erreicht.

V-FAT

Abkürzung für *Virtual File Allocation Table* (→ FAT). VFAT ist eine Erweiterung des FAT-Systems, das z.B. in Windows für Workgroups 3.11 und in

Windows 95 Verwendung findet. Neben dem Geschwindigkeitsvorteil durch den 32 Bit Dateizugriff sind unter Windows 95 Dateinamen mit einer Länge von bis zu 255 Zeichen möglich.

Video-CD

Eine Video-CD enthält laut den 1993 verabschiedeten Standards bis zu maximal 74 Minuten Video- und Audiodaten, die im MPEG-Verfahren aufgezeichnet sind.

VLB

Abkürzung für → *VESA-Localbus*.

VLSI

Abkürzung für *Very Large Scale Integration*. VLSI ist die Bezeichnung für eine Integrationsstufe von Chips. In dieser Stufe können 10.000 bis 1.000.000 Transistorfunktionen auf einem Chip untergebracht werden.

VRAM

Video-RAM-Bausteine sind vor allem für Grafikkarten entwickelte → D-RAM-Speicher, die getrennte Ein- und Ausgabeports besitzen.

Waitstates

Englisch für *Wartezyklen*. Ein zu schneller Prozessor muss bei entsprechend langsamer arbeitender Peripherie (vor allem Speicherelemente oder Bussystem) einen oder mehrere Waitstates einlegen, um eine korrekte Datenübertragung gewährleisten zu können.

Whetstone

Der Whetstone ist ein Benchmarktest, der vor allem die Rechenleistung des arithmetischen Coprozessors misst. Heute ist er eigentlich nur noch aus historischer Sicht von Bedeutung.

Wide-SCSI

Wide-SCSI ist eine Erweiterungsoption des → SCSI-2 Standards. Daten können hier über einen 16 Bit oder 32 Bit breiten Bus bewegt werden.

Das führt zu einer Vervielfachung der maximalen Transferraten auf bis zu 40 Mbyte/s. Außerdem erhöht sich die Anzahl der an einem Bus betreibbaren Geräte auf 16 bzw. 32.

WORM

Abkürzung für *Write Once Read Multiple*. Eine WORM-Platte ist ein einmal mit einem speziellen Laufwerk beschreibbares Speichermedium, das dann in jedem CD-ROM-Laufwerk wieder gelesen werden kann.

WRAM

Genau wie → VRAM-Bausteine sind auch die neueren Windows-RAM-Speicher speziell für Video-Karten konstruierte Chips. Sie besitzen zusätzlich einige implementierte Funktionen zur schnelleren Ausgabe grafischer Bildelemente. Die Datendurchsatzrate konnte um bis zu 50 Prozent gegenüber den VRAMs erhöht werden

WYSIWYG

Abkürzung für *What you see is what you get*. Damit ist gemeint, dass das, was in einem Anwendungsprogramm auf dem Bildschirm zu sehen ist, in gleicher Form auf den Drucker ausgegeben werden kann. Das erspart Probeausdrucke und ermöglicht es, das Aussehen eines Ausdrucks schon am Bildschirm beurteilen zu können.

Zeilenfrequenz

Aus der Zeilenfrequenz errechnet sich die → Bildwiederholfrequenz. Ein ergonomisch sinnvolles Arbeiten ist ab etwa 64 kHz Zeilenfrequenz möglich.

ZIF-Sockel

Abkürzung für *Zero-Insertion-Force-Sockel*. Moderne Pentium-Motherboards sind normalerweise mit einem ZIF-Sockel zur Aufnahme des Prozessor ausgerüstet. Um den Prozessor einsetzen zu können, wird einfach der seitlich angebrachte Hebel gelöst und nach oben geschoben.

ZIP-Laufwerk

Ein ZIP-Laufwerk ist ein neuentwickeltes Wechselplattensystem, das mit einem Disketten-Laufwerk vergleichbar ist. Die Speichermedien haben eine Kapazität von 100 Mbyte. (→ JAZ-Drive).

Zoll

Die amerikanische Maßeinheit Zoll (oder inch) wird häufig für die Angabe der Länge der Bildschirmdiagonalen eines Monitor verwendet. Ein Zoll entspricht genau 25,4 mm (z.B.: 15" = 38,1 cm / 17" = 43,18 cm).

Zone Bit Recording

Das ZBR ist ein Aufzeichnungsverfahren, das die unterschiedliche Geometrie der Spuren auf Magnetscheiben berücksichtigt. Es führt so, bei gleicher Plattengröße, zu einer um bis zu 40 Prozent gesteigerten Kapazität.

Zylinder

Festplatten bestehen aus mehreren übereinander angeordneten magnetisch beschichteten Platten. Jede einzelne Platte ist in Spuren aufgeteilt, die sich kreisförmig um die Mittelachse ziehen und noch einmal in Sektoren unterteilt sind. Die Spuren übereinanderliegender Platten werden zu Zylindern zusammengefasst.

Lösung der Erfolgskontrollen

Erfolgskontrolle »Eingabegeräte und Schnittstellen«

1. Die Norm heißt »MF-II«.

2. Eine Codepage enthält länderspezifische Informationen. Sie wird beim Start des Betriebssystems geladen und verbleibt während der Arbeit im Hintergrund. PCs können mit ihrer Hilfe in verschiedenen Ländern verwendet werden, ohne die Hardware neu zu strukturieren.

3. a) und b): Aktivieren in Kombination mit anderen Tasten unterschiedliche Funktionen; c) Bricht die aktuelle Operation ab; d) Schaltet in den »Einfüge«-Modus um; e) Bewegt den Cursor an den Zeilenanfang; f) Bewegt den Cursor an das Zeilenende; g) Druckt den aktuellen Bildschirm aus; h) Sind mit unterschiedlichen benutzerdefinierten Funktionen belegt

4. Beim Start des BIOS ist noch keine deutsche Codepage geladen. Drücken Sie »Z« statt »Y«.

5. In einer Maus wird die Bewegung einer Kugel in eine Bewegung des Bildschirmzeigers umgesetzt. Bei einem Joystick aktiviert ein Steuerstab Kontakte, was in Aufwärts/Abwärts- und Links/Rechts-Bewegungen umgesetzt wird.

6. Ein Maustreiber setzt die von der Maus gelieferten elektrischen Signale in eine vom Betriebssystem zu interpretierende Information um.

7. An der ersten seriellen Schnittstelle COM1

8. Zwei serielle (COM1 und COM2), eine parallele (LPT1) und die Game-Schnittstelle (GAM).

9. Bei der seriellen Kommunikation wird nur eine Information übertragen, während parallele Schnittstellen acht Datenbits zeitgleich transferieren. Parallele Schnittstellen sind daher deutlich schneller.

10. An ihr wird der Joystick betrieben

Erfolgskontrolle »Speichern und Laden«

1. Eine Datei enthält Informationen. Dateien können in einem Ordner zusammengefasst werden, der auf einem Datenträger abgelegt ist.

2. Mit Hilfe des »Drag&Drop« können Objekte schnell von einer Position zu einer anderen bewegt werden.

3. Festplatten sind schneller und können größere Datenmengen aufnehmen.

4. Bei einem Headcrash setzt der Schreib-/Lesekopf auf der Datenträger-Oberfläche auf. Alle auf der Festplatte gespeicherten Daten werden dadurch zerstört.

5. Beim Formatieren wird eine Struktur auf den Datenträger aufgebracht. Bei CD-ROMs ist dies nicht erforderlich, weil es sich dabei um optische Medien handelt.

6. Streamer werden für die Sicherung großer Datenmengen verwendet. Magnetbänder müssen, wenn auf verschiedene Daten zugegriffen werden soll, umgespult werden.

7. Eine ungefähr doppelte Taktfrequenz bedeutet innerhalb einer Prozessorklasse auch eine fast doppelte Arbeitsgeschwindigkeit.

8. Ein Byte umfasst acht Bits.

9. »American Standard Code for Information Interchange«. Mit Hilfe dieses Codes können Daten zwischen an sich inkompatiblen Geräten ausgetauscht werden.

10. Taktgeber, Prozessor, Speicher, Bussystem, Echtzeituhr

Erfolgskontrolle »Drucker und Grafiksystem«

1. Drucker können sowohl an die serielle als auch an die parallele Schnittstelle angeschlossen werden. Die parallele Kommunikation ist deutlich schneller, allerdings können nur geringere Distanzen zwischen PC und Drucker überbrückt werden.

2. »dpi« (für »dots per inch« = »Punkte pro Zoll«) im Druckerbereich und »Punkte pro Zeile x Punkte pro Spalte« (in »Pixel«) im Grafikbereich.

3. Nadeldrucker sind robust, preiswert und können Durchschreibsätze bedrucken. Sie sind jedoch laut und drucken in nur geringer Qualität. Sollen Durchschläge erzeugt werden, müssen »Matrixdrucker« eingesetzt werden.

4. Die Bildwiederholrate gibt an, wie häufig der Bildschirm in einer Sekunde neu aufgebaut wird. Die Einheit ist »Hz« (»Hertz«). Weil im VGA-Standard höchstens Raten von 60 Hz vorgesehen sind, wird für ergonomische Bildwiederholraten ein Grafiktreiber benötigt.

5. Ein Grafikprozessor kann Grafikoperationen selbständig durchführen und entlastet den Hauptprozessor sowie das Bussystem.

6. Drucker und Monitor arbeiten mit unterschiedlichen Farbmisch-Verfahren. Dies führt zu farblich leicht abweichenden Ergebnissen.

7. Der Anwender sitzt näher am Monitor und arbeitet außerdem länger am PC, als er fernsieht. Eine Bildwiederholrate von 60 Hz ist ergonomisch erforderlich.

8. Ein Druckerspooler nimmt von Anwendungsprogrammen zum Druck angewiesene Daten auf und führt sie nacheinander dem Drucker zu.

9. »Video Graphics Array«.

10. Typische Größen sind 14, 15, 17, 19 und 21 Zoll. Weil die Auflösung und damit die Detailtreue bei höheren Bildschirmdiagonalen steigt, sollten für Grafikanwendungen ein Monitor mit 17 Zoll und höher eingesetzt werden.

Erfolgskontrolle »Internet und Online«

1. Es wird eine Telefonleitung, ein Modem oder ISDN-Adapter und eine Software benötigt.

2. Ein Modem überträgt digitale Informationen auf analogen Leitungen. »Modem« setzt sich aus »Modulator« und »Demodulator« zusammen. Ein Modem wird stets an einer seriellen Schnittstelle betrieben.

3. Ein ISDN-Adapter ist die Schnittstelle zwischen PC und dem digitalen ISDN-Netz der Telekom. Sie ermöglichen Übertragungsraten von 64.000 bps.

4. ADSL steht für »Asymmetric Digital Subscriber Line«.

5. Ein »Online-Dienst« (oder »Provider) stellt Ihnen den Internet-Zugang bereit. Vertreter sind CompuServe, AOL, MSN und EUNet.

6. Das »Übertragungsprotokoll« kontrolliert den Transfer von Daten.

7. »Transfer Control Protocol/Internet Protocol«. Gemeint ist das Übertragungsprotokoll des Internets.

8. Ein »Browser« ist die grundlegende Software des Internets. »Browser« bedeutet übersetzt »stöbern«.

Erfolgskontrolle »Software«

1. Das WordPad und der Explorer.

2. Sie kann in großen Mengen abgesetzt werden, sodass der Stückpreis sinkt.

3. »Bundling-Software« liegt Hardware-Produkten oder PC-Systemen bei.

4. Diese Software ist individuell für Ihren Bedarf erstellt worden. Sie lässt sich auch nachträglich an eventuell veränderte Umgebungen anpassen, ist jedoch sehr teuer.

5. Public Domain ist vollkommen gratis, während für Shareware nach dem Ablauf des Testzeitraums eine Gebühr (die »Registriergebühr«) fällig wird.

6. »Light«-Versionen sind im Funktionsumfang reduzierte Versionen. Das Vollprodukt umfasst alle angebotenen Funktionen und kann als Upgrade erworben werden.

7. Word für Windows und Lotus WordPro.

8. Erfassen von Adressen, Lagerbeständen und Artikelnummern.

9. Tabellenkalkulationen bieten die gewünschte Funktion.

10. Ein »Office-Paket« umfasst mehrere einzelne Applikationen, die für die tägliche Büroarbeit häufig verwendet werden. Beispiele sind Produkte von Microsoft (»Office«) und Sun (»Star Office«).

Dateiendungen

Im Kapitel »Digitale Dokumente« haben wir Ihnen Dateiendungen und deren Aufgabe vorgestellt. Wie haben Ihnen dort eine repräsentative Übersicht über typische und oft verwendete Endungen gegeben.

Auf den folgenden Seiten finden Sie eine umfassende Übersicht über die bedeutendsten Dateiendungen.

Endung	Abkürzung für	Programm	Bedeutung
$$$	temporäres File	verschiedene Programme	zeitweise angelegte Hilfsdatei
1ST	First	verschiedene Textverarbeitungen	First Infos Zuerst lesen!
ARC	Archiv-Compression	*ARC* (Archivierungsprogramm von System Enhancement Ass.)	komprimiertes Datenarchiv
ARJ	Archiv R. Jung	*ARJ* (Archivierungsprogramm – Shareware von Robert Jung)	komprimiertes Datenarchiv
AVI	Audio-Video-Interleave	*Video für Windows* (Windows-Erweiterung von Microsoft)	Audio-Video-dokument
BAK	Backup-File	verschiedene Programme	Sicherheitskopie einer Datei
BAS	Basic-File	z.B. *Quick-Basic* von Microsoft (in MS-DOS enthalten)	enthält den Quelltext eines Basic-Programms
BAT	Batch-File	*MS-DOS*	Stapeldatei enthält DOS-Befehle

Endung	Abkürzung für	Programm	Bedeutung
BMP	Bitmap	z.B. *Microsoft Paint* (in Windows enthalten)	unkomprimierte Bitmap-Grafik
CDR	CorelDRAW	*CorelDRAW* (vektororientiertes Zeichenprogramm)	Vektorgrafik
CFG	Configuration	verschiedene Programme	Programm-Konfiguration
DAT	Data	verschiedene Programme	Datenfile
DBF	dBase-File	*dBase* Datenbank	Datenfile
DLL	Dynamic Link Library	*Windows* oder *OS/2*	Objektbibliothek
DOC	Document	Textverarbeitungen, z.B. *Microsoft Word*	Textdokument
DRV	Driver	verschiedene Betriebssysteme	Gerätetreiber
EPS	Encapsulated Postscript	verschiedene vektororientierte Grafikprogramme	Grafikdatei
EXE	Executable	verschiedene Betriebssysteme	ausführbares Programm
FAQ	Frequently asked questions	verschiedene Textviewer	Textdatei mit »häufig gestellten Fragen« (und Antworten)
FAX	Fax	Verschiedene Faxprogramme	gesendetes oder empfangenes Faxdokument
FOX	FoxPro	Datenbank *FoxPro* von Microsoft	Datenfile
GIF	Graphics Interchange Format	verschiedene Grafikprogramme	komprimierte Bilddatei
HLP	Help	*Microsoft Windows* und Anwendungen	Hilfsdokument für die Online-Hilfe

Endung	Abkürzung für	Programm	Bedeutung
HTML	HyperText Markup Language	Beliebiger WWW-Internet Browser	Hyper-Text Dokument
ICO	Icon	*Microsoft Windows*	kleines grafisches Symbol
IDX	Index	verschiedene Datenbanken	Indexfile
INI	Initialisierungs-Datei	verschiedene Programme, u.a. *Microsoft Windows*	Initialisierungs-Konfiguration
JPG	Joint Photographic Group	verschiedene Grafikprogramme	komprimierte Bilddatei
LOG	Logfile	verschiedene Programme	Protokolldatei
MID	Music Instruments Digital	verschiedene Musikprogramme	MIDI-Musikdatei
MOD	Module	verschiedene Musikprogramme	Sound-Modul
MOV	Movie	verschiedene Videoabspielprogramme	Videodatei
MPG	Moving Pictures Group	verschiedene Dekoderprogramme	komprimierte Videodatei
PAS	Pascal	Programmiersprachen *Turbo Pascal* oder *Delphi*	Quellcode
PCD	Photo-CD	Kodak Photo-CD Viewer	Bilddatei
PCX	Pixelfile	verschiedene Grafikprogramme	Bilddatei
PDF	Portable Document Format	Adobe Acrobat-Dokument	Dokumentenverarbeitung
RTF	Rich-Text-Format	verschiedene Textverarbeitungen	formatiertes Textdokument
SCR	Screensaver	*Microsoft Windows*	Bildschirmschoner

Endung	Abkürzung für	Programm	Bedeutung
SIK	Sicherheitskopie	verschiedene Programme	Sicherheitskopie einer Datei
SWP	Swap-File	*Microsoft Windows*	Auslagerungsdatei für Windows
TMP	Temporäres File	verschiedene Programme	zeitweise angelegte Hilfs-datei
TXT	Text	verschiedene Textverarbeitungen	Textdokument ohne Formatie-rung
XLS	Excel	*Microsoft Excel*	Tabelle

Digitale Videoformate

Die heute verwendeten digitalen Videoformate zeigt Ihnen die folgende Tabelle:

Name	Beschreibung
AVI	für kleinere Videofilme. Braucht viel Platz, liefert gute Qualität
MPEG 1-4	Standardformat für auch größere Videofilme. Benötigt viel Rechnerpower
WMV	Microsoft-Standard für Videofilme. Liefert gute Qualität.

Wie lang dürfen Kabel sein?

Im Kapitel »Vom Mensch zum Computer« haben wir Ihnen im Abschnitt über die parallelen und seriellen Schnittstellen gezeigt, dass Kabel nur eine bestimmte Länge haben dürfen, um Daten störungsfrei zu transportieren.

Einige weitere maximale Längen häufig gebrauchter Kabel nennt Ihnen die folgende Tabelle:

Verwendungszweck	Maximale Länge
SCART	Max. ca. 3 m
RS232 (Modem, Maus)	Bis zu ca. 100 m Sehr störsicher (dann aber keine max. Übertragungsraten mehr) Spezifikation aber: max. 15 m
Parallelkabel (Drucker)	Max. ca. 5 m (teilweise je nach Gerät auch bis zu 20 m)
Monitor	Max. ca. 3 m Sehr störanfällig
USB	maximal 30 m

Überblick: Betriebssysteme

Im Kapitel »Starten und Beenden« haben wir Ihnen die Aufgaben und Struktur eines Betriebssystems erläutert. Die folgende Auflistung gibt Ihnen einen Überblick über aktuelle Betriebssysteme und mag Ihnen als Entscheidungsgrundlage für ein spezielles Betriebssystem dienen.

1. MS-DOS

Das »Ur«-Betriebssystem des Personalcomputers. Die Bedienung erfordert vom Anwender ein hohes Maß an Einarbeitung und Detailkenntnisse der Syntax. Befehle unter DOS wurden stets per Tastatur eingegeben; eine Mausunterstützung auf dieser Ebene war nicht vorgesehen.

Das Gesamtkonzept des Betriebssystems gilt heute als veraltet und hat nur noch in Ausnahmefällen ihre Einsatzfelder. Sollten Sie in die Verlegenheit geraten, einen älteren Rechner zu betreiben, finden Sie dieses Relikt mitunter hier wieder.

2. Windows 3.x

Mit der Entwicklung von Microsofts Windows-System fanden grafische Betriebssysteme Einzug in die PC-Welt. Die Versionen 3.x basierten, ebenso wie die Vorgängerfassungen, auf MS-DOS; insofern kann von einem selbständigen Betriebssystem keine Rede sein.

Bisweilen ist Windows 3.1 oder Windows 3.11, eine spezielle Netzwerk-Version, auch heute noch im Einsatz. Windows-3.x-Systeme werden zunehmend durch Windows 95, Windows 98 und Windows Me verdrängt.

3. Windows 95

Im September 1995 stellte Microsoft die neueste Windows-Generation vor. Mit Windows 95 wurden zahlreiche technische Innovationen geschaffen. Hardware konnte nun einfach und komfortabel dank »Plug and Play« eingebunden werden, und auch die bis dahin bestehende Einschränkung der Dateinamen auf maximal acht Zeichen wurde verbessert.

Dank ausgezeichneter Netzwerk- und Internet-Kompatibilität sowie einfacher Bedienung konnte sich Windows 95 als »das« Betriebssystem sowohl für den Heimanwender als auch für kleinere Netzwerke behaupten.

Dank DOS- und Windows-3.x-Kompatibilität konnten sämtliche Applikationen, die für diese Betriebssysteme entwickelt wurden, problemlos weiterverwendet werden.

4. Windows 98

Ein verbessertes Windows 95 ist dessen Nachfolger, Windows 98. Insbesondere die Internet-Funktionalität wurde erheblich erweitert. Zahlreiche technische Generationen sind die konsequente Weiterentwicklung der zum Teil bereits in Windows 95 integrierten Applikationen und Funktionen.

Ein technischer Quantensprung, vergleichbar mit dem Sprung von Windows 3.x auf Windows 95, ist Windows 98 jedoch nicht.

5. Windows 98 – Zweite Ausgabe

Einige weitere Veränderungen sind mit der zweiten Ausgabe von Windows 98 einhergegangen. So ist ein spezielles Modul vorhanden, das mehrere, zu einem Netzwerk zusammengeschlossene Rechner den Zugang zum Internet über nur ein Modem gestattet.

Neu ist auch die stärkere Anlehnung an das Internet. Der Internet Explorer 5 ist nun fester Bestandteil des Betriebssystems.

6. Windows Me

Windows Millennium Edition (Me) ist die Nachfolgeversion von Windows 98. Im Zusammenhang mit Windows Me ist vor allem die Verbesserung der Systemsicherheit zu nennen, sodass der Rechner besser gegen fehlerhafte Benutzerbedienungen und Abstürze geschützt ist. Zudem sind die Assistenten verbessert oder erneuert worden, sodass die Verbindung mit dem Internet oder der Aufbau eines Heimnetzwerks auch ohne spezielles Wissen verwirklicht werden können.

Zusammen mit Windows Me werden der Media Player 7 und der Internet Explorer 5.5 geliefert.

7. Windows XP

Windows XP ist sowohl für den Heimanwender als auch für den Anwender im Firmennetzwerk geeignet. XP ist die Abkürzung für Experience (übersetzt Erleben, Erwartung). Die Windows XP-Oberfläche ist vollständig überarbeitet worden. Es werden unter Windows XP die Stabilität und Zuverlässigkeit von Windows 2000 mit den Multimedia-Fähigkeiten von den Vorgängern Windows 98 und Me vereinigt.

Zusammen mit Windows XP werden der Internet Explorer 6.0, der Windows Media Player 8.0 und Outlook Express 6.0 geliefert.

8. Windows NT 4.0

Mit Windows NT (kurz für *New Technology*) zielt Microsoft auf den professionellen Computeranwender. Eine besonders ausgeprägte Systemstabilität, Zugriffs- und Sicherheitsmechanismen und ein neues, leistungsfähiges Dateisystem (NTFS) sind der Grund für die hohe Verbreitung in der Industrie und erklären zugleich den etwa dreimal höheren Preis gegenüber Windows 98.

Die Bedieneroberfläche ist mit der vom originalen Windows 98 identisch, sodass auch Umsteiger mit der Bedienung zurechtkommen.

9. Windows 2000

Windows 2000 ist der Windows-NT-4- und Windows-98-Nachfolger. Er verbindet die Vorteile beider Betriebssysteme optimal miteinander. Windows 2000 wird in vier unterschiedlichen Varianten ausgeliefert, damit den unterschiedlichen Ansprüchen der Anwender Rechnung getragen wird.

10. OS/2

Mit dem »Operating System Version 2« versucht der Branchenriese IBM schon seit mehreren Jahren, Microsoft die Marktführerschaft im Betriebssystems-Segment streitig zu machen – bislang ohne Erfolg.

Das grafisch orientierte leistungsfähige Betriebssystem ist vollständig grafisch aufgebaut und arbeitet analog zu Windows mit der Fenstertechnik.

Software zu OS/2 ist im Vergleich zur Windows-Welt spärlich gesät, was den geringen Erfolg von OS/2 erklärt.

11. Unix/Linux

»Unix« ist – strenggenommen – kein Betriebssystem, sondern ein Überbegriff für eine Betriebssystem-Kategorie, die mit einer einheitlichen Technik arbeiten. Linux ist eine spezielle Unix-Version

Unix ist ein Betriebssystem für Freaks und Programmierer; insbesondere serienmäßige Netzwerk-Funktionen prädestinieren es für den Einsatz in Universitäten und Großnetzwerken.

Die Bedienung erfordert Kenntnis kryptischer Befehlsfolgen und eignet sich daher nicht für übliche Büroanwendungen.

Liebe Leserin, lieber Leser,

herzlichen Glückwunsch – Sie haben es geschafft! Die PC-Grundlagen zu verstehen war doch viel leichter, als es zu Beginn den Anschein hatte, oder?

Genau das ist das Ziel unserer Bücher aus der easy-Reihe. Sie sollen Ihnen helfen, die ersten kleinen Schritte mit dem Thema zu gehen, ohne durch allzu viel Fachchinesisch unverständlich zu werden.

Als Lektorin dieses Buches hoffe ich, dass dies zu Ihrer persönlichen Zufriedenheit gelungen ist. Denn dafür stehen alle Beteiligten, die Autoren, die Hersteller, bis zur Druckerei mit Ihrem Namen.

Aber niemand ist perfekt. Wenn Sie Fragen haben: Fragen Sie. Wenn Sie Anregungen zum Konzept haben: Schreiben Sie uns. Und wenn Sie uns kritisieren wollen: Kritisieren Sie uns. Ich gebe Ihnen mein persönliches Versprechen, dass Sie Antwort erhalten.

Denn nur durch Sie werden wir noch besser!

Ich freue mich auf Ihr Schreiben.

Veronika Gerstacker
Lektorin Markt+Technik
Pearson Education Deutschland GmbH
Martin-Kollar-Str. 10-12
81829 München

Email: vgerstacker@pearson.de
Internet: http://www.mut.de

Stichwortverzeichnis